united
p.c.

AF144826

Alle Rechte der Verbreitung, auch durch Film, Funk und Fernsehen, foto-
mechanische Wiedergabe, Tonträger, elektronische Datenträger und aus-
zugsweisen Nachdruck, sind vorbehalten.

Für den Inhalt und die Korrektur zeichnet der Autor verantwortlich.

© 2023 united p. c. Verlag

Gedruckt in der Europäischen Union auf umweltfreundlichem, chlor- und
säurefrei gebleichtem Papier.

www.united-pc.eu

Astrein war es nur selten

Vignetten eines erfüllten Lebens

Erinnerungen von
Marcus Fürst Clary und
Aldringen

Meiner unvergesslichen Gisela gewidmet,
die sich mit unendlicher Geduld
viele dieser Geschichten und Erzählungen
wieder und wieder anhören mußte,
und für unsere Kinder, Enkel und Freunde
zur Erinnerung.

Inhaltsverzeichnis

Vorwort

Ich bin durch Zufall in ein Jahrhundert hineingeboren, in dem es eine fast unglaubliche Vielfalt von Ereignissen gegeben hat. Das mir vergönnte Alter hat es mit sich gebracht, daß ich über mehr als achtzig Jahre Erinnerungen angesammelt habe: gute und schlechte, schöne und garstige, menschliche und unmenschliche, lustige und langweilige, und daß ich fast alle Höhen und Tiefen erlebt habe, die es in einem Leben geben kann. Astrein war es nur selten.

Ich werde nun seit vielen Jahren von Familie und Freunden gedrängt, diese Erinnerungen aufzuschreiben, damit sie erhalten bleiben. Dies ist meine Absicht, nicht etwa, mit meinen kleinen Füßen in die großen Fußstapfen meines Vaters treten zu wollen, der 1976 im Alter von neunzig Jahren ein sehr erfolgreiches Buch, die „Geschichten eines alten Österreichers" geschrieben hat.

In unserer schnelllebigen Zeit wird vieles dem Leser von heute als überholt und unzeitgemäß vorkommen. Das muß so sein. Es gibt in unserer Zeit eine Tendenz, Menschen und Geschehen vergangener Zeiten an kontemporären Maßstäben aller Art messen zu wollen oder zu müssen. Davon halte ich nichts, wenn es um das Erzählen geht, sondern nur dann, wenn es sich um ein Bestreben handelt, es besser machen zu wollen. In vergangenen Jahren sind von der Regierung Deutschlands fürchterliche Verbrechen begangen worden. Dazu kann ich nichts Relevantes beitragen, ganz abgesehen davon, daß unzählige, viel berufenere Schreiber ganze

Bibliotheken über die Zeit geschrieben haben. 1933 war ich vierzehn Jahre alt und meine Lateinnoten im Gymnasium waren mir viel wichtiger als die Parteien im Ausland, dort im Reichstag in Berlin. Von 1939 bis 1945 war ich ohne mein Zutun Soldat. Auch über die Politik ganz generell wird nur dort etwas erscheinen, wo ich glaube, daß Vorgänge in meinem vergangenen Leben auch in der Gegenwart relevant sind. Alles, was ich schreibe, soll dem Leser Freude bereiten, so hoffe ich, und ihn nicht noch mehr an Kummer in der Vergangenheit erinnern.

Sanibel, Florida, im Januar 2007

Der Autor verstarb am 1. März 2007 in Bonita Springs, Florida

Die Jugend in Teplitz

Wir waren eine große Familie, die mitten in der Stadt Teplitz-Schönau in einem großen Schloß wohnte. Teplitz-Schönau, oder einfach Teplitz, wie ich es im folgenden nennen will, liegt in einem Land, das seit etwa 1000 Jahren das Königreich Böhmen war, nach dem ersten Weltkrieg, aber noch vor meiner Geburt, zusammen mit der früher zu Ungarn gehörenden Slowakei als ein neuer Staat mit dem Namen Tschechoslowakei gebildet wurde. Heute heißt dieses Land Tschechische Republik oder auch einfach Tschechien. Ich nenne es am liebsten Böhmen.

Die nord-westliche Grenze dieses Landes bildet das Erzgebirge, an dessen Fuße Teplitz liegt, etwa genau zwischen Prag und Dresden. Bis zur sächsischen Grenze waren es 14 km. Wie sehr häufig in Grenzgebieten, lebten auch in Teplitz ganz überwiegend schon deutschsprachige Böhmen, die dort seit Jahrhunderten siedelten.

Auch die Familie Clary und Aldringen lebte seit etwa 1635 dort. Teplitz war im Jahre 1156 von der Frau des böhmischen Königs Wladislaw II. (1110 – 1174), Judith (ca. 1135 – nach 1174), den Eltern von König Ottokar I., als Benediktinerinnenkloster gegründet worden. Als Witwe lebte die Königin selbst bis zu ihrem Tode in Teplitz und wurde dort begraben. Ab 1426 gehörte Teplitz dann durch Jahrhunderte verschiedenen Besitzern, zuletzt bis 1634 Graf Wilhelm Kinsky (1574 – 1634), einem Vertrauten von Wallenstein (1583 – 1634), der mit ihm in Eger gemeuchelt wurde. Sein Besitz wurde eingezogen und an den Feldmarschall Johann Graf

Aldringen (1588 – 1634) übergeben. Dieser fiel jedoch auch in 1634, und um seinen neuerworbenen Besitz stritten sich seine Geschwister, von denen Anna von Aldringen (1608 – 1665) mit Hieronymus Freiherrn von Clary verheiratet war. Dieser erhielt den Besitz Teplitz endgültig 1666 zugesprochen, wurde in den Grafenstand erhoben und der Familienname wurde in die auch heute noch übliche Form Clary und Aldringen geändert. Seit dieser Zeit lebten 10 Generationen unserer Familie in Teplitz, das seit der Vereinigung mit dem Ort Schönau seit 1895 eigentlich Teplitz – Schönau heißt.

In der Nacht vom 31. August 1919, in der ich in diese Familie geboren wurde, allerdings dann doch erst am 1. September 1919, — 1.9.1919, eine Schnapszahl, die vergleichbar erst wieder am 2.1.2121 vorkommt — brannte das Stadttheater in Teplitz ab. Um mich zu ärgern, erzählten meine Geschwister später, ich hätte mit Streichhölzern gespielt, als der Storch mit mir angeflogen kam.

Die ganze Anlage des Teplitzer Schlosses

14

Im Schloß wohnten damals in einem Flügel meine Großeltern (Siegfried Fürst von Clary und Aldringen, 1848 – 1929, und Therese, geb. Gräfin Kinsky von Wchinitz und Tettau, 1867 – 1943) und die ledige jüngere Schwester (1891 – 1961) meines Vaters. Außerdem befanden sich in diesem Teil das Schloßtheater und ein riesiger Raum, den man nur im Sommer benutzte, und der Gartensaal hieß.

Als ich 3 Jahre alt war.

Im großen mittleren Trakt, im zweiten Stock, war die Wohnung meiner Eltern (Alfons Fürst von Clary und Aldringen, 1887 – 1978, und Lidwine, geb. Gräfin und Edle Herrin von u. zu Eltz, 1894 – 1984). Da wir Kinder alle dort das Licht der Welt erblickten, waren auch wir dort untergebracht. Wir Kinder, das waren mein älterer Bruder Hieronymus, Ronnie genannt, geb. 1917, mein jüngerer Bruder Karl, Charlie genannt, geb. 1921, meine Schwester Elisalex oder Lexi, geb. 1923, und ich selbst.

Wer in welchem Zimmer wohnte, ist nicht mehr feststellbar. An ein Zimmer kann ich mich aber noch erinnern, es hieß Poppyroom, weil es eine rote Mohnblumentapete hatte. Als das jüngste meiner Geschwister geboren wurde, war ich dreieinhalb und ärgerte in diesem Zimmer alle Kinderschwestern. Eine Schwester konnte ich überhaupt nicht leiden. Als nun mein Vater erschien, um von der Geburt meiner leiblichen Schwester zu erzählen, fing ich heftig an zu weinen und schluchzte: „Wieder eine Wester !", denn das Wort *Schwester* konnte ich damals noch nicht aussprechen. Ich muß es zu dieser Zeit überhaupt wirklich schwer gehabt haben. Mein jüngerer Bruder spielte zum Beispiel Löwe und kroch auf allen Vieren hinter mir her, um mich zu beißen, ohne daß er wohl wirklich erfasste, daß mich dies furchtbar erschreckte.

Sonst waren in diesem Trakt im ersten Stock Repräsentationsräume, das große Esszimmer, ein Riesensaal, der durch beide Stockwerke ging, und im zweiten Stock noch eine Menge Gästezimmer. Im großen Esszimmer standen — einige davon stehen heute noch dort — mehrere große Vasen aus Porzellan, die der Zar von Russland, Peter der Große (1672 – 1725) bei seinem Besuch in Teplitz als Geschenk zurück gelassen hatte. Diese waren sehr praktisch, um einen *Sieger* bis zum nächsten Kampf zu verstecken, wenn wir an Ostern mit harten Eiern *Eier pecken* spielten. Auf einen solchen gut versteckten Sieger, der aber wohl doch schon einige feine Risse davongetragen hatte, hatte ich einmal vergessen. Das Frühjahr ging zu Ende und es wurde Sommer, und je heißer es wurde, desto unerträglicher wurde der Gestank im Esszimmer, von dem niemand wußte, wo er herkam. Schließlich wurde die Stink-Quelle in der Vase gefunden — und da fiel mir auch wieder ein, daß es mein Sieger war, der seine faulen Düfte verströmt hatte.

Im nächsten Seitentrakt lebte im ersten Stock seit 1920 die Witwe (Felicie, geb. Prinzessin Radziwill, 1849 – 1930) des älteren Bruders meines Großvaters (Carlos Fürst von Clary und Aldringen, 1844 – 1920) mit ihrer ledigen Schwester (Elisabeth Prinzessin Radziwill, 1850 – 1931). Miteinander sprachen die beiden nur Polnisch. Meine Großtante kannte sich in Teplitz schon vor ihrer Ehe bestens aus, denn ihre Mutter (Leontine, geb. Gräfin von Clary und Aldringen, 1811 – 1890) war eine Schwester meines Urgroßvaters Edmund Fürst von Clary und Aldringen (1813 – 1894) gewesen. Im zweiten Stock dieses Traktes waren die Dienstbotenzimmer. Ein weiterer, daran anschließender Trakt stand wohl damals leer, wurde aber mit der Zeit der Kindertrakt. Im nächsten großen Haus waren dann die Wohnungen der verheirateten Schloßangestellten.

1929 starb mein Großvater und 1930 die Großtante. Ihre Schwester zog nach Krakau in Polen und in Teplitz wurde umgebaut. Meine Großmutter blieb, wo sie war, aber das Theater verschwand, um zwei großen Bibliotheken und einigen Dienstbotenzimmern Platz zu machen. Die Wohnung der Großtante wurde modernisiert, es entstand ein schöner, großer Salon für uns alle und neue Zimmer für meine Eltern. Wir Geschwister machten den Kindertrakt schon vorher unsicher.

Damit man sich eine Vorstellung von der Größe des Schlosses machen kann, sei erwähnt, daß der Korridor im ersten Stock des Haupttraktes vierundsechzig Meter lang war. Meine Mutter hat mich einmal erwischt, wie ich dort Fahrrad gefahren bin, was natürlich streng verboten war.

Es liegt auf der Hand, daß die Beheizung des Gebäudes gewisse Probleme aufwarf. Möglich war sie, aber sehr aufwändig, denn zwei Zentralheizungen, zwei Luftheizungen und etwa sechzig Öfen fraßen

Unmengen von Kohle und Holz. Die Luftheizungen waren etwas ganz Eigenartiges und beheizten das Stiegenhaus, die Korridore in beiden Stockwerken des Haupttraktes und den großen Saal, den sie durch feuererhitzte Luft mit Hilfe von Gebläsen durchpusteten, wenn es warm werden sollte. Warm wurde es, heiß nicht, aber das Ganze war eine recht staubige Angelegenheit. Es gab einen dienstbaren Geist, der im Winter nichts anderes zu tun hatte, als sich um die Heizungen aller Art zu kümmern. Was er im Sommer machte, weiß ich nicht mehr, wahrscheinlich sich auf den Winter vorzubereiten, und außerdem sicherlich an den Heizungen irgendwas putzen. Aus Kostengründen—und weil der Mitteltrakt mit Ausnahme des Esszimmers, das durch einen großen Ofen geheizt wurde, dann nicht genutzt wurde—wurde diese Heizung im Winter stillgelegt.

Die Korridore hatten auf der Sonnenseite sehr große Fenster, so daß sie am Tage ganz erträglich waren, aber am Abend und in der Nacht war es einfach saukalt. Wenn wir nach dem Abendessen noch zu meiner Großmutter gingen, zogen die Damen Pelzmäntel im Haus an.

Man kann sich vorstellen, daß der Betrieb eines solchen Hauses eine Menge Personal notwendig macht, und so war es auch. Einen Haus-Elektriker gab es sogar, er hieß Josef und hatte den Spitznamen *der Stromkreis-Peppi.*

Neben anderen Angestellten gab es natürlich auch einen Küchenchef, er hieß Herr Rotter und war von Beruf eigentlich Konditor, oder Zuckerbäcker, wie es bei uns hieß, und machte zu besonderen Anlässen die unglaublichsten Gebilde aus Zuckerguß und Oblaten. Er war aber auch ein besonders guter Koch. Besonders erwähnt wird er wegen seiner Tochter Irene.

Im Kapitel *Sprachen* schreibe ich von meinem Hauslehrer und unserer schottischen Nanny. Die beiden wollten sich gegenseitig Englisch und Deutsch beibringen und fanden, daß das im Bett viel besser ging als woanders. Irene aber, die in den Hauslehrer verliebt war, bekam das Techtelmechtel spitz und machte einen Selbstmordversuch, um das Ganze zu bremsen. Bewußt oder unbewußt hat sie sich aber in der für solche Fälle notwendigen Dosierung geirrt; ihr wurde der Magen ausgepumpt und damit hatte es sich. Auf die liegenden Sprachstunden hatte das Ganze keinen Einfluß, diese wurden wohl erst beendet, als die Nanny nach Schottland zurückkehrte. Der Hauslehrer heiratete dann die Tochter des Portiers. Ich muß betonen, daß ich zum Zeitpunkt des Geschehens von diesen Leibesübungen keine Ahnung hatte und es mir erst viel später erzählt wurde.

Der Küchenchef wurde meinem Vater mit der Zeit zu teuer und so wurde er samt Familie an die berühmte Opernsängerin Jarmila Novotna (1907 – 1994) nach Prag weggelobt. Nach einiger Zeit ging es ihr ebenso und sie lobte ihn an einen Baron Parish v. Senftenberg (1899 – 1976) weiter. Nach einigen Jahren erschien Herr Rotter dennoch wieder in Teplitz und machte ein herrliches Delikatessengeschäft auf.

Weil wir gerade beim Koch waren, noch einiges zur Küche, in der ich mich gern herumgetrieben habe. Ich sagte einmal, daß ich kochen lernen wollte, und so durfte ich ein paar Tage in der Woche einige Stunden so tun, als ob ich es täte und natürlich alles beobachten. In der Küche wurde auch das Essen für die unverheirateten Hausangestellten zubereitet, die meistens etwas anderes bekamen als wir. Wie bei dem Gras, das beim Nachbarn immer grüner ist als im eigenen Garten, fand ich meistens, daß mir das Essen der Angestellten besser schmeckte als das unsrige und aß fleißig davon, weil es nämlich auch schon früher fertig war als das unsrige. An dem natürlich mangelnden Appetit bei unserem Mittagessen war dann *die Kochstunde* schuld.

Eigenartigerweise interessierte sich mein Vater mehr als meine Mutter für die Speisenauswahl. Nach dem Abendessen kam deshalb der Küchenchef in voller Montur, mit hoher weißer Mütze, in den Saal und konferierte mit meinem Vater über den nächsten Tag. Er hatte ein großes Menubuch bei sich, in dem auf der linken Seite, auf französisch geschrieben, sein Vorschlag stand, was wir anderntags mittags und abends bekommen sollten und auf der rechten Seite auf deutsch, was für die Angestellten vorgesehen war. Manchmal gab es eine Unterhaltung über Einzelheiten des Essens des vergangenen Tages und von Zeit zu Zeit wegen zu erwartenden Gästen Änderungen für den nächsten Tag. Mein Vater schrieb dann eine Zahl in das Buch, die anzeigen sollte, wie viele Personen zu den jeweiligen Mahlzeiten des nächsten Tages erwartet wurden.

Ein Nachbar, Friedrich Graf Westphalen (1897 –
1991), war als Anwalt in Teplitz tätig und hatte ein
besonderes Privileg: Wenn er vor elf Uhr morgens
in der Küche bei den Dienstboten Bescheid sagte,
durfte er sich selber zum Essen einladen. Wenn
dann am Tisch ein Gedeck mehr vorbereitet war,
wußte jeder: „Der Friedel kommt heute."

Besonders beliebt war bei mir der Dienstag, weil
dann der Brotwagen aus unserer Mühle und Bäkkerei in die Stadt kam, um an verschiedenen Stellen Brot abzuladen. Es waren runde, große Laibe
dunkles Brot, ganz frisch, fast noch warm. Wenn
ich geholfen hatte, die Laibe in die Küche zu tragen,
wurde sofort ein Kanten abgeschnitten, dick mit
Schmalz beschmiert und ich hatte einen köstlichen
Happen.

Einmal im Herbst, zur Krautzeit, gab es immer
auch einen Riesenspaß, wenn Sauerkraut gemacht
wurde. Dann standen in der Halle vor der Küche
ein langer Holztrog und daneben der Krauthobel. Die Krautköpfe wurden in der Mitte zerteilt,
der harte Strunk herausgeschnitten und dann mit
dem Krauthobel zerkleinert. Der Küchenchef überwachte alles und bestimmte, wann wie viel Salz,
Pfeffer, Kümmel, Wein und sonstige Zutaten beigefügt wurden. Nebenbei - es ist eine üble Erfin-
dung, wenn behauptet wird, daß Sauerkraut besser schmeckt, wenn es von den bloßen Füßen von
Küchenmädchen eingestampft wird; es gewinnt
nichts von den Füßen – und praktischer ist es, das
Kraut mit den Händen, Armen und großen Löffeln
umzuwenden. Das Kraut kam dann zum Gären in
Holztonnen, deren Deckel mit großen Felssteinen

beschwert wurden. In der Säulenhalle neben der Küche, in der die Fässer standen, stank es dann mehrere Wochen ganz übel.

Am Ende der Durchgangshalle vor der Küche war eine verschlossene Tür, hinter der ein kleiner Blumengarten war, von dem eine andere Stiege ins Haus führte. Mit dieser Stiege hatte es eine besondere Bewandtnis: Die Stufen waren sehr flach und ungefähr einen Meter lang, sie hieß *die Pferdestiege* und es wurden auch tatsächlich Pferde über sie ins Haus geführt. Zum sechzigsten Geburtstag meiner Großmutter, 1927, und zum achtzigsten Geburtstag meines Großvaters, 1928, gab es Festveranstaltungen. Im großen Saal wurde eine Bühne aufgebaut und es wurden von den Familienmitgliedern und uns Kindern so genannte *Lebende Bilder* gestellt und Theater gespielt. Auch unsere alte Lipizzanerstute wurde über diese Stiege ins Haus und auf die Bühne gebracht. Das geht mit Pferden sehr gut, bis

Hier stelle ich meine Großmutter dar.

22

auf eine Eigenart, die bei allen Pferden gleich ist: Wenn sie ins grelle Licht kommen, entledigen sie sich sofort von allem Überflüssigem. Unsere Stute produzierte damals im Saal ganze Gebirge von Roßäpfeln.

Das gute Tier mußte auch sonst alles Mögliche über sich ergehen lassen. Als ich etwa vier war, bekam ich auf diesem Pferd die ersten Reitstunden. Da ich zuerst weder Sattel noch Zügel hatte, versuchte ich, mich an der Mähne festzuklammern. Wenn ich damals, wie nicht anders zu erwarten war, hinunter fiel, blieb die Stute einfach stehen. Später, als ich dann schon Sattel und Zügel benutzen durfte, war sie noch an einem Führzügel, den Vaters Schwester, die uns Reiten beibrachte, in der Hand hielt.

Meine Tante selbst ritt am liebsten im Damensattel auf einem englischen Vollblutwallach, der Titus hieß. In der österreichischen Kavallerie vor dem ersten Weltkrieg brachten die Offiziere ihre eigenen Pferde mit. Als mein Vater 1914 einrücken mußte, schenkte ein Nachbar ihm Titus. Die beiden blieben den ganzen Krieg zusammen und kamen 1918 zurück. Titus wurde geritten, um bewegt zu werden, als Wagenpferd ließ er sich nur ungern einspannen, und er wurde wie ein Familienmitglied behandelt. Wir brachten ihm immer Leckerbissen, besonders gerne fraß er Zucker. Ein anderer besonderer Leckerbissen war Melonenschale: Wenn es im Sommer frische Melonen gab, kamen die Scheiben mit Schalen auf den Tisch und die übrig bleibenden Melonenschalen waren für alle Pferde eine Delikatesse.

Weil ich gerade beim Obst fürs Mittagessen bin, noch etwas anderes: Meine Großmutter hatte etwas eigenartige Vorstellungen über Speisen, die sich nicht vertragen. Zum Beispiel durfte man kein Wasser trinken, nachdem man Kirschen gegessen hatte, weil man davon angeblich Blähungen oder gar eine Kolik bekommen konnte. Eine andere schlechte Kombination für Kinder war es nach ihrer Ansicht, bei der gleichen Mahlzeit Obst und Eiscreme zu essen. Wenn es also im Sommer als Nachtisch Eiscreme gab, hieß es *entweder - oder* und bei uns Kindern war es immer *oder* — also Eis.

Meine Großmutter war in meinen frühen Jahren bei uns, ihren Enkeln, sehr beliebt. Wir nannten sie nicht Großmutter, sondern Granny, aber ihre eigenen Kinder sprachen mit ihr noch in der dritten Person. Sie hielt sich immer Hunde, vor meiner Zeit Möpse, dann Schäferhunde, die man damals Wolfshunde nannte, und zuletzt Boxer. Alle ihre Hunde waren immer zu dick, weil sie einen schlechten Appetit hatte und ein Großteil ihres Essens in den Hunden verschwand. Also mußten die Hunde spazieren geführt werden und dann durfte ich manchmal die Leine halten. Dies war zwar lustig, weil man sich beim Führen sehr erwachsen vorkam, aber auch ein fragwürdiges Unterfangen, denn wenn der große Schäferhund scharf anzog, lag ich mit Geschrei auf der Nase.

Hunde und Pferde gingen wie alles von Zeit zu Zeit den Weg des Irdischen und so gab es im Park einen Tierfriedhof, auf dem für alle Grabsteine standen. Die Hunde wurden begraben. Die Pferde natürlich nicht, da wurde nur ein Huf eingebuddelt. Ein Huf des guten Titus ist auch dort geendet.

Als wir aufwuchsen, war mein Großvater schon fast achtzig Jahre alt und daher für uns eine Respektsperson, mit der man keine Späße machen konnte. Er war aber sehr aufgeschlossen und wollte immer wissen, was die Enkel unternehmen. Obwohl wir unseren Volksschul-Unterricht zu Hause absolvierten, gab es am Ende des Schuljahres dann eine Prüfung in der Schule und ein Zeugnis. Diese Zeugnisse wollte Großvater immer sehen. Dann holte er aus der Westentasche ein Fünf-Kronen-Stück und schenkte es mir. Mein jüngerer Bruder, der erst zwei Jahre später mit der Schule anfing, konnte es nur schwer erwarten, bis er auch an soviel Taschengeld herankam. Als er dann sein erstes Zeugnis in der Hand hatte, er war wohl gerade sieben Jahre alt, stürmte er in Großvaters Zimmer, hielt ihm das Zeugnis ins Gesicht und rief: „Großpapa, hier ist mein Zeugnis, wo ist mein Geld?" Der Ordnung halber sei noch erwähnt, daß fünf Kronen im heutigen Geld wohl etwa dreißig Cent sind.

Der Park war natürlich jahrelang eine Fundgrube für alle möglichen Aktivitäten nützlicher und sicher auch unnützer Art. Die Aktivitäten dort wurden selten allein unternommen. Unfug anstellen ist zu mehreren immer viel lustiger als alleine. Die anderen Spitzbuben waren entweder meine Brüder oder gleichaltrige Kinder von Hausangestellten oder aus der Umgebung. Von Zeit zu Zeit gab es da auch Streit und Prügeleien, aber meistens waren wir eine verschworene Bande.

Ich mußte aber doch etwas vorsichtig sein, denn meine Mutter hatte zu allen unseren Taten eine ganz klare Meinung: „Ihr könnt machen, was ihr wollt. Es ist mir auch egal, ob ihr schmutzig werdet. Eure Kleider kann man waschen und euch ins Bad stecken. Aber wenn ihr Euch oder Eure Sachen beschädigt und ich neue Kleider kaufen oder den Doktor kommen lassen muß, dann bekommt ihr von mir noch eine Tracht Prügel dazu."

Schon recht früh fingen wir an, merkantilistische Ideen zu entwickeln, die natürlich alle darauf abzielten, unsere Taschengeldlage zu verbessern. Eine sichere Einnahmequelle waren im Herbst Roßkastanien, von denen es im Park immer eine Menge gab. Sie wurden in Säcke gepackt und über die Forstverwaltung an Vater verkauft, dem sie ja aber eigentlich gehörten, und dann als Futter für das Rotwild in unserem Tierpark verwendet. Eigenartigerweise wurden Kastanien nicht nach Gewicht, sondern nach Volumen gemessen; wir verkauften also so-und-so-viele Liter Kastanien.

Einmal war ein Zirkus in der Stadt und inserierte in der lokalen Zeitung, daß er für seine Seehunde und dergleichen Fische kaufen wolle. Das rief uns sofort auf den Plan. Im oberen Teich gab es kleine Fische in Massen, etwa zehn Zentimeter lang, die Karauschen hießen. Sie fraßen alles und waren daher leicht zu fangen, aber völlig nutzlos, weil sie scheußlich schmeckten und fast nur aus Gräten bestanden. Es wurde also ein Netz improvisiert, ein Fäßchen besorgt und schon ging es los. Das Faß wurde mit Wasser gefüllt und auf einen kleinen Leiterwagen gestellt. Der Fischfang ging flugs voran und das Faß war bald voll mit zappelnden Fischen. Den Leiterwagen rollten wir in Richtung zum Zirkuszelt. Irgendwer hat unsere Idee jedoch noch hintertrieben, weil man fand, daß es zu weit ging, wenn die Söhne des Fürsten ein Faß mit Fischen durch die Stadt ziehen, um sie an den Zirkus zu verkaufen. Also kaufte unser Vater uns die Fische ab und schenkte sie dem Zirkus. Alle Erwachsenen lachten aber über unsere Eskapaden.

Eine andere gute Einnahmequelle war der Park selber. Er war von neun bis neunzehn Uhr für die Öffentlichkeit geöffnet und hatte drei Eingänge, die verschlossen werden konnten. An einem der Eingänge gab es ein Wärterhäuschen, in dem ein alter Pensionär saß. Ganz in der Nähe war noch ein viertes Tor, das immer verschlossen war. Für dieses Tor hatten wir aber Schlüssel oder Sperrhaken. Dann wurde dem Pensionär um 18.45 Uhr eingeredet, daß seine Uhr falsch ging und es schon neunzehn Uhr wäre. Ein paar zu Hause stibitzte Zigarillos untermauerten den Schwindel und er schloß sein Tor. Dann saßen wir wie Spinnen in dem Netz vor verschlossenen Toren, bis ahnungslose Parkbesucher erschienen. Die wurden dann aus dem vierten Tor herausgelassen und wir bekamen immer Trinkgeld. Irgendwann ist dieser Trick aber auch aufgeflogen.

Im Schloßpark waren zwei Teiche, auf denen im Sommer wie im Winter etwas los war. Der untere war der kleinere und lag näher beim Schloß. Im Sommer war nicht viel los, außer daß Enten herum schwammen und auf einer kleinen Insel im Teich brüteten. Einmal waren verlassene Enteneier gefunden worden, die dann von einer Henne im Gewächshaus ausgebrütet wurden. Nach ein paar Tagen wurden die kleinen Entenküken herausgelassen. Kaum hatten sie den Teich gefunden, sausten sie ins Wasser und schwammen darin herum. Die arme Bruthenne lief gackernd am Ufer auf und ab und verstand die Welt nicht mehr.

Im Winter fror der Teich fest zu und wurde der städtische Eislaufplatz. In einem ziemlich großen Holzhaus, das gut geheizt war, kaufte man die Eintrittskarte. Dort konnte man sich auch ausruhen und erwärmen und alle möglichen Getränke und Sachen zum Essen kaufen.

Die Schlittschuhe waren nicht wie heute mit einem besonderen Stiefel fest verbunden, sondern hatten vier Hacken und wurden mit einem Schlüssel an ganz normalen Schnürstiefeln befestigt. Nur einige besonders gewandte Eisläufer hatten schon die verbundenen Schlittschuhe, sie kamen von einer englischen Firma, die Jackson hieß, was *Schäkson* ausgesprochen wurde. Auf der einen Seite der Insel war der große Teil des Teiches für die Allgemeinheit reserviert, während die andere Seite für die Kunstläufer freigehalten wurde. Dort war auch der Eishockeyplatz mit Toren und Banden. Eine Mannschaft mit Uniformen gab es auch. Mein Vater spielte auch mit. Soweit ich mich erinnern kann, war er jedoch einer der langsameren Spieler, weil er nicht gut Schlittschuh laufen konnte.

In Deutschland gab es in den dreißiger Jahren einen Kunstläufer namens Ernst Baier (1905 – 2001), der als Einzelläufer und als Paarläufer antrat. Wirklich bekannt wurde er aber als Paarläufer mit Maxi Herber (1920 – 2006). Die beiden waren fünfmal Deutsche Meister, fünfmal Europa- und viermal Weltmeister im Paarlauf. 1936 haben sie in Garmisch-

Partenkirchen bei den Olympischen Spielen die Goldmedaille gewonnen. Ernst Baier hatte eine Tante in Teplitz, die er immer wieder besuchte. Dort auf unserem Teich habe ich ihn oft beim Trainieren gesehen.

Auf dem großen oberen Teich wurde im Winter Eis gemacht. Das Eis, das etwa zwanzig Zentimeter dick war, wurde in großen Platten von ungefähr vier Quadratmetern herausgesägt und in der Nähe aufgeschichtet. Wenn der Eisberg oder die Eismiete, wie man es nannte, fertig war, wurde er mit einer dicken Schicht von Erde, Kohlenstaub und Sägespänen zugedeckt. In einer solchen *Miete* hielt sich das Eis den ganzen Sommer über und wurde nach und nach herausgebrochen und verbraucht. Die meisten der Platten wurden von unserer Brauerei verwendet und mit den Bierfässern an die Wirtshäuser geliefert, die ja keine eigenen Kühlanlagen hatten. Etwas kam natürlich auch zu uns ins Haus.

Im Sommer gab es vieles andere, was wir auf dem großen Teich unternehmen konnten, unter anderem mit einem Floß herumstaken und fischen. Wir haben immer nur die bereits genannten Karauschen gefangen, nur sehr selten eine Schleie und noch viel seltener einen Karpfen. Aber auch die wollten wir nicht essen, weil sie zu sehr nach dem Schlamm schmeckten, in dem sie herumsaßen.

Auf dem Teich lebten auch einige Paare von weißen Schwänen, die natürlich den Winter in einem geheizten Gewächshaus verbrachten. Mit denen hatte es folgende Bewandtnis: Die Herrschaft Teplitz war bis 1918 ein Fideikommiss, d.h. sie hatte den Status eines Sondervermögens der Familie, dessen Erträge der jeweilige Eigentümer nach Belieben nutzen durfte, über dessen Grundlage er aber nicht verfügen durfte und das somit weder rechtskräftig verkauft oder beliehen werden durfte. Bei der Stiftung, d.h. der Errichtung eines solchen Fideikommisses, wurde alles, was zu dem betreffenden Herrschaftsvermögen gehörte, also Land, Häuser, Mobiliar, Bilder und so weiter, genau in einem großen Buch aufgezeichnet. Zusammen mit allen Auflagen, zu denen der Fideikommissherr verpflichtet war, waren in unserem Buch komischerweise drei merkwürdige Auflagen auf einer Seite genannt: Danach sollte die Herrschaft zu aller Zeit im Tiergarten Tuppelburg hundert Hirsche, im Teich hundert weiße Schwäne und im Schloß einen Schloßkaplan unterhalten. Aus den Hirschen waren in den 30-er Jahren mittlerweile etwa hundert Stück männliches und weibliches Rotwild geworden und die hundert Schwäne waren auf etwa sechs geschrumpft. Aber den Schloßkaplan gab es noch, bis der letzte etwa 1936 starb. Wollte man abergläubisch sein, dann könnte man behaupten, daß eben auch das Vermögen untergeht, wenn man nicht die Auflagen bei seiner Errichtung einhält.

Der Schloßkaplan hieß Pater Weinhard und wohnte in einer geräumigen Wohnung in einem kleinen Haus am Ende des Kirchengartens, neben der Kirche. Das Haus war ein historisches Gebäude, das so genannte *Kolostuk-Türmchen* aus dem Mittelalter. Ab sechs Jahren mußte ich bei ihm einmal in der Woche antanzen, um meinen Religionsunterricht zu bekommen. An Wochentagen las er um 8.30 Uhr und an Sonntagen um 10.30 Uhr in der Schloßkapelle die Heilige Messe. Ich habe bei ihm auch Ministrieren gelernt und kann aus eigener Erfahrung sagen, daß ich nie einen Priester gekannt habe, der eine Messe schneller lesen konnte wie er. An Wochentagen, an denen nicht gepredigt wurde, brauchte er dazu knapp fünfundzwanzig Minuten.

Morgens ging er sehr früh im Park spazieren und las dabei sein Brevier. Dabei hat er mich einmal um fünf oder sechs Uhr morgens bei einer meiner Missetaten erwischt und dann den Vorfall richtigerweise meinem Vater zur Kenntnis gebracht, was mir allen möglichen Ärger verursachte. Wenn im Frühjahr nämlich das neue Gras gemäht wurde, wurden im Park einige Wiesen auch dazu benutzt, um Heu für unsere Pferde zu produzieren. Damals geschah dies mit der Sense. Das war eine meiner Lieblingsbeschäftigungen. Ich hatte meine eigene kleine Sense und einen Wetzstein in einem Kuhhorn, das am

So sah es im Schlosshof aus.

Gürtel befestigt wurde. Vor meinem Schlafzimmer war eine solche Wiese, die wurde einmal schon um fünf Uhr morgens gemäht. Da wollte ich natürlich dabei sein. Aber mein Hauslehrer hatte festgelegt, daß ich erst um sieben Uhr früh hinaus durfte. Unter meinem Fenster, das zehn Meter hoch lag, war die Wand mit einem Obstspalier geschmückt. Ich bin also einfach an demselben hinunter gekrochen und habe dann fleißig mitgemäht. Um 6.45 Uhr bin ich auf demselben Wege wieder zurückgeklettert. Um sieben Uhr habe ich dann bei dem Hauslehrer, der natürlich keine Ahnung von dem Streich hatte, den Schlüssel geholt und bin, jetzt legal, wieder abge-zischt. Ob Pater Weinhard das Herunter- oder Heraufkrabbeln beobachtet hat, weiß ich nicht mehr. Er fand es aber auf jeden Fall zu gefährlich und so wurde ich angezeigt.

Pater Weinhard hatte irgendeine Funktion bei unse-rem Bischof in Leitmeritz und als er im Herbst 1936 starb, kam der Bischof zum Begräbnis. Mein Vater war verreist, mein älterer Bruder auf der Univer-sität in Belgien, also mußte ich beim Requiem den Patronatsherren, meinen Vater, vertreten und in der besonderen Patronatsbank neben dem Hauptal-tar Platz nehmen. Da ich keine passende Kleidung hatte, wurde unter Aufsicht meiner Mutter die Gar-derobe meines Vaters geplündert, um mich ent-sprechend auszustaffieren: gestreifte, graue Hose, schwarze Weste und Rock wurden umgenäht, bis alles passte, aber einen Hut sollte ich auch tragen und da passte wohl mein Jagdhut nicht hin. Gedacht war ein steifer, gewölbter schwarzer Hut, meistens Melone genannt. Ein weniger formeller Name ist *Bombe* oder *Halbkrach*. Natürlich hatte mein Vater auch einen solchen, aber wie auch immer, da war nun nichts zu machen: Der Kopf meines Vaters war kleiner als meiner und der Hut passte mir nicht.

Es wurde also beschlossen, daß ich den Hut mitnehmen, aber nur in der Hand behalten sollte. Das war natürlich in der Kirche kein Problem, wurde aber eines auf dem Weg zu Fuß hinter dem von Pferden gezogenen Wagen mit dem Sarg. Es war ein grauer, kühler Herbsttag. Links ging der Dechant, in der Mitte der Bischof und rechts ich. Als es zu regnen anfing, dachten alle, ich hätte aus Pietät den Hut in der Hand und der Bischof flüsterte mir leise zu: „Graf, setzen Sie ruhig Ihren Hut auf!" Ich tat so, als hätte ich ihn nicht gehört, daraufhin der Bischof, etwas lauter, noch einmal: „Sie werden sich einen Schnupfen holen!" Darauf flüsterte ich zurück: „Ich kann nicht, der Hut ist zu klein." Schließlich waren wir auf dem Friedhof. Nach den Gebeten und der Beerdigung wurden der Bischof, der Dechant und ich im Auto zurückgefahren und von meiner Mutter und Großmutter zum Tee gebeten. Da wollte der Bischof dann doch den Hut auf meinem Kopf sehen. Alles mußte herzlich lachen, denn ich sah wirklich aus wie ein Clown im Zirkus.

Jetzt aber noch einmal zurück zum Teich. Er war im Sommer auch immer voll von Enten, die jedes Jahr für alle möglichen Aufregungen sorgten. Die Besucher im Park wollten sie natürlich immer füttern. Dadurch verloren sie aber die Scheu vor den Menschen und versteckten ihre Gelege nicht, so daß ihre Eier oft geklaut wurden. Um dem abzuhelfen, wurde im Herbst, wenn sie eingefangen wurden und mit den Schwänen ins Gewächshaus kamen, allen Erpeln der Kragen umgedreht. Im

Frühjahr wurden dann wilde Erpel besorgt oder es kamen welche von allein angeflogen. Damit wurde die neue Brut aber so wild, daß sie sich nicht einfangen ließ oder auf und davon flog. Also mußten die neuen Erpel auch ins Jenseits befördert und im folgenden Frühjahr auf dem Markt wieder zahme gekauft werden. Die Situation wechselte von Jahr zu Jahr, das Einzige, was konstant blieb, war, daß wir jeden Herbst und Winter viele gebratene Erpel zu essen bekamen.

Zwei Brände hat es in meiner Jugend im Schloß gegeben, beides waren Dachstuhlbrände, die entstanden, weil Schornsteine brüchig geworden waren. So etwas passiert natürlich immer in der Nacht, sodaß ich einmal zu meiner Enttäuschung erst am nächsten Morgen erfuhr, daß es in der Nacht am anderen Ende des Hauses gebrannt hatte. Das andere Mal konnte ich aber zuschauen, wie die städtische Feuerwehr löschte. Bei einem so großen Haus ist es verständlich, daß zum Säubern der Schornsteine öfters Schornsteinfeger in ihrer schwarzen Kleidung ins Haus kamen. Einer hat sich einmal auf dem Dachboden — wohl in geistiger Umnachtung — aufgehängt.

Abgesehen von den Verwandten, über die ich gesondert schreiben werde, hatten wir auch viele andere Gäste aus aller Herren Länder. Aus Prag kamen die meisten mit dem Auto, besonders die Diplomaten. Ein amerikanischer Gesandter kam immer mit seiner Frau und zwei Töchtern, die in unserem Alter waren. Sie waren nett, aber wir konnten eigentlich nicht viel mit ihnen anfangen, weil sie unsere Spiele nicht kannten. Was mich am meisten an diesem

Besuch freute, war, daß sie immer in zwei schönen amerikanischen Autos kamen, in denen ich dann herumklettern durfte.

Wenn Gäste von Süden mit dem Zug kamen, wurden sie in Aussig, etwa dreißig Kilometer entfernt, abgeholt. Wenn sie aus Deutschland oder aus dem Westen kamen, war die Abholung je nach der Wertschätzung, der die Gäste sich erfreuten, schon in Dresden, etwa sechzig Kilometer, oder auch in Aussig. Die ganz Unwichtigen mußten umsteigen und bis Teplitz fahren. Uns Kindern war der Ort der Abholung egal, denn die Beliebtheit der Gäste wurde hauptsächlich von der Qualität der Geschenke bestimmt, die sie uns mitbrachten.

Mein belgischer Vetter, Guy de Baillet Latour (1905 – 1941), abonnierte für meinen Bruder Charlie und mich englische Kinderzeitschriften; meine hieß *Rainbow* und war etwa mit den Cartoons von heute zu vergleichen. Wenn Bilder von englischen Kindern erschienen, die am Wochenende Ausflüge ans Meer machten, waren wir ganz neidisch, denn bei uns waren Reisen ins Seebad nach Belgien selten und eine halbe Weltreise.

Charlie's Zeitschrift hieß *Triumph* und war voll von Geschichten über Missetäter aller Schattierungen, natürlich auch jede Art von Gangstern aus Chicago. Diese benutzten natürlich immer eine gesalzene Sprache, die Charlie fleißig lernte und zu jeder passenden und unpassenden Zeit zum Besten gab. Einmal brachte ihm der Sohn des Herzogs von Portland, William Cavendish-Bentinck (1893 – 1977) aus England einen Kinder-Cowboygürtel mit, in dem auf beiden Seiten Pistolen steckten. Charlie schnallte ihn um, zog mit beiden Händen die zwei Pistolen heraus, hielt sie dem Gast vor den Bauch und zischte ihn an: „Stick 'em up, you yellow livered rat !". Die Überraschung darüber war zuerst groß, aber dann konnten sich alle das Lachen nur mühsam verkneifen.

Bei Charlie mußte man immer auf Überraschungen gefaßt sein. Bei demselben Besuch gingen die Gäste und wir in der Nähe des Schlosses spazieren. Aus dem Hühnerhof der Angestellten waren einige Hennen entkommen und kratzten mit Vergnügen auf der verbotenen Wiese herum. Charlie hörte zu, wie sich die Erwachsenen darüber unterhielten, wie man die Mistkratzer am besten in ihren angestammten Hof zurück treiben sollte, sauste ab und kam blitzgeschwind mit einer gackernden und Federn lassenden Henne im Arm zurück, um zu zeigen, wie man das machen sollte.

Bei den großen Jagden versammelten sich die Gäste zwischen fünf und sechs Uhr nachmittags zum Tee. Wir Buben bekamen gute Kleider angezogen und durften erscheinen. Vor den Herren machte man beim Handschlag eine Verbeugung, die *Bückling* genannt wurde, und den Damen wurde die Hand geküsst, was *Handibussi* hieß. Dann durften wir uns wieder verdrücken. Nicht so Charlie; der blickte sich um und stellte sich wortlos neben diejenige Dame, die ihm am besten gefiel. Wir haben erst später erfahren, daß die Damen sich schon vorher ausgiebig darüber unterhielten, wen er wohl heute aussuchen würde – und auch, daß die Nichterwählten fast etwas neidisch waren.

Zwischen Teplitz und dem Nachbarort Graupen gibt es einen Wallfahrtsort, der Mariaschein heißt, oder auf Tschechisch Bohosudov, mit einer großen Kirche, die der Mutter Gottes gewidmet und von einem großen, ovalen Kreuzgang umgeben ist. Ort und Wallfahrtskirche verdanken ihre Entstehung einer etwa fünfundzwanzig Zentimeter großen Statue oder Pieta, einem Gnadenbild, das im Hauptaltar eingebettet ist. Wie in den meisten solchen Fällen gibt es dafür auch eine Legende: 1421 waren Nonnen aus Schwaaz bei Bilin vor den Hussiten geflüchtet und hatten das Gnadenbild mitgenommen und in der Nähe von Graupen in einem Lindenbaum versteckt.

1425 wurde die Statue von einem Mädchen aus Graupen gefunden, das in der Nähe des Baumes mit der Sichel Gras mähte. Plötzlich wand sich eine Schlange um seinen Arm. Das Mädchen rief in seiner Not Maria um Hilfe, worauf die Schlange gegen den nahestehenden Baum zischte und abfiel. Bei näherem Hinsehen wurde dann das versteckte Madonnenbild gefunden.

Die Auffindung der Statue und die Rettung des Mädchens vor der Schlange wurde dem Wirken der Mutter Gottes verdankt und dafür wurde ihr an dieser Stelle von den Bürgern von Graupen eine winzige hölzerne Kirche gebaut.

In der heutigen Barockkirche, nach 1700 gebaut, ist in dem genannten Kreuzgang die Geschichte von Mariaschein und damit in Zusammenhang stehender Wunder in Freskenmalerei festgehalten. Auf einer dieser Fresken ist auch ein Clary zu sehen, der in den Türkenkriegen gefangen und in die türkische Sklaverei verschleppt wurde. Seine spätere Rettung wurde auch dem Wirken der Mutter Gottes zugeschrieben. Welches Familienmitglied es war, ist nicht mehr bekannt.

In dem Kreuzgang gab es auch eine Reihe von Kapellen, unter anderem auch eine Clary-Kapelle. Am Festtag Mariä Geburt, am achten September, wurde in dieser Kapelle eine Messe gelesen, an der die ganze Familie teilnahm. Nachher fuhren wir alle in den ganz nahe gelegen Ort Graupen auf die Rosenburg. Graupen hatte auch einmal zur Herrschaft gehört, als es im Mittelalter dort Erz- und Silberbergwerke gab. Von diesem Besitz war die Burg übrig geblieben, oder besser gesagt, eine Burgruine. Ein Teil war wieder aufgebaut worden und beherbergte eine Wirtschaft, die verpachtet war. Auf der Veranda hatte man einen wunderschönen Blick über das Teplitzer Land bis zum Böhmischen Mittelgebirge. Dort saßen wir dann, aßen frisches Schwarzbrot mit Butter und tranken Muskatellerwein. Warum es Muskateller war, ist nicht überliefert. Uns Kindern war das auch egal, solange wir nur mitprobieren durften.

Graupen wird mir aber auch aus einem ganz anderen Grund in schöner Erinnerung bleiben: es gab dort nämlich einen Schützenverein. Teplitz hatte auch einen. Diese Schützenvereine sind wohl im Mittelalter als eine Art von Bürgerwehr entstanden. Zu meiner Zeit waren es aber nur mehr Vereine wie jeder andere auch. Wenn sie im Schützenhaus auf etwas schossen, dann auf Scheiben. Alle hatten aber Uniformen und eine Blaskapelle und marschierten bei allen Festen, besonders den kirchlichen, emsig umher. Wie nicht anders zu erwarten, war mein Vater der Ehrenvorsitzende.

Der Schützenkönig von 1929.

Das große Schützenfest in Graupen war jeweils am Pfingstmontag. 1929, als ich neuneinhalb Jahre alt war, nahm Vater meinen älteren Bruder und mich mit. Auf einem hohen Baum, etwa wie ein Maibaum, wurde ein gemalter Doppeladler aus Holz befestigt und auf den wurde mit mittelalterlichen Armbrüsten geschossen. Wenn der Holzpfeil mit Eisenspitze den Adler traf, fiel meistens ein Stück herunter und das wurde fortgesetzt, bis jemand das letzte Stück herunterschoß. Der war dann für ein Jahr der Schützenkönig, bekam alle möglichen Plaketten um den Hals gehängt und mußte bei allen Festen an der Spitze der Schützen mitmarschieren. Als ich durch reinen Zufall das letzte Stück traf, war der Jubel groß, einmal, weil es noch nie einen so jungen Schützenkönig gegeben hatte und zum anderen, weil damit für ein Jahr bei allen Festen das Freibier aus der Clary - Brauerei garantiert war. Ich fand es herrlich.

Die Geschichte stand in allen Zeitungen und ich mußte dauernd nach Graupen gebracht werden, um bei allen festlichen Umzügen an der Spitze zu marschieren. Ein Jahr später mußte ich dann den ersten Schuß abgeben. Ich traf auch den Adler, aber es fiel Gott sei Dank nur ein kleines Stück herunter.

Der Schützenkönig führt den Festzug an.

Der Zauber war zu Ende und Vater und die Brauerei waren eine Sorge los.

Noch mal zurück zu Mariaschein. Dort gab es auch einen Bahnhof, was für die vielen Pilger natürlich ein großer Nutzen war. Eine Lokalbahn fuhr am Südrand des Erzgebirges vom Waldtor-Bahnhof, einem der drei Bahnhöfe der Stadt Teplitz, bis nach Bodenbach an der Elbe. Alle diese Eisenbahnen entstanden zu einer Zeit, als sie noch von Privatgesellschaften betrieben wurden. Staatlich wurden sie wohl erst nach 1918. Eine unserer Gesellschaften hieß *Aussig-Teplitzer-Eisenbahn* oder kurz *ATE* genannt. Im Volksmund verbreitete sich aber bald der Spaß, daß ATE die Abkürzung für *Alle Tage Elender* sei.

In Mariaschein gab es auch eine Schule mit Internat, die von Jesuiten geleitet wurde und deshalb als Schule sehr gut war. Da jedoch ein Bruder meiner Mutter (Georg Graf von u. zu Eltz, 1901 – 1915) im

Jesuiten-Internat Feldkirch als 14-jähriger Schüler an einem nicht erkannten, durchgebrochenem Blinddarm gestorben war, galten Jesuiten nicht als geeignete Lehrer und Erzieher. Meine Brüder und ich kamen daher nach Tetschen auf das Gymnasium. Um nicht jeden Tag die etwa 30 km hin und her fahren zu müssen, wurden wir zunächst bei unseren Verwandten Thun in der Nähe von Tetschen untergebracht.

Da ich diese Zeit im Abschnitt über die Verwandten und Freunde beschreibe, und einige andere Ereignisse dieser Zeit noch im Abschnitt über die Sprache erwähnt werden, enden die Geschichten aus meiner Jugend mit diesem Zeitpunkt.

Nachbarn und Verwandte

In Böhmen wurde gesagt, Adam sei ein Kinsky und Eva eine Lobkowicz gewesen. Mit einer Großmutter Kinsky und einer anderen Großmutter Lobkowicz (Marie Gräfin von u. zu Eltz, geb. Prinzessin Lobkowicz, 1867 – 1945) hatte man jedenfalls sehr viele Verwandte. So ist es nicht verwunderlich, dass auch die meisten Nachbarn Verwandte waren.

Unsere nächsten Nachbarn waren die Ledeburs in Krzemusch und Milleschau. Der Vater Eugen (Graf Ledebur-Wicheln, 1873 – 1945), genannt Onkel Genus, gesprochen *Schenus*, die Mutter, Tante Lori (geb. Gräfin Larisch v. Moennich, 1888 – 1975), und sieben Kinder: Jetti, Lilli, Fanny, Wigbert, Franzi, Mary und Gerhard. Die ersten vier Geschwister waren älter als ich, mit Franzi ging ich ins Gymnasium, Mary war ein wenig, vor allem Gerhard aber war ein paar Jahre jünger, denn ich war schon bei seiner Taufe dabei. Die älteren drei Schwestern hatten gemeinsam, schon in jungen Jahren weiße Haare zu haben, was sie noch schöner machte, als sie es sowieso schon waren. Die Eltern Ledebur waren die besten Freunde meiner Eltern, und deshalb waren wir alle miteinander *per Du*. Für uns Kinder spielte das aber keine Rolle, denn alle Erwachsenen wurden sowieso Onkel und Tante genannt.

In der Nähe gab es aber noch eine andere Familie Ledebur (Johannes Graf v. Ledebur-Wicheln, 1891 – 1964, und Hedwig, geb. Gräfin v. dem Broel gen. Plater, 1896 – 1962), mit denen wir jedoch gar nicht verwandt waren. Sie wohnten in Tellnitz am Südrand des Erzgebirges. Für uns Kinder war es dasselbe, aber unter den Erwachsenen sagten sich die Herren gegenseitig *Du* und die Damen auch, aber die Herren sprachen in einem solchen Fall die Damen mit *Sie*, Titel und Vornamen an—und umgekehrt genauso.

Die Tellnitzer hatten drei Kinder in unserem Alter, die immer bereit waren, sich an jedem Schabernack zu beteiligen, sodass wir bestens miteinander auskamen. Der ältere Sohn Franzi war am selben Tag wie ich geboren, aber etwas später. Da es bei den anderen Ledebur-Nachbarn auch einen Franzi gab, wurde mein Altersgenosse zur Unterscheidung nur der Franzi Tellnitz genannt.

Der Vater hatte einen Spitznamen: Eine Zeitlang mußte er nämlich einmal in der Woche über den Tag mit der Eisenbahn von Aussig nach Prag fahren. Dabei begab es sich zufällig, dass er immer wieder im Zug unterschiedliche Bekannte traf, die von ihm bestens unterhalten wurden. Alle erzählten sich von diesen Begegnungen im Zug und fortan hieß er *der Reisebegleiter*. Dieser Name war so gebräuchlich, daß man zur Unterscheidung die Tellnitzer Ledeburs als *die Reisebegleiterischen* bezeichnete.

Wir Kinder gingen gern zu den Tellnitzern, weil es ein lustiges Haus war. Die Eltern tranken Tee und spielten Bridge; und wir machten Unfug. Unter anderem wurde in den dreißiger Jahren ein Glas Mode, das beim Hinfallen nicht zerbrach. Wenn jemand anwesend war, der das nicht wusste, gingen wir Kinder mit einem Tablett voll von solchen Gläsern durchs Zimmer, ließen dann alles fallen und freuten uns am Erschrecken der Erwachsenen.

Manchmal kamen die Eltern aus Tellnitz auch zu uns zum Bridgespielen. Das hieß dann eine *Bridge-Orgie*. Sie kamen am Nachmittag, spielten bis zum Abendessen und nachher manchmal bis nach Mitternacht. Dann ging alles schlafen und am nächsten Morgen nach dem Frühstück fuhren sie wieder nach Hause.

Die schon erwähnte, jüngere Schwester meines Vaters hieß in Wirklichkeit Sophie, aber so nannte sie niemand; alle nannten sie Foffa oder Foff und im ganz kleinen Kreis Birdie. Sie war eine begeisterte Bridge- und Majong-Spielerin und war bei solchen Bridge-Orgien auch immer dabei. Die Gute rauchte wie ein Schornstein. Als ihr einmal jemand sagte, dass das Kauen von Kaugummi die Lust aufs Rauchen vermindern würde, kaufte sie sich aus England Wrigley-Kaugummi und kaute darauf herum. Das Unternehmen hatte aber nicht den gewünschten Erfolg, denn sie fand nach einer Weile, dass Rauchen und Kauen zur gleichen Zeit viel besser wäre, als dies getrennt zu tun. Außerdem hatte sie die schlechte Angewohnheit, ihre Kaugummis unter den Tisch zu parken, was alle, die es wussten, abscheulich fanden.

Es gab auch noch eine dritte Familie Ledebur. Sie lebte in Westböhmen auf einem Besitz, der Aich hieß. Da es dort auch, wie in Krzemusch, eine Tochter gab, die Fanny hieß, wurde diese zur Identifizierung nur die Fanny Aich (verh. Freifrau v. Stralenheim, 1912 – 2000) genannt.

Andere Nachbarn, die ich schon in einem früheren Kapitel erwähnt habe, waren die Westphalens.

Die Familie Westphalen lebte in Kulm. Der Vater hieß Onkel Ottokar (1866 – 1941), die Mutter Tante Josephine (geb. Gräfin von u. zu Trauttmansdorff, 1866 – 1936), wurde aber nur Tante Pepsch genannt. Sie hatten eine Menge Söhne und eine Tochter, die alle älter waren als wir, sodass wir Kinder sie zwar kannten, aber mit ihnen nicht dauernd Kontakt hatten. Der älteste Sohn war Anwalt in Teplitz und war derjenige, der sich selber bei uns zum Mittagessen einladen durfte. Ein jüngerer Bruder von ihm war der Direktor unserer Kurbadverwaltung.

Trotz dieses Altersunterschiedes war die Verbindung zwischen unseren Familien eng und wir haben von ihnen auch etwas bekommen: Mein Vater bekam von Onkel Ottokar sein Kriegspferd Titus, von dem schon an anderer Stelle die Rede war. Und wir Kinder erbten von ihnen eine schottische Nanny, Miss Ryan.

Außerdem gaben sie jeden Ostermontag eine große Kinderjause. Das einzige, was mir davon in Erinnerung blieb, ist, dass Onkel Ottokar immer so tat, als würde er den Honigtopf verstecken, während er behauptete, dass Honig schlecht für Kinder wäre. Da er es aber nicht wirklich getan hat, konnten wir uns hinter seinem Rücken bedienen und nach der Jause klebten wir und alles, was wir angefasst hatten.

Kulm ist auch in der Geschichte bekannt geworden durch die große Schlacht im August 1813, in der die Verbündeten ein französisches Corps unter General Vandamme (1770 – 1830) besiegten. Nach den napoleonischen Kriegen bauten die Sieger Denkmäler zur

Erinnerung an die Gefallenen, ein österreichisches, ein preußisches und ein russisches. Mit letzterem hatte es eine besondere Bewandtnis. Der Künstler, der es entworfen hatte, schmückte den Sockel eines Obelisken nämlich mit vier Reliefs von Löwen aus Stein. Bei der Darstellung hat er sich jedoch irgendwie geirrt oder er hat es nicht gewußt: seine Löwen gingen nämlich fälschlicherweise den Passgang, also jeweils gleichzeitig Hinter- und Vorderläufe, rechts oder links, wie Kamele. Es wurde behauptet, der Künstler hätte sich vor Gram umgebracht, als er seinen Fehler bemerkte. Das Denkmal soll es noch heute geben. Nach 1945 sollen die Russen daraus ein Denkmal der Roten Armee gemacht haben.

Auch ganz in der Nähe von uns, bei Kommotau, war Rothenhaus, ein schönes großes Schloss mit einem sehr großen Park. Dort wohnten die Hohenlohes, die böhmische Linie des schwäbischen Hauses Hohenlohe-Langenburg. Onkel Friedi (Gottfried Prinz zu Hohenlohe-Langenburg, 1860 – 1933) und Tante Ninni (Anna, geb. Gräfin v. Schönborn-Buchheim, 1865 – 1954) waren im Alter unserer Großeltern. Aber die Kinder ihres Sohnes Max (1897 – 1968) und seiner spanischen Frau Piedeta (geb. Iturbe y Scholtz, 1892 – 1990) waren in unserem Alter. Unter ihnen war auch Alfonso (1924 – 2003), der nach dem Kriege durch seine Heirat mit der damals fünfzehnjährigen Ira (Prinzessin zu) Fürstenberg (1940) und die Gründung des Clubs von Marbella in Spanien für die Sensationspresse ein beliebtes Opfer war.

Sein Vater Max, Mappel genannt, hatte zwei Brüder, die in meiner Kindheit noch unverheiratet waren.

Es waren Zwillinge; Karl (1903 – 1983) und Rudolf (1903 – 1988). Sie waren große Tenniskanonen. Außerdem spielten sie gerne Eishockey und gründeten in Kommotau einen Club, der sehr bekannt wurde.

Als wir noch klein waren, veranstaltete Tante Ninni einmal im Jahr ein großes Kinderfest im Park, der wie ein Jahrmarkt hergerichtet war, mit Schießbuden und Ständen, mit allem zum Essen und Trinken, das sich Kinder vorstellen können. Besonders beliebt waren die Würstlbuden. Der Nachteil war, dass wir meistens zu viel von den Würsteln futterten und daher beim Nachhausefahren im schaukelnden Auto öfters die Würstlreste im falschen Moment und auch an der falschen Stelle wieder zum Vorschein kamen.

Nicht sehr weit von Rothenhaus, bei Saaz, war auch noch ein sehr schönes großes Schloss, Petersburg, wo Onkel Eugene (Graf v.) Czernin (1892 – 1955) und Tante Josl (geb. Prinzessin v. Schwarzenberg, 1895 – 1965) wohnten. Da waren auch Kinder in meinem Alter und so durfte ich bei ihnen schöne Besuche machen. Für die Söhne des Hauses und mich war die größte Attraktion die Garage, weil es dort ein kleines Auto gab, mit dem wir im Park herumfahren durften. Schlimmes ist nichts passiert, aber das Auto und einige Gartenbänke hatten öfters Schrammen. Im Gras sind wir auch hin und wieder gelandet, weil wir mit unseren kurzen Beinen nicht so gut an die Pedale herankamen oder in der Eile die Fußbremse mit der Kupplung verwechselt haben.

Wieder andere Nachbarn und Verwandte waren die Familie (der Grafen) Chotek in Großpriesen und Weltrus. Über einen anderen Teil dieser Familie wird ein paar Seiten weiter noch zu erzählen sein. In Großpriesen an der Elbe war für uns wegen des Alters von Onkel und Tante nicht viel los, dafür aber in Weltrus. Onkel Kari (1887 – 1970), der Sohn der Großpriesener und der letzte männliche Chotek, war mit einer Ungarin (Livia Gräfin Majlath de Szeghely, 1888 – 1970) verheiratet. Er hatte einen großen, wallenden Vollbart und wurde hinter seinem Rücken Onkel Fußsack genannt. Da die beiden kinderlos waren, wollte er immer meinen älteren Bruder adoptieren, was verständlicherweise bei meinem Vater keinen Gefallen fand.

Einmal im Jahr veranstaltete er für die Söhne von Nachbarn und Verwandten ein großes Krähenschießen. Die Krähen nisteten zu Hunderten in den hohen Bäumen des Parks und richteten in der sehr gepflegten Landwirtschaft großen Schaden an. Sie wurden mit Kleinkaliber Kugelgewehren gejagt, was bei den hohen Bäumen und den kleinen jungen Krähen gar nicht so einfach war. Der Hausherr verteilte die Munition und hatte daher einen Überblick, wer am besten geschossen hatte.

Ein anderer Grund, warum Weltrus so beliebt war, war Spargel, der auf den Gemüsefeldern des Onkels angebaut wurde. Mein Vater fuhr mindestens einmal im Monat über Tag nach Prag, etwa neunzig Kilometer, und mußte dabei an Weltrus vorbeifahren. In der Spargelzeit rief er vor der Abfahrt aus Prag in der Verwaltung in Weltrus an und ein guter Geist ging Spargelstechen. Im Vorbeifahren nahm er sie mit und zwei Stunden später waren sie bei uns in der Küche und wurden am selben Abend gegessen.

Weil gerade von Prag die Rede war, noch eine Geschichte, die eigentlich nicht hierher gehört, aber auch mit Verwandten zu tun hat: Etwa 1937 studierte mein älterer Bruder an der Prager Universität. Mittags ging er öfters in den Club Recource, in dem viele Verwandte und auch unser Vater Mitglieder waren, entweder, weil er dort verabredet war oder auch nur so, weil er hoffte, vielleicht einen guten Onkel zu treffen, der ihn zum Mittagessen einlud. Einmal kam er hin, schnupperte und sagte zu dem Zeitung lesenden Onkel Fritz (Graf) Nostitz (1893 – 1973): „Ich wusste gar nicht, dass mein Vater heute hier ist." Darauf der Onkel: „Der ist ja doch auch gar nicht hier !". Darauf mein Bruder: „Aber ich kann ihn doch riechen !" Unser Vater benutzte nämlich ein ungewöhnlich riechendes Kölnischwasser, das er sich in Venedig in einer Parfümerie namens Linetti mischen ließ. Des Rätsels Lösung war jedoch ein anderer Onkel, Alain (Fürst) Rohan (1893 – 1976). Dieser hatte nämlich irgendwann einmal entdeckt, dass Vaters Eau de Cologne einen guten Geruch hatte und mein Vater sagte ihm, wo es herkam. Als Onkel Alain dann einmal in Venedig war, hat er sich dasselbe mischen lassen und benutzte es seitdem. Er war vom Geruchssinn meines Bruders so beeindruckt, dass das Mittagessen für ihn an diesem Tag besonders gut ausfiel.

Die Rohan's waren, nebenbei, eine uns verwandte Familie, die ungewöhnliche Kindermengen hatten: Sieben Töchter und keinen Sohn. Eigentlich doch gar nicht so selten. Aus meinem Verwandtenkreis kann ich da auch die Mayr-Melnhof's in Salzburg erwähnen, mit acht Töchtern und einem Sohn, oder die Engelken's in Hamburg mit sieben Töchtern, oder die Felix Löwenstein's mit sechs Töchtern. Für neue Generationen braucht es in erster Linie Mütter.

Ganz besonders möchte ich als Nachbarn und Verwandte noch auf die Thun's in Tetschen und Eulau zu sprechen kommen. Sie waren liebe und allernächste Verwandtschaft. Onkel Jaroslav (Fürst von Thun-Hohenstein, 1864 – 1929) und Tante Rischel (1863 – 1935) waren die letzten Besitzer, die das sehr, sehr große Schloss in Tetschen an der Elbe bewohnten. Es lag hoch über dem Fluß auf einem Felsen mit einer prachtvollen Auffahrt. Ich bin einmal dort gewesen, wohl zum Begräbnis von Onkel Jaroslav 1929, und war am meisten davon beeindruckt, dass das Schloß über dreihundert Außenfenster hatte. Nach seinem Tod wurde es an den Staat verkauft und war bis 1938 tschechische Kaserne.

Sein ältester Sohn, Onkel Franz-Anton (Fürst v. Thun-Hohenstein, 1890 – 1973) — es gab noch einen jüngeren, Onkel Ernst (Graf v. Thun-Hohenstein, 1905 – 1985), und mehrere Schwestern — baute etwa 1930 in Eulau, unweit von Tetschen, ein für heutige Verhältnisse großes, neues Schloss, das man allerdings mit Leichtigkeit in den Hof des alten Schlosses in Tetschen hätte stellen können. Dort lebte Onkel Franz-Anton (warum er in der Verwandtschaft Bäcker-Franz genannt wurde, habe ich vergessen) mit seiner Frau, Tante Fannerl, geborenen Lobkowicz (1893 – 1964), Cousine meiner Mutter, mit seinen fünf Kindern und seiner Mutter.

Diese, Tante Rischel genannt, hieß in Wirklichkeit Marie. Sie war eine geborene Gräfin Chotek, und auch wieder eine von sieben bzw. sechs erwachsen gewordenen Schwestern und einem Bruder.

Die Mutter Wilhelmine aller dieser Geschwister war eine Gräfin Kinsky (1838 – 1886), Schwester meines Urgroßvaters (Friedrich Karl Graf Kinsky von Wchinitz und Tettau, 1834 – 1899), also waren alle diese Chotek's Cousinen meiner Großmutter und deren Geschwister.

Diese Cousinage, vier Schwestern und ein lebender Bruder Kinsky, und die sechs lebenden Schwestern und ein Bruder Chotek, deren Mutter mit 48 Jahren relativ jung verstorben war, und die deshalb viel bei den Kinsky's waren, hatten sich gegenseitig sehr gerne. Viele Reisen wurden gemeinsam unternommen, immer organisiert von einem Reisebüro Stange. An den Scheiben der reservierten Zug-Coupee's hingen dann Zettel, auf denen *Stange* geschrieben war. Dieser Name wurde von den Cousins spaßeshalber als Gruppennamen angenommen und man versprach sich auch, einander immer *die Stange zu halten,* wahrscheinlich, weil sie sich über diesen Ausdruck besonders amüsierten, der so gar nicht in ein aristokratisches Kinderzimmer in Böhmen passte.

Sie und ihre Nachkommen bildeten damit aber *die Stange,* eine Verwandtenschar, die großenteils noch heute diese Zusammenhänge kennt und jetzt etwa 2.000 Personen umfasst. In *die Stange* kann man nicht eintreten oder aufgenommen werden, man gehört durch Geburt dazu, oder eben nicht. Innerhalb der

Stange ist man sich dieser Verwandtschaft besonders bewusst und hat sich deshalb immer gegenseitig besonders geholfen, weswegen nach dem 2.
Weltkrieg insbesondere allen denjenigen, die ihre
Besitze im Osten verloren hatten, von Seiten der im
Westen noch Begüterten wertvolle Unterstützung
zuteil wurde.

Eine von diesen Chotek - Schwestern, Sophie (1868
– 1914), nahm ein tragisches Ende. Sie war die mor-
ganatische, also nicht standesgemäße, Frau des
österreichischen Thronfolgers Erzherzog Franz
Ferdinand und wurde mit ihm 1914 in Sarajevo
ermordet, was u.a. zum Ausbruch des 1. Welt-
krieges führte. Eine andere heiratete einen Grafen
(Leopold) Nostitz (1865 – 1945), von denen es in
Böhmen eine Menge gab. Als sie starb, heiratete
der Witwer die jüngste Schwester, Henriette, in
der Familie nur *Die Tante* genannt. Mit ihr hatte er
noch eine Tochter, Cara (Karoline, verh. Gräfin zu
Stubenberg, 1923 – 1950), die etwas jünger war als
ich, aber zu derselben Generation gehörte wie mein
Vater. Sie war sich dieser Generationsverschiebung
völlig bewusst und machte manchmal recht freche
Bemerkungen.

Einmal, als sie etwa sechs oder sieben war, war sie
mit ihrer Mutter in Teplitz und sollte um die Mit-
tagsstunde mit einem Zug nach Hause fahren. Da
ihr das nicht passte, wurde sie bockig. Es war Frei-
tag und so bekam sie—noch im Bett sitzend—ein
Spiegelei mit Kartoffelbrei und Spinat zu essen. Sie
stocherte im Essen herum und verkündete dann
laut und vernehmlich: „In diesem Hause ist sogar
der Spinat schlecht !" Solange die Erwachsenen in

ihrer Hörweite waren, herrschte Stille, aber dann gab es ein brüllendes Gelächter über diese freche Altklugheit.

Wieder eine andere Schwester Chotek, Oktavia (1873 – 1946), Tante Toto genannt, heiratete einen Grafen (Joachim) Schönburg – Glauchau (1873 – 1943) und lebte in Sachsen, in Glauchau, in einem Schloss, das Wechselburg hieß. Tante Toto hinterließ 8 Kinder und eine sehr große Nachkommenschaft.

Jetzt aber zurück zu Tante Rischel Thun und dem Schloß in Eulau. Sie war klein und zierlich, aber ein Bündel von Energie. Ich habe sie gut kennen gelernt, weil ich in dem Schuljahr 1932/33 in Eulau lebte und von ihr wie ein Enkel behandelt wurde. Unter anderem hat sie mir Bridgespielen beigebracht.

Der Grund für meine Ausquartierung aus Teplitz war schulbedingt: Wie schon beschrieben, kam das Jesuiten-Gymnysium in Mariaschein nicht in Betracht. Teplitz selbst hatte nur ein humanistisches Gymnasium und mein Vater fand, dass Latein lernen gut wäre, aber Alt-Griechisch nicht unbedingt sein müsse, und das dazu passende Realgymnasium war halt nur in Tetschen, einer Stadt in etwa 30 km Entfernung. Damals war es unmöglich, jeden Tag eine solche Strecke hin und her zu fahren.

So wurde also für meinen älteren Bruder und mich plus unserem Hauslehrer in Eulau, ganz in der Nähe des Schlosses, eine Wohnung gemietet. Das Frühstück wurde vom Schloss gebracht und mittags und abends aßen wir im Schloss mit der Familie und verbrachten dort auch unsere Freizeit.

An den Schultagen fuhr ein Auto die zwei Thun-Söhne, Christoph (1918 – 1990) und Ferdinand (1921), und uns zwei etwa zwanzig Minuten in die Schule nach Tetschen und zurück. Da wir in vier verschiedenen Klassen waren und nicht immer dieselben Schulzeiten hatten, mußte das Auto den ganzen Tag hin und her fahren. Die nächsten fünf Jahre verblieb ich im selben Gymnasium, wohnte jedoch dann in einem Schülerheim in Tetschen. Aber es gab in den folgenden Jahren auch weiterhin für uns älter werdende Kinder und die Verwandten schöne Garten- und Tanzfeste, und ich verbinde großen Dank mit den Erinnerungen an Eulau.

Zum Schluss noch eine Geschichte, die nichts mit Tetschen oder Eulau zu tun hat, aber mit Onkel Franz-Anton und meinem Vater. Sie bezieht sich auf die sogenannte Festtagsliste, die alljährlich erscheinend für einen wirklich sehr weit gespannten Personenkreis alle runden Geburtstage ab dem 50., ab dem 75. auch alle halbrunden Geburtstage, sowie alle silbernen, goldenen und späteren Ehejubiläen, kalendarisch geordnet, aufführt und somit die Anteilnahme erleichtert. In den ersten Jahren nach dem Krieg wurde diese Liste von Onkel Franz-Anton verfasst. Wie heute war es auch damals unausbleiblich, dass sich manchmal ein Fehler einschlich. Mein Vater glaubte jedoch an die Liste wie an die Bibel und schrieb einmal einem entfernten Bekannten einen schönen Brief zum, sagen wir, achtzigsten Geburtstag. Kurz darauf bekam er eine Antwort, in der die Witwe des Jubilars ihm mitteilte, dass ihr Mann zwei Jahre vorher gestorben war. Der letzte Satz ihres Schreibens war ein besonderer Seitenhieb: „Im Übrigen habe ich nachgesehen und festgestellt, daß Sie meinem Mann zum 75. Geburtstag schon genau denselben Brief geschrieben haben."

Andere ganz nahe Nachbarn und auch Verwandte waren die Lobkowicz in Bilin, aber über sie kann ich nichts erzählen, denn die einzigen, die in meiner Jugend dort lebten, Onkel Zdenko (1858 – 1938) und Tante Bertha (geb. Gräfin v. Neipperg, 1857 – 1932), waren die Generation meiner Großeltern. Daher konnten wir Kinder mit ihnen nichts anfangen und sie auch nichts mit uns. Ihre Kinder, die Altersgenossen meiner Eltern waren, lebten nicht in Bilin und deren zahlreiche Kinder waren jünger als wir.

Lobkowicz ist, wie schon geschrieben, die Familie einer meiner Großmütter. Sie ist eine sehr weit verzweigte Familie, die in Böhmen an vielen verschiedenen Orten Besitz hatte. Nelahozeves, in der Nähe von Prag, war einer der schönsten Namen solcher Schlösser. Ein Spaßvogel hat einmal behauptet, die Familie habe so viele Schlösser, dass sie jeden Monat in einem anderen wohnen könnte und es zwei Jahre dauern würde, bis sie sich durchgewohnt hätten. Die verschiedenen Linien wurden auseinander gehalten, in dem man sie nach ihrem Wohnsitz benannte, also die Biliner und so weiter.

Der Familienzweig von Onkel Leopold Lobkowicz (1888 – 1933) und Tante Fanny (Prinzessin v. Montenuovo, 1893 – 1972) lebte in Unter-Berschkowitz, im tschechischen Sprachgebiet gelegen. Einmal bekamen sie Besuch aus dem deutschen Sprachgebiet, der aus Versehen in Ober-Berschkowitz ankam. Dort hatte es auch einmal ein Schloss gegeben, das inzwischen aber als Irrenanstalt genutzt wurde. Vor dem Haus stand ein Mann in einem weißen Kittel. Als sich der Besuch erkundigte, wo die Herrschaften seien, stieß sich der Mann, die deutsche Sprache offensichtlich nur schlecht beherrschend, mit dem Zeigefinger immer wieder gegen den Kopf und sagte: „Hier nix Herrschaften, hier alle sooo !"

An der Sprachengrenze gab es öfters komische Sprachanwendungen. In der tschechischen Sprache gibt es ein Wort: *Trauba*, das so etwas wie Dummkopf oder Trottel bedeutet. Das Wort *Trauba* heißt aber auch, auf deutsch übersetzt, *Röhre*. Ein tschechischer Autofahrer fuhr einmal im deutschen Sprachgebiet und ärgerte sich über einen Radfahrer, der auf der Straße hin und her kreuzte und ihn am Überholen hinderte. Als er endlich Platz fand, beschimpfte er im Vorbeifahren den Radfahrer: „Du Röhre !", was selbigen natürlich wenig beeindruckte.

Die folgende Geschichte, die mir gerade eingefallen ist, hat auch mit Lobkowicz zu tun. Um 1890 herum war ein (Franziskus) Graf Schönborn (1844 – 1899) Erzbischof von Prag, damals hieß es Fürst-Erzbischof, und residierte in einem großen Palais am Hradschin. Kardinal war er auch. Natürlich war er mit allen großen Familien verwandt, auch mit den Lobkowicz, denn eine seiner jüngeren Schwestern hatte einen Lobkowicz geheiratet. Von Zeit zu Zeit besuchte er auch die Verwandtschaft, was für die betreffenden Familien ein großes Ereignis war.
So kam er auch einmal zu einer der vielen Lobkowicz - Familien, welche, weiß ich nicht mehr. Am Schluss eines Mittagessens gab es immer frisches

Obst. Als die Schale am Ende des Tisches ankam, wo die Jugend saß, unter anderem auch der Sohn des Hauses, der, sagen wir mal, Friedrich geheißen hat, waren nur noch rote Johannisbeeren übrig, Ribisln, wie sie bei uns hießen. Diese waren zwar mit Zuckerguss überzogen, aber immer noch sauer. Da maulte der kleine Friedrich laut und vernehmlich. Der Kardinal hörte das und rief ihm zu: „Aber Friedrich, iss doch die guten Ribisln!". Friedrich ließ sich weder von dem Ratschlag noch von der Person des Ratgebers beeindrucken und antwortete in bestem Böhmisch: „Friss Dir dein saueren Ribisch selber!"

Ein andermal war der Kardinal auch bei uns in Teplitz. Als er abreiste, um mit dem Zug nach Prag zurückzukehren, und die große Stiege hinunter ging, beugte sich die jüngere Schwester meines Vaters, wohl sieben oder acht Jahre alt, über das Geländer und rief ihm zu: „Du, Onkel Kardinal, du hast mir nicht *Auf Wiedersehen* gesagt." Ohne mit der Wimper zu zucken, kehrte der hohe Herr noch einmal um, um sich von ihr zu verabschieden.

Weil gerade von dieser Tante Foffa die Rede war, noch etwas anderes, was überhaupt nicht hier her gehört. Als sie 1896 fünf Jahre alt war und mit ihren Eltern in Dresden lebte, wo mein Großvater österreichischer Gesandter war, gab es eines Abends ein großes Galadinner in der Gesandtschaft, wohl in Anwesenheit von Mitgliedern der sächsischen Königsfamilie. Nach dem Essen erschien ganz unüblich eine Kinderschwester und flüsterte meiner Großmutter zu, dass die junge Tochter nicht schliefe und sich sehr merkwürdig benehme. Alles war sehr besorgt, bis der Hausarzt erschien und nach kurzer Untersuchung meiner Großmutter lakonisch mitteilte: „Exzellenz, diesem Kind fehlt überhaupt nichts, es ist nur vollkommen betrunken !". Tante Foffa hatte sich nämlich heimlich an nicht ausgetrunkenen Weingläsern gütlich getan.

Etwa 1926 verbrachte ich einen Teil des Sommers in Haid in Westböhmen, bei den Löwenstein-Verwandten. Tante Osy (Josephine, geb. Gräfin Kinsky, 1874 – 1946), eine Schwester meiner Großmutter, und Onkel Alois (Fürst Löwenstein, 1871 – 1952) hatten eine große Familie mit neun Kindern. Die älteste Tochter war damals schon verwitwet, eine war verheiratet, drei Söhne studierten, eine Schwester war Nonne und die jüngsten drei waren zu Hause. Der jüngste, Johannes, war nur zwei Monate älter als ich und der Grund, warum ich dort war.

Über die folgende Geschichte über die Löwensteins kann ich nicht mit Bestimmtheit sagen, ob sie wahr ist, aber sie ist spaßig. Etwa 1918 verlobte sich die erwähnte älteste Tochter Sophie mit Karl (Graf) Eltz (1896 – 1922), einem Bruder meiner Mutter. Tante Osy war schon mit den Vorbereitungen für die Hochzeit beschäftigt, als sie sich nicht wohl fühlte und den Doktor kommen ließ. Nach der Untersuchung bemerkte dieser: „Durchlaucht, Sie haben schon acht Kinder und sollten eigentlich wissen, dass Sie im vierten Monat sind !". Ob der Termin für die Hochzeit wirklich früher geplant war und verschoben wurde, ist umstritten, jedenfalls fand sie erst 6 Wochen nach der Geburt von Johannes statt. Tante Osy hatte einen Weg gefunden, wenigstens einmal am Tag alle Kinder zu vollkommener Stille zu veranlassen. Das war nach dem Mittagessen, alle versammelten sich im Salon und sie las ein Kapitel Karl May vor, aus seinen arabischen Büchern: *Durch die Wüste* oder *Der Schut*. Kara Ben Nemsi und Hadschi Halef Omar sind mir bis heute in Erinnerung geblieben. Im Schloß anwesende Erwachsene nahmen, bis auf Onkel Alois, an der Zeremonie teil. Eine Schwester von Tante Osy, Tante Willi Henckel (1869 – 1943), war während meines Aufenthaltes zufällig auch da; sie rauchte dicke Zigarren, was für Damen damals ungewöhnlich war. Wir fanden es lustig, waren aber vor allem daran interessiert, ihre alten Zigarrenkisten zu ergattern, denn in denen konnte man so gut allen möglichen unnützen Kram aufheben.

Ansonsten versuchten wir, uns auf verschiedene Art nützlich oder eher unnützlich zu machen, zum Beispiel im Garten, in dem Tante Osy immer tätig war. Einmal gab sie uns Gartenscheren und zeigte uns Unkraut zum Abschneiden. Als wir das erledigt hatten, suchten wir neue Opfer und fanden sie am Tennisplatz. Die jungen Töchter des Hauses hatten zur Verschönerung der Drahtgitter um den Tennisplatz Schlingpflanzen und sonstige Blumen gepflanzt, die am Gitter hoch wachsen sollten. Wir befanden nun, dass alles, was am Gitter hoch wächst, Unkraut sein müsse und schnitten es ab. Das Geschrei der Geschwister hat man wohl kilometerweit gehört.

Im Park standen Fallen herum, Holzkisten, in denen man die Tiere lebendig gefangen hat. Was man eigentlich fangen wollte, habe ich vergessen. Die Fallen mußten aber jeden Tag kontrolliert werden. Dies taten wir besonders gern, aber von einem Gärtner begleitet. Besonders oft krochen nämlich Igel in die Fallen: Sie fraßen den Köder und warteten dann, geschützt vor allen Feinden, bis sie wieder freigelassen wurden.

Es gab noch andere Verwandte und Freunde der Familie: die Larische, die Buquoy's und die Kinskys, die Fürstenbergs, die Schwarzenbergs und die Liechtensteins, und viele andere. Mit allen standen unsere Eltern sich gut. Sie waren dort zu Besuch und diese bei uns. Ich habe aber nur einige erwähnt, die auch unsere Nachbarn waren.

Forstwirtschaft und die Jagd

Wenn man in Böhmen Großgrundbesitzer war, hatte man unweigerlich Wild und damit auch die Jagd und die dazugehörigen Waffen. Wie ich schon eingangs erwähnt habe, halte ich überhaupt nichts von der modernen Anschauung, man müsse Vorgänge vergangener Zeiten an kontemporären Maßstäben messen. Das gilt auch für die Jagd. Wenn es z.B. in Europa kaum mehr Rebhühner gibt, dann nicht deshalb, weil die Jäger zuviele geschossen haben, sondern weil wir Menschen alle zusammen ihnen den für ihre Existenz notwendigen Lebensraum genommen haben.

Bei uns in Böhmen gab es jedoch in den Waldrevieren noch Hirsche und Rehe, Auerhähne und Birkhähne, und in den Ebenen Hasen, Kaninchen, Fasanen, Rebhühner, Enten, Füchse, Dachse, manchmal Schnepfen und natürlich allerlei Raubvögel. Wildschweine gab es nur in Gehegen, und auch das nur selten. Auf einer solchen Wildschwein-Treibjagd war ich damals auch einmal. Wir wurden genau instruiert, was man schießen dürfe und was nicht. Natürlich nicht den einzigen Keiler, den es im Gatter gab, und nicht die Bache, wenn sie Junge führte, die Frischlinge genannt werden. Am Ende des Treibens lag ein einziges Stück auf der Strecke: Es war der große Keiler.

Die Erziehung, mit Waffen umzugehen, fing in meiner Familie schon sehr früh an, lange, bevor man selber auf die Jagd ging. Man lernte, daß man, bevor man mit einer Waffe hantiert, immer zuerst schaut, daß sie nicht geladen ist, daß man niemals mit einer

Waffe auf einen Menschen zeigt, daß Waffen und ihre dazugehörige Munition immer an getrennten Plätzen und unter Verschluß aufgehoben und verwahrt werden, usw.

Am 10. Geburtstag war das Geschenk dann ein Gewehr. Und wie man sich schon darauf freute ! Meines hatte 2 Läufe, einen glatten mit 9 mm und einen gezogenen mit 6 mm. Mit dem 9 mm-Lauf verschoß man Bleikugeln oder ganz kleine Patronen, die mit winzigen Bleikügelchen gefüllt waren.

Der stolze 10 – Jährige.

Man nannte das Vogeldunst. Im 6 mm-Lauf waren es auch Bleikugeln. Sie hießen Long Rifle und weil der Lauf gezogen war, konnte man viel genauer schießen. Und dann kamen langsam die Ergebnisse. Das erste Kaninchen, und dann ein Hase und ein Rebhuhn, und dann ein Fasan. Man hatte ein Schußbuch, in welchem säuberlich vermerkt wurde, was man wann und wo geschossen hatte.

Mit der Zeit gab es dann auch ein Luftgewehr, das für Zielübungen sehr geeignet war. Mein Vater bestand darauf, oft spazieren zu gehen, was wir Kinder langweilig fanden; das wäre doch nur für Kurgäste geeignet. Darauf wurde erlaubt, das Luftgewehr mitzunehmen. Das hieß dann *bewaffneter Spaziergang*, und da sah die Sache dann schon ganz anders aus, besonders im Herbst, wenn die Felder schon abgeerntet waren. Da gab es in Unmassen

Feldmäuse. Ich glaube nicht, daß unsere Abschüsse auf die Zahl der kleinen Nager den geringsten Einfluß hatten, aber man hatte das Gefühl, mit dem Vergnügen auch noch ein gutes Werk zu tun.

Etwa mit 12 Jahren durfte ich dann auch schon bei kleinen Gesellschafts-Jagden mitgehen und auch schießen, aber immer nur in Begleitung einer erwachsenen Person. Und dabei durfte ich auch offen ein richtiges Schrotgewehr, eine Flinte mit 2 Läufen benutzen. Die schon erwähnte Frau meines Großonkels Carlos Clary, Tante Felicie, ging gerne auf die Jagd, auch mit der Flinte. Meine Mutter tat dies auch, aber nur mit dem Kugelgewehr, der Büchse. Da die Tante klein und zierlich war, wurden für sie 2 kleine Gewehre angefertigt. Eines davon war noch vorhanden. Es war Kaliber 32 mit 2 Hähnen. Da in die kleinen Patronen nicht sehr viele Schrotkörner hineingingen, mußte man schon recht gut zielen, wenn man etwas treffen wollte. Also wie gemacht zum Schießen-Lernen. Mit der Zeit war aber auch dieses Gewehr zu leicht und so wurde ein vorhandenes Gewehr Kaliber 20 verwendet. Das war zwar schon modern, aber immer noch mit Hähnen. Das große Ereignis war aber mein 16. Geburtstag. Meine Großmutter schenkte mir die Schrotgewehre meines Großvaters, ein identisches Paar Kaliber 12, von dem bekannten englischen Waffenschmied Holland & Holland gefertigt. Ich hatte nur wenige Jahre das Vergnügen, sie zu benutzen, aber sie waren eine reine Freude.

Das Alter spielte im übrigen immer eine Rolle. Im Jahr, in dem ich 15 wurde, durfte ich den ersten Rehbock erlegen. Der Hirsch und besonders der

Auerhahn waren eigentlich erst nach dem Abitur vorgesehen, aber glücklicherweise wurde das bei mir nicht mehr angewendet. Bei meinem ersten Hirschen war ich 16 und bei meinem einzigen Auerhahn 17.

Heute ist der Auerhahn sehr selten geworden und in West-Europa eigentlich nur noch in Österreich zu finden, aber darf dort auch nicht mehr geschossen werden. Vor 90 Jahren jedoch hatten wir in unseren Revieren im Elbsandstein-Gebirge eine ganze Reihe davon. Ein Revier hieß Rosendorf und bestand im wesentlichen aus einem recht großen Berg, *Rosenberg* genannt. Dort gab es eine Menge von ihnen. Dieses Revier ist in den 20-er Jahren bei der tschechischen Bodenreform—der richtige Ausdruck für diese Machtausübung des Staates sollte *staatlicher Diebstahl* sein—enteignet worden. Auch darin sind alle Staaten gleich. Der Wald, den der Staat sich so aneignete, behielt er für sich und gab ihn nicht an die sogenannte ‚landlose Bevölkerung' weiter, für die angeblich die Bodenreform durchgeführt wurde. Und als der Deutsche Staat dieses Land 1938 der Tschechoslowakei wegnahm, dachte auch niemand im entferntesten daran, es an die früheren Eigentümer zurückzugeben.

Zurück zum Auerhahn: Er ist besonders scheu und daher ein schwer zu erlegender Vogel, den man im Frühjahr in der Paarungs- oder Balzzeit bejagt, und zwar in der Nacht oder in den frühen Morgenstunden. Um diese Zeit ist es im Wald still, so absolut still, daß man z.B. das Knacken eines zertretenen Astes über weite Entfernung hört. Der Auerhahn natürlich auch.

Der sitzt auf einem Baum und schaut nach Osten, woher das Licht des aufgehenden Tages kommt, und singt sein Lied, das man *Balzen* nennt. Es besteht zuerst aus einem klickernden Geräusch, *Knappen* genannt, dann spreizt er wie ein Pfau seine Schwanzfedern zu einem Fächer und gibt jetzt für einige Sekunden einen Ton von sich, den man *Schleifen* nennt. In dieser kurzen Zeit sieht und hört er nicht, sodaß man sich ihm mit 3 Sprüngen nähern kann. Es wird gesagt, daß er nicht sieht, weil er nach Osten in das Licht schaut, und nicht hört, weil sich durch seine Kopfstellung eine Hautfalte über seine Ohren schiebt. Ob das stimmt, weiß ich nicht. Das *Balzen* jedenfalls hört man auf weite Entfernungen und nur so kann man überhaupt einen Auerhahn finden und dann mit jeweils 3 Sprüngen hoffen, in Schußnähe zu kommen. Aber das ist nicht immer möglich. Manchmal ist man schon ganz in der Nähe, aber es ist noch zu dunkel, um ihn zu sehen, oder er sitzt ganz oben in einem Baum mit so vielen Ästen, daß man ihn nicht sehen kann. Und dann kann alles auch erfolglos sein, weil man am Boden sitzende Auerhennen erschreckt. Dann ist er natürlich auch auf und davon.

Unser ganzer Besitz im Elbsandsteingebirge war traumhaft schön. Er lag östlich der Elbe an der sächsischen Grenze. Es waren mal über 3.700 ha, nach der verhassten Bodenreform dann aber nur noch 1.700 ha Wald. An Wild gab es, abgesehen von den Auerhähnen, wenig Rehwild, dafür aber umsomehr Rotwild, also Hirsche. Unser Nachbar, Fürst Kinsky, dessen Jagdhaus „Balzhütte" hieß, hatte Gemsen und Mufflons ausgesetzt, die auch bei uns herum wanderten. Sie wurden nie gejagt.

Daher gediehen sie sehr gut und muteten putzig an, weil sie eigentlich gar nicht dorthin gehörten.

Auf die Hirsche ging man im September während der Brunftzeit auf die Pürsch. Der Hirsch wurde in dieser Zeit Brunfthirsch genannt, vorher aber, etwa Juli/August, hieß er Feisthirsch. Er war zu dieser Zeit vollgefressen, faul und dick, und beschäftigte sich hauptsächlich damit, die abgestorbene Außenhaut seiner Geweihe an Bäumen, Sträuchern, usw. abzuwetzen. Man nennt das *Fegen*. Er wurde nicht beobachtet, weil man ihn auch nicht gejagt hat. Aber es gibt ihn betreffend einen schönen Spruch:

> Der Feisthirsch ist ein Waldgespenst,
> den Du nur ahnst, doch niemals kennst,
> denn wo er steht, da geht er nicht,
> und wo er geht, da steht er nicht,
> und ist nur hoch im Sternenlicht.

Bei der Jagd auf die Hirsche gab es eine bestimmte Rangordnung. Während bei der Niederwildjagd die Gäste die besten Plätze bekamen und der Hausherr oft gar nicht schießt, reserviert er bei der Hochwildjagd manchmal ein Revier und einen bestimmten Hirsch für sich, der dann für die anderen tabu ist. Voraussetzung dafür ist, daß das Forstpersonal auch weiß, wo sich ein solcher Hirsch gerade herumtreibt. Der Tagesablauf beim Jagen war auf den Kopf gestellt. Man stand um 3.00 Uhr auf, ging von etwa 4.00 bis 7.00 Uhr in den Wald, bekam um 8.00 Uhr Frühstück, schlief dann bis 13.00 Uhr, aß zu Mittag, und ging von 15.00 Uhr bis zur Dunkelheit wieder in den Wald. Vor dem Abendessen mußte jeder erzählen, was er erlebt hatte, und nach dem

Essen sausten alle wieder in's Bett. Dieser Rhythmus war bei allen Nachbarn, die Rotwild hatten, derselbe.

Und keiner freute sich, wenn dieser Ablauf durch unerwartete Ereignisse gestört wurde. 1929 ist das einmal passiert. In Eichwald, ganz nahe von Teplitz, starb eine alte Baronin Herzogenberg und alle Nachbarn mußten zum Begräbnis, auch mein Vater. Nach der Frühpirsch im Elbsandsteingebirge fuhr er also nach Teplitz, um die richtige Kleidung anzuziehen, und ging zum Begräbnis. Nach dem Requiem in unserer schönen venezianischen Kirche gingen alle auf den etwas weiter liegenden Friedhof. Es war ein kalter, regnerischer Herbsttag. Pietätlos, aber verständlicherweise, erzählten sich die Herren die neuesten Jagderlebnisse und der Regen tropfte von den Schirmen auf die Hosen, wo man ihn nicht haben wollte.

Die Grube für den Sarg war schon vorher ausgehoben worden, und so hatte sich auf ihrem Boden

Hohenleipa, böhm. Schweiz. Clary'sches Jagdschloss 1956

Wasser angesammelt. Der Pfarrer hatte Schnupfen oder tat so, und ein anderer Priester, der mit den richtigen Gepflogenheiten nicht vertraut war, half aus. Als nun der Sarg in die Grube gesenkt wurde, quaatschte es natürlich ganz hörbar. In diesem Moment begann der Geistliche seine Ansprache mit den Worten: „Hier liegst Du nun, Frau Baronin". Mit der zu lauten Bemerkung eines Teilnehmers: „Das stimmt nicht, sie schwimmt ja" war die Pietät völlig dahin.

1930 baute mein Vater im Revierteil Hohenleipa ein Jagdschlößchen, das sehr geräumig und für die nächsten Jahre unser geliebter Ferienaufenthalt war. So lernten wir auch außerhalb der Jagdzeit das Forstpersonal kennen. Es gab einen Forstmeister, einen Förster, dessen Haus nur 100 m von unserem entfernt war, damit der Förster und seine Frau auf alles aufpassen konnten, wenn es nicht bewohnt war, und 4 Heger. Dazu zählten natürlich auch noch eine Anzahl Waldarbeiter und -arbeiterinnen, die alle in den umliegenden Dörfern wohnten. Eines dieser kleinen Dörfer hieß Stimmersdorf, und es wurde immer behauptet, daß die eine Hälfte der Bevölkerung Waldarbeiter wären, und die andere Hälfte Wilddiebe.

Der Förster hieß Kowarsch und war einer von 3 Brüdern, die alle bei uns Förster waren. Er hatte eine Frau, die köstliche Kuchen aller Art hervorzauberte, und zwei Töchter, von denen die jüngere noch bei den Eltern lebte. Entsprechend allen einschlägigen Liebesromanen sollen Försterstöchter immer fesche Forstadjunkten heiraten. Hilde Kowarsch folgte dieser Empfehlung mit dem größten Vergnügen.

Die Entscheidung wurde ihr aber von der Vorsehung leicht gemacht, weil der erwählte Adjunkt bei ihrem Vater arbeitete.

Ich trieb mich in den Ferien viel im Forsthaus herum, aber nicht wegen Hilde, denn solche Aktivitäten waren damals noch nicht in meinem Blickfeld, sondern oft wegen der guten Kuchen, und weil man mit dem Förster, abgesehen von der Jagd, alle möglichen interessanten Sachen unternehmen konnte.

Daß ich damals mit dem Gedanken spielte, einmal Forstwirtschaft zu studieren, hatte vielleicht mit den Erfahrungen zu tun, die ich dabei machte. Hierbei ging es allerdings um das Vergnügen, nicht um's Lernen. Eine Beschäftigung, die mich besonders unterhielt, bestand darin, im Wald Langholz zu vermessen. Wie in allen Wäldern wurde auch bei uns jedes Jahr eine bestimmte Menge Tannen, Fichten und Kiefern gefällt. In der Forstsprache heißt das *einschlagen*. Wenn man keine eigenen Sägewerke hatte — unsere waren nur in der Gegend von Teplitz — wurden die Stämme an Holzhändler verkauft. In jedem Fall mußten sie vermessen werden.

Nach dem Fällen der Bäume wurde deshalb jeder Stamm zunächst einmal mit einer Nummer versehen. Danach entfernte man alle Äste und schnitt die Krone des Baumes so ab, daß der Stamm an diesem Schnitt 14 cm Durchmesser hatte. Dann maß man die Länge des verbleibenden Stammes, wobei genau in der Mitte des Stammes eine Einkerbung angebracht wurde, weil auch dort gemessen werden mußte. Zuletzt wurde der Durchmesser am dicken Ende gemessen. Alle diese Maße wurden in Listen eingetragen und mit bunten Stiften am Boden des Stammes selber vermerkt. Dann wurde im Forsthaus mit Hilfe von gedruckten Kubierungstafeln der Rauminhalt jedes Stammes ermittelt, wobei in der Forstwirtschaft der Kubikmeter *Festmeter* genannt wird. Die entsprechenden Werte wurden dann den Holzkäufern zugestellt, um von ihnen ein Angebot zu bekommen. Mit dem jeweiligen Käufer wurde sodann die Übernahme vorgenommen. Jeder Stamm wurde mit seiner Nummer kontrolliert und der Holzhändler schlug mit einem Hammer mit langem Stil seinen Stempel in das dicke Ende des Baumes. Stichproben der Maße wurden nur selten und mit viel Gelächter gemacht. Der Abtransport des Langholzes aus dem Wald war dann den Händlern überlassen.

In dem Revier, in dem unser Jagdhaus lag, gab es auch ein kleines Dorf, Hohenleipa. Dort wohnte auch ein Heger, der Rieger hieß, und in seiner Jugend eine fast unglaubliche Geschichte erlebt hatte. 1914 war er schon vor dem Krieg als Soldat eingezogen worden und befand sich in Galizien, in Lemberg, in Garnison. Lemberg lag ganz nahe an der russischen Grenze. Als der Krieg ausbrach, drangen die Russen in Galizien ein und belagerten Lemberg. Kurz vor Weihnachten 1914 verbreitete sich dann zu Hause die frohe Kunde, daß die Stadt wieder frei wäre und daß man Post an die Soldaten schicken könne. Frau Rieger schickte ein Päckchen, das einen selbst gebackenen Gugelhupf, eine Flasche Cognac und Zigaretten enthielt, an ihren Mann. Kurz danach kamen die Russen aber mit Verstärkungen wieder, eroberten Lemberg, und schleppten die armen Soldaten nach Sibirien, auch unseren Rieger, der dort jahrelang schlimme Zeiten erleben mußte. Nach der russischen Revolution 1917 riß er aus und schlug sich nach China durch. Es vergingen weitere Jahre, bis er etwa 1920 über Schanghai nach Hause kam.

Einige Monate nach seiner Rückkehr bekam die Familie eine Nachricht von der Post, man habe für sie ein Paket. Das Postamt war nicht etwa in Hohenleipa, sondern in dem 9 km entfernten Ort Dittersbach, der schon größer war, etwa 120 Häuser hatte, von denen 11 Wirtshäuser gewesen sein sollen. Eine Kirche hatte Dittersbach auch, in die wir immer am Sonntag zum Gottesdienst fuhren. Die Gemeinde hatte auch einen großen Kirchenchor, von dem wir nie verstanden, wie man so gekonnt falsch singen kann.

Frau Rieger fuhr also mit dem Fahrrad oder sie ging zu Fuß, einen Bus gab es damals noch nicht, auf das Postamt und bekam — der Leser wird es schon ahnen — das Paket ausgehändigt, das sie ihrem Mann 1914 nach Lemberg geschickt hatte. Man hat nie herausgefunden, wo überall es die 7 Jahre lang herumgelegen ist. Zuhause angekommen, wurde es geöffnet. Von den Zigaretten waren nur Papierfetzen zu finden, der Tabak war in Staub zerfallen, die Flasche war leer, weil der Korken geschrumpft war, aber der Gugelhupf war steinhart erhalten geblieben. Beide Riegers lachten herzlich, wenn sie uns erzählten, daß sie ihn mit einem Beil zerkleinerten, in Kaffee tauchten und aufaßen.

In einem anderen Revier herrschte ein Heger, der Richter hieß. Er war sehr klein und rundlich — meine

Mutter nannte ihn den Waldgnom — und hatte sich bei der Beschreibung von verschiedenen Hirschen in seinem Revier einige etwas ungewöhnliche Ausdrücke zugelegt. Wenn ein Hirsch ein besonders großes und schönes Geweih hat, nennt man das einen *kapitalen Hirsch*. Richter benutzte diesen Ausdruck auch, aber bei ihm war die Steigerung von *kapital* nicht *kapitaler*, sondern *jämmerlich kapital*.

In den Kriegsjahren wurde unser Jagdhaus vom Deutschen Staat requiriert und für die Unterbringung von ausgebombten Kindern verwendet. Wenn man zu dieser Zeit auf die Jagd ging, was mir noch das eine oder andere Mal während eines Genesungsurlaubs vergönnt war, wohnten alle in einem Hotel *Rainwiese*, das sich in den Sommermonaten bei den sächsischen Sommerfrischlern großer Beliebtheit erfreute. Es gehörte uns, war aber verpachtet an eine tschechische Familie, die auch noch Czech hieß. Frau Czech leitete eine wunderbare böhmische Küche, die ich so gerne habe. Ihr Mann war im 1. Weltkrieg österreichischer Offizier in der Kavallerie und hatte als Rittmeister denselben Rang wie mein Vater. Im österreichischen Militär haben alle Offiziere *Du* zueinander gesagt, unabhängig vom Rang. So konnte es auch: „Du, Herr General" heißen. Herr Czech und mein Vater haben sich schnell geeinigt. Es hieß einfach: „Du, Rittmeister Czech" und umgekehrt: „Du, Durchlaucht" oder „Du, Herr Fürst". Als Kinder fanden wir das ziemlich lustig.

Nach dem Krieg bin ich nur noch einmal da gewesen. Die Gegend ist nur dünn besiedelt, bis auf die großen Orte, die sich mit Tourismus erhalten können, so z.B. die Rainwiese. Unser Jagdhaus steht noch und wurde als Ferienhaus einer tschechischen Firma genutzt. Aber es ist alles heruntergekommen und kommt mir etwas verloren vor. Nur das Land und der Wald sind schön wie einst. Nochmal sehen will ich es nicht, meine Erinnerungen sind schöner.

In Teplitz war die Situation ganz anders. Unser hauptsächlichster Waldbesitz lag am Südhang des Erzgebirges. Er wurde natürlich forstwirtschaftlich genutzt wie alle Wälder. Wenn es in diesem Wald damals großen Schaden gab, dann war das ausschließlich der Natur zuzurechnen. Wenn es z.B. auf die gefrorenen Nadelbäume stark schneite und dann taute, wurde das Gewicht für den Baum zu groß und die Spitze brach ab. Das hieß Schneebruch und konnte zu beträchtlichem wirtschaftlichen Verlust führen.

In diesem Wald gab es auch Hirsche, aber eigenartigerweise waren sie, vom Geweih her gesehen, minderer Qualität. Dafür gab es aber viel mehr Rehwild, das auch gejagt wurde. Ich weiß nicht warum, aber Hirsche und Rehe vertragen sich überhaupt nicht. Auf dem Kamm des Erzgebirges, an der Grenze nach Sachsen, gab es auch Birk- oder Spielhähne. Wir selber hatten keine, aber ein Bekannter, der dort ein schönes Wochenend-Haus besaß, hatte Wälder und so konnte ich auch diese Jagd erleben.

Es ist wohl eines der kältesten Vergnügen, das man sich vorstellen kann. Man sitzt, solange es noch stockdunkel ist, bei etwa 10 bis 15 Grad unter Null mitten auf einem Feld in einem Versteck, das aus Holz und Tannenreisig gebaut ist, und hofft, daß der Birkhahn sich sehen lassen wird. Um nicht anzufrieren, trinkt man heißen Tee mit viel Rum. Kommt der Birkhahn dann wirklich und führt sein Spiel vor, das dem des Auerhahnes ähnlich ist, nur daß es im Schnee auf dem Boden stattfindet, kann man ihn erlegen, vorrausgesetzt, daß die Finger bei der Kälte noch das Gewehr bedienen können und daß man nicht wegen zuviel Tee-mit-Rum-Genuß alles doppelt sieht.

Der Bekannte, bei dem ich das erleben konnte, war natürlich ein großer Jäger und ein sehr erfolgreicher Rechtsanwalt in Teplitz, Dr. Vogel. Wir kannten ihn alle gut, weil er immer konsultiert wurde, wenn in Sachen Forst oder Jagd ein Anwalt gebraucht wurde. Er hatte einen großen, schönen, offenen, amerikanischen Tourenwagen, der immer vor seiner Kanzlei auf der Straße stand.

Einige Jahre, bevor ich mit ihm auf die Jagd ging, verlobte er sich mit einer reizenden jungen Dame in Teplitz, die das Entzücken aller Herren war, besonders der schon etwas älteren. Aus der Verbindung wurde aber nichts. Böse Zungen behaupteten, sein Vater hätte bestimmt, was in der Familie geschieht und was nicht. Dieser soll gefunden haben, daß zuviel Luxus nicht gut wäre, und soll deshalb dem Sohn ein Ultimatum — Braut oder Auto — gestellt haben, worauf der Sohn das Auto wählte.

Etwas anderes haben wir auch im Winter im Erzgebirge unternommen, und das war Treibjagd auf Füchse. Das ist das zweitkälteste Jagdvergnügen, das ich kenne. Der im allgemeinen Sprachgebrauch bekannte Ausspruch: *durch die Lappen gehen* stammt von solchen Jagden. In den Bestrebungen, das Wild nur in eine Richtung zu treiben, spannte man auf 2 Seiten der betreffenden Areale Seile, die mit ungezählten farbigen Stofflappen bestückt sind. Das Wild meidet meistens alles, was sich bewegt und farbig ist. Manchmal hielten sich die Tiere allerdings nicht an diese Verordnung und sind dann *durch die Lappen* auf und davon.

Auf der Südseite des Erzgebirges, in der Gegend von Eichwald, gab es eine Reihe von Feldern, auf denen das Jagdrecht uns zustand, aber vom Forstpersonal ausgeübt wurde. Daher war der Oberforstmeister in Eichwald der Jagdherr. Einmal war er mit seinen Jagdfreunden auf der Rebhuhnjagd. Vor dem Beginn ermahnte er alle Schützen, sehr vorsichtig zu sein, weil in den vielen Obstbäumen schon Obstpflücker tätig waren. Das Treiben begann, ein Rebhuhn flog auf, er selber tat den ersten Schuss — und aus einem Baum fiel ein Junge herunter. Der Junge hatte allerdings nur den Schuss gehört, der in eine ganz andere Richtung ging, und war aus dem Baum gesprungen, um gesehen zu werden. Passiert war gar nichts, und so gab es nur ein großes Gelächter.

Im Flachland bei Teplitz wurde auf Niederwild gejagt. Die viele Hektar großen, mit Laubbäumen bewaldeten Gebiete gehörten fast ausnahmslos zu unserem Besitz, nicht mehr dagegen die Felder. Etwa zweitausend Hektar wurden auch in der bereits genannten Bodenreform enteignet. Dieses Land wurde vom Staat parzellenweise an sogenannte Legionäre übergeben. Legionäre waren frühere österreichische Soldaten tschechischer Nationalität, die von den Russen im 1. Weltkrieg gefangen genommen oder zu ihnen übergelaufen waren und dann in neue Einheiten zusammengefasst und gegen Österreich eingesetzt wurden. Sie müssen aber alle sehr schlechte Landwirte gewesen sein, denn sie machten eine Pleite nach der anderen. In dieser Zeit konnte mein Vater einige Höfe zurückkaufen.

Die Jagdrechte waren jedoch ganz bei uns verblieben oder wurden dazu gepachtet. Gejagt wurde hauptsächlich von August bis Dezember, zuerst Rebhühner und dann Hasen, Fasane und Kaninchen. In diesen Monaten ging man jedes Wochenende auf irgendeine Jagd. Auf die so genannten *großen Jagden*, die den Höhepunkt darstellten, komme ich noch zu sprechen.

Es gab aber auch Aktivitäten, die aus Hege- und Pflegegründen vorgenommen werden mußten. Zum Beispiel die Bejagung der Kaninchen. Diese leben ja unterirdisch und tun das manchmal auch dort, wo zu viele von ihnen schädlich sind. Bei uns gab es Eisenbahndämme, in denen sie gerne ihre Löcher buddelten, weil es da nicht hineinregnen konnte wie auf der Ebene. Die Eisenbahnverwaltung verlangte eine dauernde Kontrolle, da man befürchtete, dass bei zu vielen Kaninchenlöchern der Damm geschwächt werden könnte. Um diese Kaninchen heraus zu bekommen, verwendete man eine Wieselart, die Frettchen hieß. Diese waren so gezähmt, dass sie sich anfassen ließen und lebten beim Forstpersonal in Käfigen. Kaninchenbauten haben immer mehrere Ein- und Ausgänge. Man ließ das Frettchen in ein Loch hinein. War das Kaninchen drin, wollte es mit dem Eindringling nichts zu tun haben und sauste aus einem anderen Loch heraus und konnte dann geschossen werden, wenn man sehr fix war, denn als Beschreibung eines laufenden Kaninchen hatte es immer geheißen, dass es vorne zu schnell und hinten zu kurz sei.

Ein Gutsbesitzer im Westen Böhmens hat einmal an die Forstverwaltung geschrieben und wollte fünfhundert lebende Kaninchen kaufen. Dass man diese kleinen Flitzer loswerden wollte oder mußte, war normal. Dass aber einer welche haben und auch noch dafür zahlen wollte, das war neu. Erledigt wurde der Auftrag ganz leicht und ganz schnell, indem man über alle Ausgänge der Baue Netze spannt, bevor man das Frettchen hinein ließ. Dann kamen die Kaninchen herausgesaust und saßen im Netz. So wurde der Auftrag in wenigen Tagen erfüllt.

Mit den Frettchen gab es manchmal, wenn auch selten, Ärger. Wenn es dem Frettchen nämlich gelang, im Bau ein Kaninchen zu fangen, biß es dieses tot und trank dann erstmal kräftig Blut. Davon wurde das Frettchen aber so müde, dass es auf der Stelle im Bau einschlief. Dann mußte man alle Eingänge mit Netzen verschließen und oft stundenlang warten, bis das Frettchen wieder erschien.

Füchse haben, wie wohl die meisten Raubtiere, auch nützliche Aufgaben. Wenn es aber zu viele von ihnen gibt, machen sie auch großen Schaden. Daher mußten auch sie gejagt werden. Füchse und Dachse leben auch unterirdisch. Der Dachs ist der sehr viel bessere Buddler, und so versucht der Fuchs immer, einen verlassenen Dachsbau als Unterkunft zu finden. Es ist auch vorgekommen, dass sie zusammen in einem Bau leben, wie in zwei Stockwerken. Der Dachs, der Winterschlaf hält, unten und der Fuchs oben. Manchmal hat man auch künstliche Baue angelegt.

Im Winter, nach einem Schneefall, kann der Heger anhand der Spuren ganz genau feststellen, wo der Fuchs versteckt ist. Wenn er im Wald ist, macht man eine kleine Treibjagd, und wenn er im Bau sitzt, wird er herausgejagt oder, nach der Jägersprache, *gesprengt*. Dazu verwendet man einen kleinen Hund, einen Dachshund oder Dackel, der sich leicht im Fuchsbau oder in der Fuchsröhre bewegen kann.

Die großen Jagden waren, wie schon gesagt, der Höhepunkt des Jagdjahres. Anfang September zwei Tage Rebhühner und Ende Oktober zwei Tage Hasen, Fasanen und Kaninchen. Es gab jeweils vier bis fünf Hauptschützen und an der Seite – die Jäger dort wurden die Flügelschützen genannt – durfte ich auch schon mit schießen. Die Schützen waren etwa fünfzig Meter auseinander, dazwischen die Treiber. Das Ganze bewegte sich möglichst in einer geraden Linie über die Kartoffel- und Rübenfelder. Jedem Schützen war ein Jäger mit Hund zugeteilt. Da das Gelände ja nicht immer eben war und eine Seite manchmal etwas schneller ging als die andere, war die gerade Linie manchmal recht schwer einzuhalten. Dass sie nicht zu sehr zu einer Schlangenlinie wurde, überwachte an einem Ende ein Oberheger und Aufseher. Er hieß Schrötter und konnte so laut schreien, dass man es von einem Flügel zum anderen hören konnte.

Damals gab es noch sehr viele Rebhühner und ich kann mich erinnern, am Ende eines Tages einmal mehr als eintausend auf der Strecke gesehen zu haben. *Strecke* nannte man das Ergebnis eines Jagdtages, wenn am Ende des Tages das geschossene Wild auf einer Fläche ausgelegt wurde.

Da bei der Jagd auf Rebhühner die meisten sehr niedrig fliegen, muß man besonders vermeiden, in die Nähe von Menschen zu schießen. Schrotkörner können, von Rüben- oder Kartoffelkrautblättern abgelenkt, ihre Richtung verändern und dann auch Menschen treffen. Dies ist immer wieder passiert, glücklicherweise ohne Auswirkungen. Ich hatte auch eine Zeit lang ein Schrotkorn im Bein, von wem ich es bekam, kann ich mich nicht mehr erinnern.

Bei einer Rebhuhnjagd ist bei uns einmal etwas sehr Lustiges passiert: Ein Treiben bewegte sich über Felder am Rande eines Villenviertels von Teplitz. Ein Schütze schoss und einige Schrotkugeln prallten hörbar auf das Dach eines entfernten Hauses. Eine Bewohnerin selbigen Hauses gab ihren Unwillen mit lauten unflätigen Bemerkungen zum Besten. Ein anderer Gast, der das mit anhörte, bemerkte zu dem ihn begleitenden Heger, die sich beide sehr gut kannten: „Ich verstehe nicht, warum diese Frau so ordinär schimpft, es ist doch gar nichts passiert." Darauf der Heger ganz trocken: „Das verstehe ich auch nicht, denn der Mann, den Herr Graf vorhin nauf geschossen haben, hat gar nichts mehr gesagt." Natürlich war das nur eine freche, schlagfertige Antwort, denn tatsächlich war niemand angeschossen worden.

Im Oktober wurden auf denselben Feldern die Hasen gejagt. Ich habe auch einmal eintausend Hasen auf einer Strecke gesehen. Dann wurde in den bewaldeten Gebieten auf die Fasane und Kaninchen gejagt. Wie immer, spielten die Treiber eine große Rolle und man hatte zum Glück nie ein Problem, Treiber zu finden. Es war eine sehr beliebte Tätigkeit und viele von ihnen waren Jahr zu Jahr dieselben. Manche nahmen sich sogar von ihrer täglichen Arbeit frei, um Treiber zu sein, denn es war ja ein Vergnügen, auf der Jagd mitzugehen, zuzuschauen und auch noch dafür bezahlt zu werden.

Sie passten auch genau auf, wenn die Schützen sich etwas zuriefen. Es war zum Beispiel üblich, einen Nachbarschützen aufmerksam zu machen, wenn ein Kaninchen oder etwas anderes in seine Richtung lief, und ihm deshalb auf Französisch zuzurufen: *A vous !* Die Treiber, da sie nicht wussten, was das heißt, dachten, es wäre ein Sammelbegriff für alles, was am Boden herumlief, und riefen wie wild: *Abu, Abu !*, wenn sie etwas sahen, ganz gleich, was es war und wo es hinlief.

Bei den Fasanen war es ähnlich, nur hieß dort der Ruf: *Tir haut* (Schieß nach oben !). Bei den Treibern hieß dann alles, was flog, *Tirro*. Fasanen wollen aber manchmal nicht fliegen und laufen am Boden herum. Die Jäger nennen sie dann Infanteristen. Wenn ein solcher gesehen wurde, hieß es jedoch bei den Treibern im heimischen Dialekt: *Abu, Abu, der Tirro kommt zu Fuße !*

Einmal war ein großes Fasanentreiben vorgesehen und die Schützen waren schon auf ihren Plätzen, bis auf den Baron Rothschild (1884 – 1976) von der Wiener Linie des großen Hauses, der sich verspätet hatte. Er mußte noch auf seinen Platz eingewiesen werden. Es mußte aber schnell gehen, denn der bereits genannte Oberheger Schrötter hatte Sorge, dass die Fasanen, die in einem Feld von Topinambur saßen, anfangen würden, in die falsche Richtung zu fliegen. Da er nur wußte, wie Topinambur im Volksmund in Böhmen hieß, schallte deshalb sein lauter Ruf durch die ganze Jagdgesellschaft: „Der Baron Rothschild, bitte, zu den Juden-Erdäpfeln." Eugene Rothschild hat herzlich gelacht, mein Vater nicht.

Ich habe eine schöne Erinnerung an diese vergangene Zeit. Wer heute davon hört, dem wird alles etwas unwirklich vorkommen, aber es war tatsächlich so.

Militärdienst

Im Oktober 1938 marschierte die Deutsche Wehrmacht bei uns in Böhmen ein. Wie beim Münchner Abkommen Ende September 1938 zwischen Deutschland, England, Frankreich und Italien vereinbart worden war, sollte das Sudetenland von der Tschechoslowakei an Deutschland abgetreten werden und damit zum ersten Mal in seiner über tausendjährigen Geschichte das Gebiet des Königreiches Böhmen zwischen zwei Staaten aufgeteilt werden.

Bis dahin war ich seit meiner Geburt tschechoslowakischer Staatsbürger gewesen, da die Tschechoslowakei 1918 vor meiner Geburt gegründet worden war. Jetzt wurden alle Bewohner dieses Gebietes automatisch Deutsche, die selbst oder einer ihrer Eltern 1910, also vor dem 1. Weltkrieg, schon dort gelebt hatten. Alle anderen konnten für die deutsche Staatsangehörigkeit optieren, und es wurde dann entschieden, ob sie Deutsche werden konnten oder nicht. Die tschechischen Beamten, die in den 20-er und 30-er Jahren in das Sudetenland versetzt worden waren und von denen nicht wenige jetzt für die deutsche Staatsangehörigkeit optieren wollten, wurden jedoch nicht übernommen. Wer Tscheche blieb, mußte das Sudetenland verlassen. Als dann im März 1939 die sogenannte Rest-Tschechei von Deutschland besetzt wurde, konnten auch deren Bewohner optieren, die sich ja in vielen Fällen tatsächlich als Deutsche empfanden.

Für meinen älteren Bruder und mich bedeutete die neue Staatsangehörigkeit einen baldigen Einschnitt in unser Leben, nämlich die Pflicht, Militärdienst zu leisten. Mein Bruder hatte damals schon zwei Jahre Universitätsstudium hinter sich, aber ich hatte gerade mein Abitur mit viel Mühe bestanden. Was lag daher näher, als sofort die zwei Jahre beim Militär zu absolvieren und danach zu studieren. Ein entscheidender Punkt war, dass man sich bei sofortiger freiwilliger Meldung zum Militär sechs Monate des verhassten Reichsarbeitsdienstes ersparen konnte.

Im Zuge der Besetzung war Teplitz Sitz des Stabes des 16. Panzerkorps unter General Heinz Guderian (1888 – 1954) geworden. Der Chef des Stabes war Oberst i.G. Friedrich Paulus (1890 – 1957), später in Stalingrad als Feldmarschall berühmt geworden, und der Quartiermeister war Hauptmann i.G. Walther Wenck (1900 – 1982), 1945 noch Oberbefehlshaber der 12. Armee. Letzterer wird in meiner militärischen Laufbahn noch öfters erscheinen. Da General Guderian und einige andere Offiziere im Schloss einquartiert waren, führte das zu einem regen Gedankenaustausch mit höheren Offizieren über meinen möglichen militärischen Werdegang.

Außerdem erwiesen sich diese Bekanntschaften über die nächsten Jahre als ganz nützlich. Im Allgemeinen soll ein Soldat es vermeiden, zu viel von hoch stehenden Offizieren zu sprechen und wissen zu lassen, welche Generäle er kennt. Damit wird er nämlich sofort von seinem unmittelbaren Vorgesetzten schikaniert, nach dem Motto: „Ach, Sie kennen den General Soundso ? Dann gehen Sie mal gleich die Latrine putzen."

Mir schwebte eigentlich vor, Jagdflieger zu werden. Wer wollte das nicht, nachdem er vom Red Baron Manfred Freiherr v. Richthofen (1892 – 1918) aus dem 1. Weltkrieg gehört hatte ? Dieser Gedanke wurde mir von verschiedenen Offizieren aber schnell ausgetrieben mit der Begründung, daß das lebensbedrohende Risiko bei Jagdfliegern auch ohne Kampfhandlungen sehr viel größer wäre als sonst wo.

Von links nach rechts: Mein Bruder Ronnie, mein Vater, ich selbst, mein Bruder Charly noch als Zivilist, meine Mutter und meine Schwester Lexi im Jahre 1939.

Da das 16. Korps ein Panzerkorps war, waren die Panzertruppen die nächste Wahl. Mein Bruder meldete sich schließlich zum Panzerregiment 2 in Eisenach und ich zum Schützenregiment 1 in Weimar, beide zur 1. Panzerdivision gehörend. Und so fing am 1. Januar 1939 mein zweijähriger Militärdienst an, der erst neun Jahre später mit meiner Rückkehr aus der russischen Gefangenschaft enden sollte.

Ich erschien in Weimar und wurde der 6. Kompanie des Regiments zugeteilt. Das freute mich, denn die 1. und die 6. Kompanie waren KRAD- oder Motorradkompanien, während die anderen bewaffnete Infanterie waren. Ich versprach mir dort etwas mehr Abwechslung, außerdem konnte ich schon länger Motorrad fahren.

Alle anderen Rekruten waren schon im November 1938 eingerückt, was zur Folge hatte, dass ich jetzt die schlechteste Pritsche bekam. Schlecht waren die Betten alle, aber meins hatte den besonderen Nachteil, direkt im Blickwinkel des Unteroffiziers zu liegen, wenn er die Türe öffnete und tagelang daran Vergnügen fand, mein Bett auseinander zu reißen, weil er meinte, dass es falsch oder schlecht gemacht war, nach dem Schema: „Abitur ham'se, aber Betten machen könn'se nich." Oder: „Für Junker gibt's hier noch keinen Diener zum Bett machen."

Über die ersten Wochen der Rekrutenausbildung will ich schweigen. Es war mühsam, schmutzig, anstrengend und oft durch kleine Gemeinheiten der Ausbilder auch noch unnötig hart. Aber sicher hat es auch etwas Gutes gehabt.

Abends nach Flicken, Putzen und sonstigen *Hausaufgaben*, die ich sowieso nicht konnte, war man todmüde. Morgens und abends wurde in der Stube gegessen, so hieß das Zimmer, in dem acht Mann Platz haben mußten.

Zu Trinken gab es Tee, Kaffee oder Kakao, alles schmeckte gleich, nur den Kakao konnte man an der Farbe erkennen. Sonst Kommisbrot, mit einem undefinierbaren Belag. Dosenblutwurst konnte man an der Dose erkennen und Käse auch, weil er immer stank. Meistens war es ein Käse, der Harzer Roller heißt, in länglicher Form, daher *Leichenfinger* genannt. Wenn genug Kümmel dran war, ging es.

Die wenige freie Zeit wurde mit Lesen, Briefe schreiben oder Kartenspielen verbracht. In den ersten Tagen habe ich mich immer über zwei Stubenbewohner gewundert: sie quatschten dauernd miteinander, aber nicht auf Deutsch. Ich wunderte mich schon, wieso Ausländer deutsche Soldaten sein konnten, bis ich darauf kam, dass sie Kölner waren und einfach Kölner Platt sprachen. Die beiden brachten mir, von gestifteten Zigaretten gefördert, auch Skatspielen bei.

Apropos Ausländer: Ich schrieb ziemlich viele Briefe, zum Teil aus Langeweile, und auch noch solche auf Englisch, die nach Belgien oder England gingen. Das war natürlich sehr verdächtig und einen solchen Brief mußte man dem Hauptfeldwebel geöffnet vorlegen. Der konnte allerdings kein Englisch und so mußte ich ihm den Inhalt meines eigenen Briefes übersetzen. Nach mehreren solchen Eskapaden langweilte es ihn, mein Gequatsche anhören zu müssen und ab dann durften die Briefe unzensiert abgeschickt werden.

Noch ein Wort zum Hauptfeldwebel, auch Spieß genannt. Es gab nur einen pro Kompanie. Es war die oberste Stufe eines Berufssoldaten, der nicht Offizier war.

Er entschied nicht über Leben und Tod, aber sonst über alles, und ist für den Soldaten Gott. Die anderen Götter, Offiziere genannt, sind meistens sowieso woanders.

Eine besondere Art von Soldaten waren die angehenden Berufsoffiziere, Fahnenjunker genannt.

Sie wurden genauso wie wir gepiesackt, manchmal sogar noch mehr, aber auch in verschiedenem militärischem Wissen geschult. Außerdem durften sie schon mit den Offizieren im Kasino essen. Nun fand irgendein Schlauer, dass der Clary auch dazu gehören sollte, allerdings nicht beim Kasino-Essen.

Zum Fahnenjunker schnell noch eine Geschichte, von der gesagt wird, dass sie wahr ist, aber wie die Italiener sagen: „Si non e vero e ben trovato" („Wenn sie nicht wahr ist, so ist sie zumindest gut erzählt").

Als der bereits genannte Oberst und spätere Feldmarschall Paulus noch ein Feldkommandeur war, war ein Kasinoabend, an dem auch Fahnenjunker teilnahmen. An solchen Abenden wurde immer zuviel getrunken. Ich kann es bestätigen, ich habe viele mitgemacht. Ein Fahnenjunker, bei dem die Hacke schon voll war, benahm sich Paulus gegenüber nicht richtig. Daraufhin Paulus: „Fahnenjunker, wissen Sie eigentlich, wer ich bin?" Darauf dieser: „Nee, wees ick nich." Darauf: „Ich bin der Paulus." Darauf der Fahnenjunker: „Paulus ? Paulus ? Ach nee ! Saajen Se mal, ham' die Römer eijentlich jemals uff Ihren Brief jeantwortet ?"

Normalerweise bekommen Rekruten monatelang keinen Ausgang, aber schon etwa im März 1939 bekam ich drei Tage Sonderurlaub nach Hause. Der Grund war das Ergebnis des ersten Scharfschießens. Viele der Rekruten hatten zwar auf dem Kasernenhof ein Gewehr in der Hand gehabt, aber sonst noch nie, und jetzt sollten sie schießen lernen. Das Gewehr, das wir alle hatten, hieß Karabiner 98 K; K stand für kurz, aber warum 98, hab ich vergessen. Das Gewehr mag kurz gewesen sein, aber trotzdem schwer. Dazu noch eine alte Kamelle: zum Putzen mußte das Gewehr zerlegt werden. Daher Frage des Unteroffiziers an einen Rekruten: „In wie viele Teile zerfällt ein Karabiner 98 K?" Darauf die Antwort des Rekruten: „Das kommt ganz darauf an, wie man ihn hinschmeißt."

Die Sicherheitsvorkehrungen waren unglaublich sorgfältig. Als Schützenkandidat wurde ich zu einer Pritsche geführt, auf die ich mich legen mußte, und das Gewehr mußte ich auf einen Sandsack legen. Die Scheibe war hundert Meter weg und neben mir stand ein Feldwebel, der die Patronen verwaltete. Sonst keine Menschenseele weit und breit. Nur unser Leutnant stand — wahrscheinlich verbotenerweise — auf einem etwa fünf Meter hohen Wall neben dem Schießstand. Der Feldwebel gab mir eine Patrone, ich lud meinen Karabiner, zielte und …., *bumm*. Darauf der Feldwebel: „Der Schuß hat ja ganz falsch gelegen, das ist sicher eine Fahrkarte." *Fahrkarte* hieß, wenn man nicht einmal die Scheibe getroffen hatte, geschweige denn einen der Ringe. Die Scheibe verschwand und kam wieder mit einer schwarz-weißen Anzeige. Eine Zwölf wurde angezeigt. Ich bekam die zweite Patrone, derselbe Spruch und wieder eine Zwölf. Jetzt wurde es ganz still, als ich die dritte Patrone bekam. Es war wieder eine Zwölf. Also 36 von 36 möglichen Punkten. Ein Jubel brach aus und alle Ausbilder freuten sich über das, was sie glaubten, mir in wenigen Wochen beigebracht zu haben.

Die damals doch recht monotone Ausbildung – sie muß wohl sein – wurde im ausgehenden Winter 1938/39 unterbrochen, als das Regiment nach Schlesien verlegt wurde. Das hatte mit dem Einmarsch der Deutschen in die Rest-Tschechoslowakei im März 1939 zu tun. Unser Regiment ist nicht einmarschiert und wir haben stattdessen wohl nur Wache gestanden. Von dieser Eskapade ist mir am meisten in Erinnerung geblieben, dass es saukalt war und wir uns den A.... abgefroren haben, und brutal daran erinnert wurden, dass Motorräder und Mannschaftstransportfahrzeuge keine Heizung haben.

Es gab eine Ausnahme: Unsere Motorräder waren entweder BMW-Zweizylinder-Boxermotoren oder Zündapp-Vierzylinder-Boxermotoren. Unser Regiment hatte hauptsächlich BMW, die wir auch lieber mochten. Die Zündapp hatte aber im Winter einen Vorteil: Beim Vierzylinder-Boxermotor haben die beiden hinteren Zylinder weniger Luftzufuhr und werden daher viel heißer. Die Laufkultur wird dadurch natürlich schlechter, aber der Fahrer, dessen Füße unter dem Zylinder mehr Platz haben, hat immer warme Füße.

Nach der Rückkehr bekamen einige Kollegen von den Motorradfahrern und auch ich eine Abwechslung vom strengen Dienst: Wir wurden wieder nach Schlesien gefahren, um dort Motorräder abzuholen, die aus tschechischen Beständen stammten. Da sie sehr kleine Motoren hatten, dauerte es tagelang, bis wir wieder in Weimar waren.

Mitte April 1939 wurden wir wieder verlegt, auf den Truppenübungsplatz Jüterbog, südlich von Berlin. Hintergrund war die Parade zu Hitlers 50. Geburtstag am 20. April. Geübt haben wir dort wenig, aber geputzt haben wir wie die Weltmeister, unsere Stiefel nämlich, bis sie so wie Lackstiefel aussahen.

Und am 20. April sind wir wohl zu sehr früher Morgenstunde aufgestanden und nach Berlin gefahren. Unser Platz war in der Nähe der Oper Unter den Linden, die Tribüne aber war irgendwo zwischen dem Brandenburger Tor und der Siegessäule. Dabei waren die Infanteristen am nächsten an der Tribüne und die Motorisierten am weitesten entfernt. Dann, nach Stunden, mußten wir Paradefront machen. Die Fußspitzen genau an einem Stoffband ausgerichtet und dann, von Marschmusik begleitet, unsere Gewehre präsentieren und siehe da, es kam wirklich eine Autokolonne, die an uns vorbeifuhr, Hitler im ersten Wagen, auf dem Weg zur Tribüne.

Und alsbald marschierte oder fuhr dann alles, an dem er gerade vorbeigefahren war, wieder an ihm vorbei. Was mir in Erinnerung geblieben ist, war die unglaubliche Präzision, mit der alles ablief, und dann, aus heutiger Sicht betrachtet, folgendes: Auf der Tribüne saßen alle Diplomaten, Botschafter, Militärattaches und sonstige ausländische Honoratioren. Wenn, wie von Ausländern oft behauptet wird, es schon damals bekannt war, welche schrecklichen Verbrechen Hitler vorhatte, warum haben sie dann mit ihm auf der Tribüne gesessen und zugeschaut ? Wahrscheinlich haben sie nichts geahnt, was von diesem Mann noch alles ausgeht, so, wie wir jungen Soldaten auch.

Das darauf folgende Wochenende hatte einen angenehmen Ausklang: Meine Schwester Lexi war in Berlin-Grunewald in einem Internat und ich konnte einen Tag mit ihr verbringen. Was haben wir gemacht? Die Stadt besichtigt, Museen besucht? Nichts davon. Wir haben gequatscht und uns in einer Konditorei den Bauch mit Süßigkeiten gefüllt und dann sind wir ins Kino gegangen.

Von den weiteren Sommermonaten ist mir nichts Nennenswertes in Erinnerung geblieben, außer, dass ich noch einmal Sonderurlaub nach Hause bekam. Es hatte wieder was mit Schießen zu tun, was nicht den Eindruck vermitteln soll, dass man mir nur eine Waffe in die Hand geben mußte und ich schon etwas tat, wofür es Sonderurlaub gab. Dieses Mal hatte es etwas mit Maschinengewehr-schießen zu tun, was uns irgendwo auf einem Truppenübungsplatz beigebracht wurde. Unser Maschinengewehr, MG 34 genannt, war von einem Soldaten zu bedienen und zu tragen. Als Munition wurde entweder eine Patronentrommel darauf gesetzt oder ein Patronengurt eingeführt und man schoss auf Pappscheiben, immer in Stößen von fünf bis zehn Schuss. Wenn das Maschinengewehr auf eine Lafette gespannt wurde, waren zwei Mann für die Bedienung und den Transport notwendig und man verschoss etwa 100 Schuss auf einmal, entweder auf ein festes Ziel oder über eine breite Fläche verteilt. Als ich drankam, visierte ich die Gruppe von Pappscheiben durch das Zielfernrohr an, zurrte das Maschinengewehr fest und ließ die hundert Schuss sausen. Die Scheibenfiguren wurden zum Zählen der Treffer in ein Erdloch gezogen und siehe da, es waren zum allgemeinen Erstaunen, besonders zu meinen eigenen, 87 Treffer — und dann hatte ich drei Tage Sonderurlaub.

In diesen Tagen verdichteten sich die Wolken am europäischen Himmel und in den Zeitungen erschienen immer mehr Berichte über angebliche Missetaten der Polen in den Grenzgebieten. Mitte August wurde das Regiment nach Oberschlesien verlegt. Die Beschuldigungen wurden von Woche zu Woche schärfer und die Hysterie immer größer.

In den frühen Morgenstunden des 1. Septembers 1939 marschierten wir in Polen ein. Es war mein 20. Geburtstag. Der unselige zweite Weltkrieg hatte begonnen. An seinem Ende sechs Jahre später war Europa in jeder Beziehung ein anderer Kontinent geworden und viele Teile der westlichen Welt auch.

Der Krieg in Polen hat bekanntlich nicht ganz drei Wochen gedauert und so war meine Einheit nur wenig an wirklichen Kampfhandlungen beteiligt. Die Eindrücke aber, die das so unbekannte Geschehen hinterließen, waren danach nicht wegzudenken.

Geschieße in der Nacht war besonders unangenehm, weil man nicht wusste, wo es herkam, und nie sehen konnte, wohin man selbst schießen sollte. Das Erlebnis der Grausamkeit des Krieges, tote Menschen herumliegen zu sehen oder brennende Panzer, bei denen man weiß, dass die Besatzung sich nicht mehr retten konnte, bleibt für immer eine schlimme Erinnerung.

Am 18. September 1939, so etwa um die Mittagstunde, durchkämmten wir einen Wald und Buschgelände und sahen plötzlich vor uns polnische Soldaten. Die schrecklichen Gefühle, die ich hatte, als ich das erste Mal mit Absicht auf einen Menschen zielte und schoss, sind auch nach 66 Jahren beim Schreiben dieser Zeilen eingeätzt geblieben. Ich habe aber so gezittert, dass ich bestimmt keinen getroffen habe; ich sah sie alle weglaufen.

Eine Weile später wurde ich dann von einem Schutzengel begleitet: es gab hinter mir einen Schlag und alles wurde nass; eine Kugel hatte, hinter meinem Rücken, meine Feldflasche getroffen und ich wurde von meinem mühsam aufgehobenem Tee ganz durchnässt. Am Nachmittag waren wir immer noch in demselben Wald und es wurde von beiden Seiten herumgeballert, oft wahrscheinlich aus Nervosität. Ich lag hinter einem Baum und fühlte mich daher sicher, als es mich doch erwischte. Ein sehr harter Schlag gegen meine rechte Schulter, aber zunächst kein Schmerz. Ich kroch hinter eine in der Nähe befindliche Waldhütte und rief nach einem Sanitäter. Glücklicherweise hörten andere Soldaten mein Rufen und an allen Ecken des Waldes konnte man Sanitätergeschrei hören. Sie kamen auch bald mit einer Bahre und schleppten mich zurück, obwohl ich ja ganz gut gehen konnte.

Wahrscheinlich waren sie aufgeregt, auch einmal etwas zu tun zu haben. Auf dem Gefechtsstand angekommen, immer noch auf der Bahre, liefen auch alle Offiziere zusammen, um mir Trost zuzusprechen, denn für die war ein Verwundeter auch etwas Neues. Der Kommandeur hatte sogar ein Verwundetenabzeichen zur Hand, das er mir anheftete, und mich wegen Tapferkeit vor dem Feind zum Gefreiten beförderte. Ein Gefreiter ist ein

Rekrut der 1. Klasse. Es war etwas makaber, aber ich konnte nicht umhin, eine gewisse Genugtuung zu empfinden, dass ich soviel Aufsehen erregt hatte.

Wie ich dahin gekommen bin, hab ich vergessen, aber die nächste Etappe war ein Lazarett in Neuendettelsau bei Nürnberg. Im Polenfeldzug hatte es glücklicherweise relativ wenige Verwundete gegeben und so wurde man bestaunt. Die Kehrseite der Sache war, dass die ganze Prozedur noch nicht eingespielt war. Die Ärzte waren auch Reservisten und die meisten hatten noch nie eine Schusswunde gesehen, geschweige denn behandelt. So kam es, dass meine beiden Wunden einfach verbunden wurden und der Arm in eine Schlinge kam, in der er bleiben sollte, bis die Wunden verheilt waren.

Zur zweiten Wunde war es aus einem ganz anderen Grunde gekommen: Die Kugel war nach der Beschädigung des Schultergelenkes und Durchschlagen des Schulterblattes im Rückenmuskel fühlbar unter der Haut stecken geblieben. Noch in Polen im vorgeschobenen Lazarett wollten die Ärzte die Kugel operativ entfernen, konnten sich aber nicht einigen, ob der Schnitt senkrecht oder waagerecht erfolgen mußte. Ein Arzt war Stabsarzt, also Hauptmann, und der andere war Oberarzt, also Oberleutnant. Nach dem Prinzip, dass der Ranghöhere immer recht hat, wurde auf Wunsch des Stabsarztes zuerst von unten nach oben geschnitten und erst, als die Kugel nicht herauskam, von links nach rechts. Dann war sie draußen. Das Ganze erfolgte freundlicherweise ohne Betäubung und hinterließ eine Wunde, die fast so groß wie der Einschuß war.

In Neuendettelsau habe ich natürlich gleich meine Eltern angerufen und von der Verwundung und dem generellen Wohlbefinden berichtet. Als ich dann erzählte, dass angeblich keine weitere Behandlung vorgenommen würde, läuteten zu Hause die Alarmglocken.

Nördlich von Berlin, in einem kleinen Ort namens Hohenlychen, gab es damals ein sehr bekanntes Sportsanatorium, dessen Leiter (Prof. Karl Gebhardt, 1897 – 1948) allen möglichen Parteispitzen sehr nahe stand. Dem Sanatorium angegliedert war eine kleine Klinik für seine Privatpatienten.

Zufällig befand sich die ältere Schwester meines Vaters, Tante Liz (Elisalex, 1885 – 1955), dort zur Behandlung, für etwas, was ich nicht mehr weiß. Ihr Mann, Onkel Henri (Graf) Baillet Latour (1875 – 1942), war damals seit Jahren Präsident des Internationalen Olympischen Comitee's, weshalb sie von diesem Sportsanatorium wußte. Sie erzählte dem Professor von mir und jetzt ging es los. Da das Sanatorium auch ein Lazarett war, wollte er mich in dieses Lazarett verlegen lassen. Der Leiter der deutsch-belgischen Gesellschaft, deren Schirmherr der Außenminister Ribbentrop war, setzte sich mit meinem Lazarett in Verbindung und tat so, als ob der Außenminister meine Verlegung wünsche. Wie sagt man: der Zweck heiligt die Mittel. Die in Neuendettelsau hatten natürlich die Hosen gestrichen voll und am nächsten Morgen saß ich in der 1. Klasse im Schnellzug von Nürnberg nach Berlin, in meiner alten Uniform mit blutgetränkter Schulter und Arm und wurde wie ein rohes Ei behandelt. Das Ganze war fast amüsant.

In Berlin wurde ich von dem Leiter der Gesellschaft, einem älteren, unglaublich gebildeten und charmantem Herrn, abgeholt und in das Haus der Gesellschaft, in dem er auch selber wohnte, irgendwo in Tiergarten gebracht. Ich kam mir vor wie im Schlaraffenland. Am nächsten Morgen fuhren wir in einem Regierungsauto, ich in einer über Nacht frisch gewaschenen Uniform, in das Sanatorium. Ich war dort Verwundeter Nr. 1 und damit Hahn im Korb. Gründliche Untersuchung, Röntgenaufnahme und so weiter und dann bis zur Heilung der Wunden Tag und Nacht ein Drahtgestell unter dem hochgestrecktem Arm, der bei möglichst gestrecktem Ellenbogen stillzuhalten war.

Abgesehen von der sachgemäßen Behandlung war das Besondere an dem Sanatorium, dass die Krankenschwestern ausnahmslos entzückend anzusehen, lustig und gescheit waren. Als ob sie gerade von einer Schönheitskonkurrenz gekommen wären. Und das einschließlich der etwas älteren Oberschwester, die sie beaufsichtigte.

Am Vormittag, wenn der Professor bei seinen Privatpatienten die Runde machte, versuchte ich auch bei Tante Liz zu sein. Weniger, weil er sich dann auch um mein Wohlbefinden kümmerte, sondern hauptsächlich, weil der Professor gerne Schampus trank und Tante Liz immer einige Piccolos zur Hand hatte und jedem davon etwas abzweigte. Kurz später fuhr Tante Liz wieder nach Teplitz und der Spaß hatte sein Ende.

Nach Heilung der Wunde fing die Rehabilitation an, und mit Hilfe von viel Schwimmen, Unterwassertherapie und so weiter war der Arm schon im November wieder ganz normal. Wenn ich nicht in die Behandlung dieser Fachleute gekommen wäre, wer weiß, was aus meinem Arm geworden wäre. Ende November 1939 wurde ich entlassen und konnte Weihnachten zu Hause verbringen.

Was erst nach dem Krieg bekannt wurde, war, dass dieser Professor später an den schrecklichen Verbrechen der Versuche an lebenden Menschen beteiligt war. Er wurde in den Nürnberger Prozessen verurteilt und hingerichtet.

Der Urlaub bei der Familie war natürlich schön und wurde nur von einer Scharlachquarantäne etwas beeinträchtigt. Nach Neujahr war ich wieder in Weimar und Ende April 1940 wurde die Division in den Westen verlegt, in die Gegend von Düsseldorf. Im Mai sind wir dann in Frankreich einmarschiert, irgendwo bei Sedan. Die erste Hälfte endete mit der Einkesselung von Dünkirchen und die zweite mit einem sehr schnellen Zusammenbruch jeglichen Widerstandes. Zweimal wurde ich von einem Regiment von Schutzengeln begleitet: Einmal bei einem Gefecht mit einer französischen Panzerabwehrkanone, deren Geschoss meine Gasmaske im Kommandowagen genau dort zerstörte, wo ich zehn Sekunden vorher gesessen hatte und das andere Mal, als eine Artilleriegranate fünf Meter neben meinem Fahrzeug explodierte und ich, den Abschuss hörend und einem sechsten Sinn folgend, mich zu Boden fallen gelassen hatte.

An angenehmen Erinnerungen sind geblieben, dass Ronnie und ich Ende der ersten Hälfte des Feldzuges einmal nach Brüssel fahren konnten, um unter anderem unseren Onkel Baillet-Latour zu besuchen. Andere langjährige Freunde in Belgien beschwerten sich nachher, dass wir sie nicht auch besucht hatten.

Ja, und dann Paris. Zwischen den beiden Hälften der Feldzüge waren wir nördlich von Paris untergebracht und konnten uns frei bewegen. Besonders gerne haben wir natürlich auch die vielen Bistros besucht. Die französische Bevölkerung war eigentlich unglaublich freundlich, besonders, wenn man etwas Französisch sprechen konnte. Ein Teil der Bevölkerung, der jedenfalls sofort auf Hochtouren kam, waren die Damen des liegenden Gewerbes und ihre Helfershelfer. Man konnte sich vor dem Angebot an pornografischen Fotografien und Anschriften von Bordellen kaum retten.

Paris war allerdings Sperrgebiet und wir durften es nur in geschlossenen, geführten Gruppen besuchen, um wie Touristen Notre Dame, den Louvre und andere Sehenswürdigkeiten zu bestaunen. Ich glaube, mich zu erinnern, dass auch eine Aufführung in der Moulin Rouge dabei war.

Der zweite Teil des Feldzuges war ohne besondere Vorkommnisse. Ich habe deshalb sogar in der Nähe von Besancon, nahe der Schweizer Grenze, zuschauen können, wie die Franzosen Schweizer Käse machen. Im übrigen habe ich dort auch wie ein Tourist die Loire-Schlösser besichtigt. Im Herbst 1940 wurde mein Regiment nach Ostpreußen verlegt, wo wir überwinterten.

Für mich fing etwas Neues an: Ich war schon in Frankreich im Mai 1940 Unteroffizier geworden und kam jetzt vom 15. Januar bis 15. April 1941 auf die Panzertruppenschule nach Wünsdorf südlich von Berlin zur Offiziersausbildung. Die Ernennung zum Offizier sollte dann am 20. April stattfinden.

Diese Ausbildung war sehr rigoros und gar nicht leicht, denn Unteroffizieren in drei Monaten alles beizubringen, was sie als Offiziere wissen mußten und sollten, war schon eine ziemliche Forderung. Die Lehrer waren hervorragend; gestandene Offiziere, manchmal vom Generalsstab, und ausgezeichnete Pädagogen.

Besonders aktiv waren wir am Samstagnachmittag und Sonntag, wenn kein Dienst war, und zwar in Berlin. Horden von Offiziersanwärtern überfielen dann die Uniformschneider, um sich schon mal die Uniformen und Stiefel machen zu lassen, die sie nach dem 20. April brauchen würden.

Und dann kam die Unterhaltung dran. Zwei Sachen waren in diesem Zusammenhang wichtig: Erstens jemanden zu kennen, der wusste, wo etwas los war und zweitens eine Bleibe für die Nacht von Samstag auf Sonntag zu haben. Ich kannte in Berlin zwei Schwestern, Fürstinnen Wrede; sie waren eineiige Zwillinge und deshalb vom Aussehen her identisch, ganz reizend, gescheit und lustig. Sie hatten in der Rauchstraße, mitten in Berlin, eine schöne, große Wohnung, mit Gästezimmer. Dieses Gästezimmer bekamen glückliche Verwandte und während dieser drei Monate war ich der Glückliche.

Am Samstagnachmittag, wenn man ankam, hatten die beiden, Carmen (Cita, 1904 - 1994) und Edda (1904 – 1985), meist die Bude schon voll mit Gästen, die zu einem langen schwarzen Kaffee gekommen waren. Wenn man ankam, machte eine Schwester die Türe auf, daraufhin begrüßte man diese und sauste dann in den Salon, um die andere zu umarmen, weil man sonst später nicht mehr wusste, welche Schwester die Türe aufgemacht hatte.

Da die beiden auch die Fettaugen auf allen Berliner Suppen waren, wurde man immer mitgenommen und war stets irgendwo eingeladen und lernte unglaublich viele Menschen kennen, besonders Diplomaten. Dort habe ich auch Tatjana (Prinzessin) Wassiltschikow (spätere Fürstin Metternich, 1915 – 2006) und ihre Schwester Missie (Marie, spätere Harnden, 1917 – 1992) schon am ersten Wochenende getroffen, die von mir wussten und quasi schon auf mich gewartet hatten.

Ich bin oft gefragt worden, wie ich damals Berlin empfunden habe, mitten im Krieg eine Oase des Vergnügens, Zentrale der Diktatur und so weiter. Es ist unmöglich, das, was man sich damals gedacht hat, nach mehr als sechzig Jahren wiederzugeben, weil die Erinnerung an das damalige Geschehen von der Wirklichkeit späterer Ereignisse zu sehr entstellt ist. Missie's Berliner Tagebücher (The Berlin Diaries, London, 1987) sind sicher eine bessere Quelle als meine Fähigkeit der Wiedergabe. Aber einiges ist mir doch in Erinnerung geblieben: Ich war — wie viele meines Alters — hauptsächlich bemüht, mich zu unterhalten. Wie Missie es sehr treffend an einer Stelle vermerkt, nach dem Gedanken: „Wer weiß, was die Zukunft bringt!" Die Gesellschaft tanzte in gleicher Weise auf einem Vulkan, manche vielleicht die Zukunft ahnend, die meisten aber wohl auch, weil es eben so war und weil man nicht wissen wollte, wie lange es noch so weiter ginge. Von der Diktatur war im täglichen Leben nichts zu spüren. Alles funktionierte, man konnte alles haben, wobei, wie immer, Beziehungen wichtiger waren als die Lebensmittelmarken. Es gab noch keine Bombenangriffe und irgendwie war Berlin eine etwas hektische Oase mitten im Krieg.

An Erlebnissen aus dieser Zeit sind mir folgende in Erinnerung geblieben: An einem Samstag traf ich auf einem Empfang C. C. (Curt Christian v.) Pfuel (1907 – 2000), den ich schon kannte, und der überall dabei war, wo etwas los war. Er lud mich zu seiner Hochzeit ein, am folgenden Samstag in der Kirche neben dem Hotel Kaiserhof. Auf die Frage nach der Braut, die jetzt nicht dabei war, sagte er: „Du weißt doch, Blanche, die Tochter von General Geyr von Schweppenburg." Da läuteten bei mir alle Glokken. Leo Freiherr Geyr von Schweppenburg (1886 – 1974) war in seiner Kindheit ein Spielfreund meines Vaters. Als nämlich vor 1900 sein Vater Oberstallmeister des Königs von Württemberg war, war mein Großvater österreichischer Gesandter in Stuttgart. Österreich hatte nach 1870 zwar eine Botschaft in Berlin, unterhielt aber weiter Gesandtschaften an den deutschen Königshöfen.

Bei der Hochzeit wurde ich vorgestellt und er fing an, ein reges Interesse an meinem militärischen Werdegang zu entwickeln und wollte, sobald ich Offizier war, mich als Ordonanzoffizier in seinen

Stab versetzen lassen. Er wird deshalb noch mehrfach in dieser Geschichte erwähnt werden.

In der Rauchstraße war um die Ecke von der Wrede-Wohnung eine große feine Villa mit Tennisplatz, Swimming Pool und so weiter, die einer Familie Albert gehörten. Der Vater war ein großes Tier in der chemischen Industrie, die Mutter war Amerikanerin. Wir jungen Leute waren gern eingeladen, wegen der sehr netten Tochter Irene. Sie war eine kleine Künstlerin, spielte reizend Gitarre und sang dazu spanische Lieder. Wir fanden, sie wäre viel besser als die damals so bekannte Chilenin Rosita Serrano (1914 – 1997), die aber auch reizend war und auf allen südamerikanischen Botschaften ein- und ausging. Alles ging gut, bis ich eines Tages in einem unvorsichtigen Moment wissen ließ, dass ich Backgammon spielen konnte. Von da ab war ich jedes Wochenende eingeladen, aber nur, um die Mutter bei Backgammon zu unterhalten.

Eine andere Geschichte betrifft eine Familie Uexküll. Baron Edgar Uexküll (1884 – 1952) war natürlich baltischer Abstammung und eine wichtige Person in der deutschen Versicherungswirtschaft. Seine Frau Nadine (1907 – 1964), die *Nanni* oder so ähnlich genannt wurde, war eine geborene v. Radowitz. Ich war 1942 eine Weile mit ihrem Bruder zusammen im selben Stab in Russland. Sie war eine unglaubliche Persönlichkeit. Nicht nur, weil sie eine Schönheit war, sondern auch intelligent, amüsant und die humorvollste Person, an die ich mich erinnern konnte. Von der perfekten Hausfrau, die sie war, ganz zu schweigen.

Entsprechend waren auch die Gäste, die man bei ihr traf. Als junger Mensch—ich war noch nicht zweiundzwanzig—war man überwältigt und saß stumm im Salon, glücklich von der unglaublichen Kultur und dem Niveau der Unterhaltung berieselt zu werden.

Sie hatte ein Profil, das sehr an die ägyptische Königin Nofretete erinnerte, und so hatte ihr Mann sie einmal modellieren lassen. Eine kleine Büste, die wie eine kleine Kopie der berühmten Büste von Nofretete in einem Berliner Museum wirkte.

Einige Jahre vor dem Krieg hatten die beiden sich jedoch auseinander gelebt und man beschloss eines Tages, sich zu trennen. Sie verreiste erst einmal lange. Bei dieser sehr einvernehmlichen Aktion hatte er es übernommen, ihr in Berlin eine neue Wohnung zur Verfügung zu stellen. In dem großen Mehrfamilienhaus, in dem die beiden im Penthouse gewohnt hatten, zu dem ein eigener Aufzug ging, war, als sie wiederkam, eine andere Wohnung frei und so zog sie dort ein. Beide sahen sich von Zeit zu Zeit in der Eingangshalle und auch, wenn sie von dritten Freunden zusammen eingeladen waren. Eines Tages traf er sie wieder einmal in der Halle und sagte, dass ein gemeinsamer Freund am Nachmittag zu ihm käme und wenn sie Zeit und Lust hätte, solle sie doch auch in's Penthouse kommen. Dies passierte von Zeit zu Zeit immer wieder, entweder bei ihm oder bei ihr, und offenbar kamen sich beide dabei auch wieder näher, bis sie wieder auf eine längere Reise ging. Als sie nach beinahe 9 Monaten wiederkehrte, kam sie gleich nieder und zog dann mit dem Baby und einer Kinderschwester auch gleich wieder im Penthouse ein. Der Applaus soll damals in Berlin groß gewesen sein für die Umstände: Die Uexkülls mußten sich erst trennen, bevor sie ein gemeinsames Kind kriegen konnten. Nach dem Kriege habe ich nur noch einmal von ihnen gehört.

Alle, die den Lehrgang bestanden hatten, wurden am 15. April 1941 Feldwebel und schon am 20. April 1941, an Hitlers Geburtstag, zum Leutnant befördert. Mit dem Fünf-Tage-Feldwebel hatte es eine besondere Bewandtnis: Dies hatte mit dem folgenden Urlaub zu tun. Offiziere reisten im Zug in der zweiten Klasse, Feldwebel wie alle Mannschaften in der dritten Klasse. Da es nicht so viele Plätze in der zweiten gab, mußten wir die Fahrt nach Hause noch in der dritten Klasse sitzen. Alle Bahnhöfe waren aber schon voll von Feldwebeln in ansonst kompletter Offiziersuniform, die für großes Gelächter sorgten.

Nach dem Urlaub ging es wieder nach Weimar zum Ersatztruppenteil. Das Regiment war ja in Ostpreußen, wo auf einmal zu viele Offiziere herumsaßen, die alle nichts zu tun hatten. Nach dem 22. Juni 1941 hat sich das dann drastisch geändert. Anfang Juni 1941 wurde ich vom Regiment angefordert, weil ein Offizier sich beim Offiziersschießen aus Unachtsamkeit ins eigene Bein geschossen hatte. Es wurde sofort gewitzelt: Beim Scheibenschießen schießt man auf Scheiben und beim Offiziersschießen auf Offiziere. Und so saß ich wenige Tage später als Ordonanzoffizier des zweiten Ersatz-Bataillons wieder beim Regiment.

Am 22. Juni 1941 um drei Uhr morgens bin ich bei Tauroggen an der litauischen Grenze nach Russland einmarschiert. Ich habe im späten Herbst 1944 Russland wieder bei Tauroggen verlassen. Von meinem unfreiwilligen Aufenthalt in Russland nach dem Kriege wird in einem anderen Kapitel berichtet.

Es ging dann in fast gerader Linie in Richtung des damaligen Leningrads. Kampfhandlungen gab es nicht viele, wenn man von denen gegen die Horden von Moskitos absieht.

Wenige Tage nach dem Beginn rückte ich zum Regimentsordonanzoffizier auf und der, der es gewesen war, mußte meinen Posten übernehmen. Ich habe nie herausgefunden, was er falsch bzw. ich richtig gemacht hatte. Am 8. August 1941 an einem kleinen Fluss vor Leningrad hat es mich dann zum zweiten Mal erwischt und die Schutzengel haben wieder Überstunden gemacht. Eine Kugel verfehlte — aus einem Flugzeug von der Seite kommend — nur um Millimeter mein Rückrat.

Für den Rest von 1941 war der Krieg für mich zunächst vorbei. Die Verwundeten wurden mit dem Flugzeug nach Königsberg herausgeflogen. Von dort konnte ich zu Hause anrufen und bekam die schreckliche Nachricht, dass mein Bruder Ronnie schon am 28. Juli in der Ukraine gefallen war.

Es gelang eine Versetzung in's Lazarett nach Teplitz, wo ich in ambulante Behandlung kam und daher zu Hause wohnen konnte. Die Heilung der Wunde hätte gar nicht so lange gedauert, doch dann bekamen meine Mutter und ich Scharlach und muß-

Mein Bruder Ronnie.

ten auf ein paar Wochen ins Krankenhaus in Quarantäne und somit war ich Weihnachten 1941 immer noch zu Hause.

Anfang Januar 1942 kam dann wie ein Blitz aus heiterem Himmel die Versetzung als Ordonanzoffizier zum XXIV. Panzerkorps, in die Nähe von Orel, also südwestlich von Moskau. General Leo Geyr v. Schweppenburg war der kommandierende General geworden und hatte mich angefordert. Als ich nach längerer Reise dort ankam und mich beim Personaloffizier der 2. Panzerarmee, zu der das XXIV. Panzerkorps gehörte, meldete — es war der Oberst Alexander v. Radowitz (1912 – 1984), von dem ich schon vorher geschrieben habe — wurde mir eröffnet, dass General v. Geyr inzwischen krank geworden wäre und von einem General Willibald Freiherr v. Langermann u. Erlencamp (1890 – 1942) abgelöst worden war, der seinen eigenen Ordonanzoffizier mitgebracht habe. Die Tochter von General v. Langermann, Ursula Freiin Langermann, habe ich viele Jahre später als deutsche Diplomatin in New York kennen gelernt.

Mein Problem, dass ich somit nun eigentlich in der Luft saß, löste sich von ganz allein. Der Oberbefehlshaber der 2. Panzerarmee, Generaloberst Rudolf Schmidt (1886 – 1957), hatte einen Ordonanzoffizier, Hauptmann Paulus, dessen Vater der spätere Feldmarschall in Stalingrad war, den ich schon seit 1938 kannte. Dieser Hauptmann Paulus war zufällig gerade zur Generalstabsschule abkommandiert worden und da sagte Generaloberst Schmidt: „Dann nehme ich eben den Clary, der ist ja frei."

Es folgten sieben oder acht Monate völlig neue Erfahrungen, den Krieg aus der Perspektive der Heeresführer kennen zu lernen. Ich lernte eine Menge nette Offiziere kennen. Die verschiedenen Generalstabsoffiziere habe ich alle an verschiedener Stelle in den folgenden Jahren wieder getroffen, was auch von Nutzen war. Ein Ordonanzoffizier hieß Baron Freytag-Loringhoven, war natürlich Balte und ich habe nie wieder jemanden getroffen, der den baltischen Dialekt so gut nachmachen oder sprechen konnte. Ein anderer war Georg Wilhelm Prinz von Hannover (1915 – 2006), der als Prinz auf Grund eines besonderen Erlasses in einem Stab sein mußte.

Die 2. Panzerarmee gehörte zur Heeresgruppe Mitte, deren Stab in Smolensk saß. Ich mußte mindestens einmal am Tag dort mit einem Hauptmann Fabian v. Schlabrendorff (1907 – 1980) telefonieren. Erst nach dem 20. Juli 1944 kam heraus, wie sehr er an der Verschwörung beteiligt war. Glücklicherweise hat er alles überlebt und eines der besten Bücher darüber geschrieben („Offiziere gegen Hitler").

Wenn der General und ich Besuche bei Armeekorps und Divisionen machten, benutzten wir oft ein Flugzeug, das Fieseler Storch hieß. Es konnte gar nicht schnell, aber unglaublich langsam fliegen — es hatte eine Landegeschwindigkeit von nur 38 km/h — und so ungefähr auf einem Fußballfeld starten und landen. Der Generaloberst saß hinter dem Piloten und ich hinter ihm. Ich glaube, dass die Konstrukteure des Fieseler Storches sich eingebildet haben, dass Ordonanzoffiziere Zwerge und Gummimenschen sind, denn der letzte Insasse sollte auch noch das Maschinengewehr hinter seinem Kopf bedienen, mußte aber, vom Sitz her, nach vorne schauen und konnte sich nicht umdrehen.

Generaloberst Schmidt flog sehr ungern. Zum Teil wahrscheinlich, weil er recht korpulent war und in dem Fieseler - Biest schlecht sitzen konnte. Außerdem hatte er Angst vor Luftkrankheit und aß immer Dramamin-Tabletten, ein damaliges Beruhigungsmittel. Es hat einige Zeit gedauert, bis ich ihm beibringen konnte, dass einem vom Fliegen nicht schlecht wurde, aber vom Dramamin.

Ein interessantes Erlebnis war, als eine ungarische Armee den Frontabschnitt südlich von uns übernahm. Sie wurden mit der Eisenbahn bewegt und der Stab machte in Orel einen Stop. Der ungarische General machte bei unserem Generaloberst einen Höflichkeitsbesuch und wurde natürlich mit seinen höheren Offizieren zu einem Essen eingeladen. Es lag auf der Hand, dass am nächsten Abend unser Generaloberst mit seinen Offizieren bei den Ungarn zum Essen erscheinen mußte. Es gab eine Art ungarische Nationalspeise, Pörkölt, wir nennen das Gulasch mit Nudeln. Der ungarische General betonte, man habe den Koch angewiesen, möglichst wenig Paprika zu verwenden, aber unseren Offizieren blieb beim ersten Bissen immer noch der Mund offen.

Das wohl ungewöhnlichste Ereignis des Sommers war ein Besuch im Führerhauptquartier. Hitler hatte ein solches vorgeschobenes Hauptquartier in Winniza in der Ukraine. Es war sehr geschickt in einen Wald gebaut worden, lauter Betonbunker, und war besonders nach oben sehr gut getarnt. Und dort wurde eine Lagebesprechung mit Hitler angeordnet. Feldmarschall Kluge (1882 – 1944) von der Heeresgruppe Mitte war im Urlaub und wurde von unserem Generaloberst vertreten. Also mußte er hin und nahm mich natürlich mit. Wir flogen morgens mit einer Luftwaffenmaschine hin. An der Besprechung selber nahmen wir Ordonanz-Offiziere nicht teil, aber sonst waren wir überall dabei.

Auf dem Weg zum Mittagessen ging ich etwa fünf Meter hinter Hitler. Ich war überrascht über sein detailliertes Wissen um Einzelheiten. Ein Gespräch beim Essen drehte sich um unsere Panzer, deren Ketten nicht so breit waren wie die der russischen T 34 Panzer und die daher die Tendenz hatten, bei dem weichen russischen Boden den Panzer schneller einsinken zu lassen. Die nächste Generation Panzer, es waren die ersten Tiger, war kurz vor der Einführung und hatte viel breitere Ketten. Hitler wusste z.B. auf den cm genau, wie breit die Ketten waren.

Es waren natürlich jede Menge Generäle und Parteibonzen zur Stelle. Wirklich lächerlich war Göring. Unfähig, dick, bekleidet mit einer weiß-silber schillernden Uniform mit roten Safianleder-Stiefeln. Vor dem Mittagessen (es gab einen sehr guten vegetarischen Eintopf und Wasser zum Trinken) wurden die Ordonanzoffiziere von ihren jeweiligen Generälen Hitler vorgestellt und alle mit Handschlag begrüßt. Das Gespräch beim Essen war recht einseitig, weil eigentlich nur Hitler sprach und die anderen nur dann etwas sagten, wenn sie gefragt wurden bzw. Informationen zur Sache des jeweiligen Themas hatten.

Etwa im August 1942 bekam mein General eine Nachricht von General Geyr, der ihm mitteilte, er hätte wieder ein Kommando übernommen und zwar das XXXX. Panzerkorps, das im Kaukasus stationiert war. Er bat meinen General, mich freizugeben und zu ihm zu versetzen. Mein General Schmidt meinte, dass es ihm leid täte, mich zu verlieren, aber er müsste der Bitte des General v. Geyr Folge leisten.

Also zog ich in den Kaukasus ab, um eine kurze Zeit als Ordonanzoffizier von General Geyr dort zu verbringen. Er war immer freundlich und nett und sicher auch ein guter Heerführer, hatte aber eine etwas labile Gesundheit, die auch noch von etwas Hypochondrie belastet war. Ich mußte einen medizinischen Blitzkursus absolvieren, wie man Spritzen verabreicht usw., und immer einen Koffer mit allen möglichen Tabletten und ärztlichen Werkzeugen dabei haben. Der ganze Spaß dauerte nur ein paar Wochen, dann ging er in Urlaub und flog nach Hause.

Das war mir ganz recht, denn so kam auch ich zu einem Urlaub. Etwa Mitte September 1942 wurde er im Urlaub wieder krank, gab das Kommando ab und blieb in Bayern. Ich habe ihn nie wieder gesehen. Mein Urlaub dehnte sich auch ziemlich aus, weil ich eine saftige Gelbsucht auskurieren mußte, was natürlich zu Hause besser ging als irgendwo anders.

Im Oktober 1942 haben Paula (Paula Gräfin Schaffgotsch, 1920 – 2006) und ich geheiratet. Nach mehr als sechzig Jahren ist dem Leser von heute das Scheitern dieser Ehe entweder bekannt oder nicht mehr relevant. Paula war mit meinem gefallenen Bruder Ronnie verlobt gewesen und so war der Gedanke, dass ich an seine Stelle treten sollte, nicht ganz aus der Luft gegriffen. Es ist sowohl im 1. als auch im 2. Weltkrieg bei verwandten Familien dasselbe immer wieder geschehen. Aber Emotionen, Verwandte und befreundete Familien sind sicher hilfreiche Attribute, aber schlecht geeignet, die Basis für eine glückliche und erfolgreiche Ehe zu sein.

Oktober 1942

Unter den gegebenen Umständen war also der Misserfolg eigentlich schon vorprogrammiert. Paula mag es geahnt haben, denn zuerst wollte sie nicht. Nach eindringlicher Beeinflussung durch ihre Mutter hat sie dann ein halbes Jahr später aber doch zugestimmt. Der fortdauernde Krieg und meine anschließende russische Gefangenschaft hat alles bis 1948 übertüncht, aber schon 1949 waren wir am Ende. Es wurden zwar noch Versuche unternommen, eine gemeinsame Wohnung zu finden. Sie waren erfolglos, weil wir beide gar nicht mehr wollten. Und so wurden wir nach langem Hin-und-her-Gezerre schließlich 1964 geschieden. Paula und ich wären gute Freunde gewesen und geblieben, wenn wir bloß nicht geheiratet hätten. Aber dann gäbe es die Kinder nicht und so ist doch wenigstens etwas Gutes daraus geworden.

Es ist von schlecht informierten Seiten die Vermutung aufgekommen, Gisela, meine zweite Frau, über die ich in einem späteren Kapitel schreibe, wäre der Grund für unsere Scheidung gewesen. Das ist purer Blödsinn. Meine Ehe mit Paula war 1948/49 schon vollkommen und hoffnungslos zerrüttet und am Ende, also etwa sechs Jahre, bevor Gisela und ich uns überhaupt kennen gelernt haben.

Nach Weihnachten 1942 kehrte ich dann wieder in den Kaukasus zurück, nicht richtig wissend, wie es weitergehen würde. Wie so oft löste ein Zufall das Problem. Der erste Ordonanzoffizier des Korps, Rittmeister Johann-Dietrich v. Hassell (1916 – 2005), wurde in die Generalstabsschule versetzt und der neue General beantragte bei der Zentralpersonalabteilung, mich in die Stelle einzusetzen. Der Antrag wurde genehmigt und ich blieb bis zum Ende des Krieges in dieser Stellung.

Das Ungewöhnliche bei der Geschichte war, dass diese Stellung für einen Hauptmann und Berufssoldaten bestimmt ist, und ich daher zweimal als Leutnant der Reserve in eine Hauptmannsstellung eingesetzt wurde. Ich bin auch sicher, dass ich der einzige Leutnant d. Res. gewesen bin, der O 1 eines Panzerkorps war.

Der Vormarsch war in der Nähe von Pjatigorsk, einer Stadt in der russischen Provinz Tschetsche- nien, zu Ende gegangen. Grosny, Baku und damit das Öl wurden niemals erreicht. Pjatigorsk war eine eigenartige Stadt mit etwas vorderasiatischem Ein- schlag. Die Stadt—oder besser der bei ihr liegende Berg Beschtau—sind in der russischen Literatur verewigt, weil der berühmte Dichter Michail Ler- montow (1814 – 1841), der Puschkin (1799 – 1837) nach dessen Tod in Gedichten beweint hatte, auf den Höhen des Beschtau bei einem Duell ums Leben kam.
Weil ich gerade bei Puschkin bin, nun eine Geschichte, die eigentlich gar nicht hierher gehört, aber irgendwo muß ich sie doch einfügen: Als Puschkin 1837 starb, war mein Ur-Ur-Großvater (Carl Ludwig Graf v.) Ficquelmont (1777 – 1857) noch österreichischer Botschafter in Petersburg und seine Frau Dolly (geb. Gräfin v. Tiesenhausen, 1804 – 1863), Enkelin von General Kutusow (Fürst von Smolensk, 1745 – 1813), unterhielt einen litera- rischen Gesellschaftskreis, zu dem auch Puschkin gehörte. Puschkin hat erzählt, dass er mit ihr ein Verhältnis hatte. Russische Historiker haben dies bis in unsere Zeit hinein *wahrscheinlich* genannt. Wenn meine Cousine Olga Cadaval (geb. Gräfin de Robilant, 1900) meinen Vater ärgern wollte, hat sie deshalb insinuiert, dass er vielleicht von Puschkin abstamme. Das ist allerdings nachge- wiesener Quatsch, denn das einzige Kind mei- ner Ur-Ur-Großmutter, die erste Elisalex in unse- rer Familie, war damals schon zwölf Jahre alt.

Es gab damals in der Gegend des Kaukasus eine Reihe von Sondereinheiten, die alle Tropenuniformen anhatten. Irgendein Phantast hatte einen grandiosen Plan entwickelt: Wenn es gelänge, über den Kaukasus nach Persien vorzudringen und das Afrikakorps unter Rommel über Ägypten, Palästina und Arabien ebenfalls Persien erreichen würde, wären die Alliierten vom Öl abgeschnitten. Die Illusion war damals schon unsinnig und als Stalingrad von den Russen umzingelt wurde, mußten wir uns beeilen, noch beizeiten aus dem Kaukasus heraus zu kommen, sonst hätten wir und alle Sondereinheiten auch in der Falle gesessen.

1943 und der Anfang 1944 waren gekennzeichnet von einem ständigen Rückgang der ganzen Front. Irgendwann in diese Zeit fällt auch meine Bekanntschaft mit General Ferdinand Schörner (1892 – 1973). Dieser war Gebirgsjäger gewesen und schon im 1. Weltkrieg ausgezeichnet worden, unter anderem mit dem Orden Pour le Merit. Er war als Heerführer umstritten, was wohl zum Teil darauf zurück zu führen sein mag, dass er verschiedenen Parteigrößen sehr nahe stand. Er war eine Zeit lang unser kommandierender General und ich kam mit ihm sehr gut aus. Er wollte sich immer persönlich informieren, wie es bei der Fronttruppe aussieht, und flog jeden Tag mit dem Fieseler Storch ganz nach vorne. Seine Feinde waren alle die, die, wie er sagte, „in der Etappe herumfaulenzen". Dort war er natürlich verhasst. Später, als er schon Feldmarschall war und unsere Heeresgruppe leitete, rief er mich manchmal unter Umgehung seines eigenen Stabes und auch des Armeestabes in der Nacht direkt an, um sich von mir über eine bestimmte Frontsituation berichten zu lassen. Das brachte ihm natürlich schnell Informationen, machte mich aber bei den betreffenden Stäben nicht besonders beliebt.

Ende März 1944 erhielt ich von Zuhause die Nachricht, dass am 25. März 1944 unser Sohn zur Welt gekommen war. Wir hatten uns schon vorher dafür entschieden, ihm den Namen meines gefallenen Bruders Hieronymus zu geben. Im Juli 1944 konnte ich ein paar Tage Heimaturlaub bekommen und meinen Sohn zum ersten Mal in den Armen halten.

Ende Juli 1944 (ich habe vergessen, wer damals unser kommandierender General war) wurde unser Stab dann nach Litauen verlegt. Auf dem Wege dorthin mußte unser General in meiner Begleitung auch im Hauptquartier Wolfsschanze in Ostpreußen sein. So bin ich wenige Tage nach dem Attentat vom 20. Juli auch dort gewesen. An einem Abend aß ich mit Major Hasso v. Etzdorf (1900 – 1989), den ich schon aus Berlin kannte und der zum Auswärtigen Amt gehörte. Auf dem Rückweg in unsere Unterkunft habe ich ihn gefragt, ob wirklich so viele Offiziere beteiligt gewesen waren. Seine Antwort war: „Fragen Sie mich nicht. Sie würden erschrecken, wenn Sie wüssten, wie viele Bekannte von Ihnen dabei waren." Er mußte es wissen, denn er war selber auch beteiligt, ohne daß es herausgekommen ist. Es gelang ihm, sich als Generalkonsul nach Mailand versetzen zu lassen und so nicht gefunden zu werden.

Am nächsten Tag traf ich General Köstring (1876 – 1953) und seinen Adjutanten, Rittmeister v. Herwarth

(1904 – 1999), die ich auch aus dem Kaukasus kannte. Köstring war vor dem Krieg Militärattaché an der Botschaft in Moskau gewesen, hatte lange in Russland gelebt und sprach fließend Russisch. Herwarth war auch bei der Botschaft gewesen. Ich konnte natürlich nicht wissen, dass beide selber sehr prominent an den Ereignissen des 20. Juli beteiligt gewesen waren. Glücklicherweise sind beide nie entdeckt worden.

Schon im März 1944 war mein alter Bekannter, General Guderian, beauftragt worden, einen Sonderstab aufzustellen. Er sollte für alle Truppenteile zuständig sein, die für die gedachte Verteidigung von Berlin eingesetzt waren. Guderian und sein Stabschef, General Wenck, mein alter Gönner, wollten lauter bekannte Offiziere in den Stab holen. Einer von ihnen, den ich aus Orel kannte und zufällig in Litauen im August 1944 wieder traf, sagte, dass sie noch einen Ordonanzoffizier bräuchten und ob ich nicht Lust hätte, die Stelle anzunehmen. Ich sagte zu, aber es wurde nichts daraus. Nach dem 20. Juli mußten alle solche Stellen von der SS bzw. dem SD überprüft werden. Dort waren Grafen nicht mehr genehm und so wurde meine Versetzung abgelehnt.

Irgendwann im Herbst wurde mein Stab dann wieder nach Polen verlegt und so habe ich Russland wieder in Tauroggen verlassen, wo ich 1941 einmarschiert bin. Der Rückzug ging weiter, erst aus Polen und dann aus Schlesien, und das Ende war abzusehen.

Da wir gewissermaßen im eigenen Land kämpften, konnte ich zwischendurch immer wieder mal

Mein Bruder Charlie.

zuhause anrufen. So erfuhr ich auch traurigerweise vom Tod meines Bruders Charlie. Er hatte immer danach getrachtet, so weit wie nur irgend möglich von allem entfernt zu sein, was mit dem Nationalsozialismus und seinen Folgen zu tun hatte. Deshalb hatte er sich als Offizier zu einem der russischen Kosakenregimenter versetzen lassen, die auf deutscher Seite kämpften. Als solcher geriet er mit seiner Abteilung in einen Hinterhalt von Partisanen und war am 14. Dezember 1944 in Kroatien gefallen.

Beim Rückzug durch Schlesien gab es aber noch eine lustige Begebenheit: In einem kleinen Ort lebten Bekannte, die noch nicht geflüchtet waren, trotzdem man schon den Kanonendonner hörte. Ich beschwor sie dringend, doch abzuhauen, was sie dann auch am selben Nachmittag taten. Ich wurde aber noch zum Mittagessen eingeladen, das vorzüglich war. Der Hausherr ging Wein holen und ich wollte von der Hausfrau wissen, wie sie solche guten Sachen auftischen könne. Darauf sagte sie: „Sag bloß meinem Mann nichts, er behauptet immer, er könnte kein Pferdefleisch vertragen. Aber wir mußten ein Pferd schlachten und er isst es seit sechs Wochen mit gutem Appetit und ohne Fragen."

Im März/April 1945 wurde ich beinahe doch noch

versetzt. Wir hatten einen neuen Chef des Stabes, dem meine Nase aus irgendeinem Grunde nicht gefiel und der meine Versetzung beantragte. Als diese kam (ich sollte Kompaniechef in einem Panzerregiment bei Dresden werden) war es zu spät. Man konnte dort gar nicht mehr hinkommen und so blieb ich im Riesengebirge, wo ich war.

Dort erhielt ich dann die erfreuliche Nachricht, daß meine Frau Paula am 21. April 1945 unser zweites Kind, Therese, bekommen hatte und wenige Tage später mit beiden Kindern und weiterer Begleitung nach West-Böhmen zu unseren Verwandten Löwenstein verschickt worden war.

Am 8. oder 9. Mai wurde ein Generalstabsoffizier zur Befehlsentgegennahme bei der Armee bestellt. Man war darauf gekommen, daß die Alliierten schon lange unser Verschlüsselungssystem Enigma gelöst hatten und alles mithören konnten. Also durften besondere Befehle weder gefunkt noch telefonisch weitergegeben werden.

Diese letzte Anordnung war, daß die gesamte Front sich geordnet zurückziehen solle, um sich den Amerikanern in Westböhmen zu ergeben. Die Kapitulation würde am nächsten Tage erfolgen. Der Befehl mußte nun persönlich weitergegeben werden und ich und andere Offiziere sollten in der Nacht bei völlig verstopften Straßen andere Stäbe suchen, um dies zu tun.

Das alles war illusorisch, und in den nächsten vierundzwanzig Stunden war alles zusammen gebrochen, und auch ich erreichte weder die Amerikaner noch die Grenze nach Österreich. Plötzlich waren nur noch Russen um uns herum. Ich versuchte noch, mich mit einigen anderen zu Fuß durch die Wälder nach Westen durchzuschlagen, aber am 12. oder 13. Mai war auch dieser Versuch bei Sternberg an der Sazawa, südöstlich von Prag, zu Ende, weil wir nicht über den Fluss konnten. Tschechische Partisanen fischten uns aus dem Wald und übergaben uns den Russen. Wieder mußten die Schutzengel Überstunden machen, denn einige der Partisanen wollten uns an Ort und Stelle erschießen. Da ich damals noch recht gut Tschechisch verstand, war es kein Vergnügen, zuzuhören, wie über mein Schicksal diskutiert wurde.

Aber der Krieg war zu Ende.

Russische Gefangenschaft

Meine russische Gefangenschaft begann also am 13. Mai 1945 bei Sternberg an der Sazawa in Böhmen und endete am 23. Dezember 1947 in Wien.

In dieser Zeit habe ich so ungefähr alles erleben müssen, was einem Menschen an Belastungen, Mühen, Schwierigkeiten und Grausamkeiten nur aufgebürdet werden kann. Gefangenschaft ist ein brutales Erlebnis. Das meiste, was man lernt, ist für das normale Leben völlig nutzlos. Zwei Sachen sind wahrscheinlich die Vorraussetzungen für das Überleben: eine gute Gesundheit und eine eiserne Selbstdisziplin. Grausamkeit und Brutalität waren ständige Begleiter des Gefangenen in Russland. Ich habe allerdings niemals beabsichtigte Quälereien erleben müssen. Je schwerer das Leben wird, desto schneller lernt man aber, daß die Schale unserer menschlichen Zivilisation nur hauchdünn ist. In der Zeit großer Not erdrückt der Überlebenswille jegliche Zivilisation und jegliches Gefühl für den Mitmenschen, und der Homo Sapiens ist dann auch nicht besser als ein Tier.

Wie nicht anders zu erwarten, war das erste, was die Russen taten, als sie unserer habhaft wurden, uns auszuplündern. Das Geschrei fing mit den Worten an: „Uri jest ?" oder „Hast du eine Armbanduhr ?" Bei mir gefiel einem meine ziemlich neue schwarze Hose. Die Uniform der Panzertruppen war ja schwarz. Drei Russen fielen über mich her, warfen mich hin und während zwei mich festhielten, zog mir der Dritte die Hose aus. Als Ersatz bekam ich eine Hose, die zu einer Tarnuniform gehörte, deren vorheriger Besitzer ein schlimmes Ende gefunden haben mußte, denn sie war völlig blutverkrustet. Ich lief den ganzen Tag halbnackt herum, weil ich versuchte, sie auszuwaschen und in der Sonne zu trocknen.

Die nächsten Wochen waren grausam. Die Russen wussten natürlich auch nicht, was sie mit den Tausenden von Gefangenen anfangen sollten, denn Lager gab es keine, und kamen daher auf die ihnen gut erscheinende Idee, uns zu zwingen, jeden Tag dreißig bis fünfundvierzig Kilometer zu gehen, landauf, landab. Am Abend wurden wir auf ein abgeerntetes Feld getrieben und übernachteten im Freien. Man war so müde, daß man überhaupt nicht auf die Idee kam, zu fliehen. Zu essen gab es wenig, dennoch war es eigentlich ein Wunder, wie die Russen für so viel Menschen überhaupt etwas beschaffen konnten. So waren wir natürlich immer hungrig. Auf einem Übernachtungsplatz fanden wir ein abgeerntetes Lauchfeld, da haben wir die Knollen ausgebuddelt und von einem Kartoffelacker die Saatkartoffeln. Die gekochte Mischung schmeckte auch ohne Salz und sonstige Zutaten.

Auf solchen Märschen erlebte man aber auch die erbarmungslose Grausamkeit, zu der Menschen fähig sind. Wenn ein Gefangener nicht mehr mitgehen konnte, wurde er von den Russen auf das nächste Feld geschleppt, erschossen und liegen gelassen.

Nach mehreren Wochen erreichten wir Brünn und wurden verladen, je fünfzig Mann in einen Viehwaggon. So konnte man stehen oder sitzen, aber nicht liegen. An einer Stelle war in den Boden ein

Loch gesägt, durch das man seine Notdurft verrichten konnte.

Von Brünn ging die Fahrt an der österreichischen Grenze entlang nach Ungarn. Die österreichische Grenze verleitete einige von uns, zu überlegen, ob man nicht ausreißen könnte. Es kam aber zu nichts dergleichen, weniger, weil auf dem Dach eines jeden Waggon ein bewaffneter Russe saß, sondern weil die Russen verkündeten, daß, wenn es einem auszureißen gelänge, die anderen im Waggon erschossen würden.

Um dieser Drohung noch mehr Gewicht zu verleihen, mußten bei jedem Halt alle aussteigen und gezählt werden. Zehn nebeneinander und fünf hintereinander. Bei so einer Zählung in Ungarn glaubten die Russen, daß einer fehle, obwohl nur falsch aufgestellt worden war. Gott sei Dank wurde niemand erschossen. Das Problem wurde anders gelöst. Fünf oder sechs Russen marschierten in ein nahe gelegenes Dorf und kamen nach ein paar Stunden mit einem armen jungen Ungarn zurück, den sie aus dem Dorf verschleppt hatten und die Zahl stimmte wieder.

Ziel unserer Reise war ein Lager in Marmoros-Sziget, einem Ort, der heute wahrscheinlich zur Ukraine gehört. Dort fand der Wechsel auf die russische Breitspurbahn statt und alle Offiziere wurden aussortiert und in einem Nur-Offizier-Transport wieder zu fünfzig in einem Viehwaggon nach Russland geschleppt. Mit der Zeit ging es an Moskau vorbei, man konnte die Stadt in der Ferne sehen, und dann weiter nach Südwesten. Irgendwo zwischen Moskau und Tula war ein kleiner Ort, dessen Namen ich vergessen habe, und in dem war ein stillgelegtes Fabriksgebäude und dieses Offiziersgebäude war für die nächsten Monate mein Quartier.

Außer den Deutschen und Österreichern gab es dort noch etwa fünfhundert ungarische Offiziere. Im Gegensatz zu uns waren diese unglaublich diszipliniert und machten nur, was ihr Anführer anordnete. Was die Russen sagten, war ihnen völlig egal.

Nach einigen Tagen kamen eine Menge russische Offiziere, von denen einige Deutsch und viele Ungarisch konnten und alle wurden vernommen. Das Verhör dauerte ein bis zwei Stunden und über jeden wurde eine Akte angelegt, in der die Antworten zu allem, was gefragt wurde, festgehalten waren. Dieser Aktenvorgang hatte eine besondere Bedeutung für die Gefangenen, denn er begleitet einen von nun an immer, wenn man von einem Lager in ein anderes kam. Jedes Ereignis während der ganzen Gefangenschaft wurde niedergeschrieben und beigefügt.

Für mich brachte die Vernehmung insofern ein Problem, als daß ich mich bisher immer als Österreicher ausgegeben hatte, dessen Familie in Salzburg ansässig war. Ich konnte jetzt schlecht sagen, daß mein Vater Großgrundbesitzer in Böhmen war. Er wurde daher zum österreichischen Landwirt erklärt.

Bis dahin hielten sich die Russen an die Genfer Konvention, nach der Offiziere in Gefangenschaft nicht zu arbeiten brauchten. Als aber der Winter sehr früh einbrach, wurden wir gefragt, ob wir bereit wären, Kartoffeln zu ernten, die für unsere Verpflegung gedacht waren. Dieser Tätigkeit stimmten wir zu und so ging es auf die Felder, wo man mit völlig unzureichendem Werkzeug Kartoffeln aus dem gefrorenen Boden ausbuddeln sollte. Diese kamen dann in einen großen Raum, wo sie meterhoch aufeinander lagen. Das Ergebnis kann man sich vorstellen. Nach einer Woche roch es wie in einer Schnapsbrennerei und alles mußte gewendet werden, bevor die Kartoffeln völlig verfaulten. Die Halbverfaulten kamen in die Küche und in unsere dünne Suppe.

Etwa um den Jahreswechsel 1945/1946 war es aus mit der Genfer Konvention, und wir kamen in ein Kohlenbergwerk. Die folgenden drei bis vier Monate waren die schwersten der ganzen Gefangenschaft.

Das Lager, in dem wir hausten—von wohnen kann man nicht sprechen—bestand aus einer großen Baracke für die Gefangenen und zwei kleinen, einer für die russischen Wachen und einer für die Kranken. Letztere war gefürchtet, denn wenn man hinkam, war die Gefahr groß, daß man Füße-zuerst wieder herauskam. Es war aber auffällig, daß in der Hauptbaracke selbst nur wenige Gefangene gestorben sind.

In der großen Baracke waren auch die Küche, Bäkkerei und Vorratskammer und eine Behausung für deren Personal. In unserem Wohnraum waren Pritschen mit Strohsäcken. Je drei übereinander, je drei Meter, für zehn Mann. Bei dreißig Zentimeter pro Mann kann man sich vorstellen, daß alle zehn auf derselben Seite liegen mußten. Wenn mal einer aufgelegen war, sagte er „umdrehen" und alle zehn mußten sich gleichzeitig auf die andere Seite legen. Es gab einen Ofen, aber nichts zum Heizen. Wir klauten natürlich wie die Raben Kohle im Schacht, aber das war auch nicht immer erfolgreich.

Wenn wir von der Schicht zurückkamen, mußten die ersten zehn ihre Kohle bei der Wache lassen, denn die hatten auch nichts zum Heizen, und oft mußten alle anderen in Küche und Bäckerei ihre Beute lassen. So war es fast dauernd saukalt. Wir versuchten immer am Sonntag, an dem nicht gearbeitet wurde, zu heizen und uns dann bei etwas Wärme zu entlausen. Kopf oder Körperhaare hatten wir nicht, denn wir wurden alle vierzehn Tage rasiert, leider von einem Mann, der nur ein stumpfes Rasiermesser hatte. Es war also mehr ein Rupfen als ein Rasieren.

In dem geschwächten Zustand lässt die Kontrolle der Blasenfunktion nach und man mußte jede Stunde einmal raus. Dazu mußte man alles anziehen, was man hatte, denn der betreffende Ort war draußen im Freien, einfach ein Loch in der Erde. Streiterei gab es keine, man war einfach zu apathisch.

Waschen war nur mit eiskaltem Wasser möglich, also blieb es beim Gesicht-nass-machen oder mit-frischem-Schnee-einreiben. Einmal im Monat, an einem Sonntag, war Kleiderentlausung. Die Geräte, die das besorgen sollten, standen in einem großen Gang, der in eine Bodenerhebung gegraben war. Während man darauf wartete, daß die Kleider auf der anderen Seite wieder herauskamen—manchmal waren sie leicht verbrannt—konnte man sich in einer Dusche mit etwas lauwarmen Wasser und Seife, die den Namen nicht verdient, den Schmutz gleichmäßiger über den ganzen Körper verteilen.

Die Verpflegung bestand aus einer dünnen, aber einigermaßen warmen Suppe dreimal am Tag, und fünfhundert Gramm Brot. Was da hinein gebacken wurde, war unbekannt, aber jedenfalls nur wenig Getreidemehl. Ein halbes Kilo war ein kleiner, feuchter Klumpen.

Gearbeitet wurde in zwei Schichten, von 08.00 Uhr bis 16.00 Uhr und von 16.00 Uhr bis 24.00 Uhr. Das hatte den Vorteil, daß von den sechzehn Stunden im Lager nur die Hälfte der Besatzung da war und man somit richtig liegen und schlafen konnte, und das ganz enge Liegen war immer nur von mitternacht bis 08.00 Uhr und am Sonntag.

Und damit komme ich jetzt zum Kohlenbergwerk. Was wir vorfanden, war nicht ein Schacht, in dem ein Käfig elektrisch auf und ab fuhr, mit Licht und guter Arbeitsbekleidung, und nach der Schicht ein Waschraum mit heißem Wasser, oh nein. Es war eine Arbeitsstätte, wie man sie vor zwei- oder dreihundert Jahren gehabt haben muß. Eigentlich vermute ich, daß der Zweck der Anlage die Beschäftigung von uns Gefangenen und der russischen Arbeiter war, die mit uns dort eingesetzt waren. Der Schacht produzierte eigentlich nichts. Die Stücke Kohle, die herauskamen, wurden von den russischen Arbeitern und uns sofort geklaut. Was übrig blieb, war ein Haufen Kohlestaub und Krümel, die auf einem

Riesenhaufen am nahe gelegenen Bahnhof lagen.

Außerdem waren die russischen Arbeiter Zwangs-
arbeiter, die in einem nahe gelegenen Dorf wohnten. Wie wir wissen, wurde man schon zu Zaren-
Zeiten nach Sibirien verbannt, wenn man in
Ungnade gefallen war. Dieses System funktionierte
aber anders herum auch. Wenn einer in Sibirien was
ausgefressen hatte, wurde er eben ins europäische
Russland verbannt, und diese russischen Zwangs-
arbeiter-Kollegen waren eben solche Verbannte, die
mit ihren Familien in dem Dorf lebten. Sie konnten
sich frei bewegen, durften aber das Dorf nur verlassen, um zur Arbeit zu gehen. Einmal habe ich
einem von ihnen ein zweites Hemd, das ich trotz
der dauernden Kontrollen gerettet hatte, für zwei
Kilo Brot verkauft.

Da die Arbeiter natürlich nur Russisch konnten,
lernte ich bei der gemeinsamen Arbeit auch etwas
von dieser Sprache, besonders die Flüche. Was das
für eine Ausdrucksweise war, kann man sich vorstellen. Als ich mit Stolz diese meine Kenntnisse
Jahre später an Tatjana Metternich ausprobiert
habe, meinte sie, daß nur ein ganz und gar betrun-
kener Kutscher so sprechen könne.

Zu der Schachtsohle, die etwa fünfzig Meter tief
war, gelangte man über neun Holzleitern, von
denen die oberen drei immer vereist und die unte-
ren sechs immer nass waren. Beleuchtet wurde
alles von Grubenlampen. Es war immer nass und
feucht, aber wenigstens einigermaßen warm. Der
Transport von allem, was herein mußte, vor allem
das Holz für die etwa alle zwei Meter von einander gesetzten Stützbalken und die Verschalung

zwischen ihnen, und was heraus mußte, hauptsächlich der Lehm, den man heraushacken mußte,
um an die Kohlenflöze heranzukommen, funktionierte mit einer Metalltrommel, die etwa fünfhundert Liter fasste. Sie hing an einer Stahltrosse, die
über Rollen zu einer beweglichen Spindel führte,
welche von zwei Ponypferden bewegt wurde, die
immer im Kreis laufen mußten. Liefen sie im Uhr-
zeigersinn, dann wurde die Trosse aufgerollt und
die Tonne kam nach oben—und umgekehrt. Die
Pferdchen sollten, wie wir, auch acht Stunden laufen. Aber da sie sicherlich auch schlecht verpflegt
waren, machten sie oft schlapp und dann bewegte
sich gar nichts.

Am Montagmorgen konnte die Frühschicht oft
nicht einsteigen, weil sich zuviel Wasser angesammelt hatte, das erst in stundenlanger Arbeit mit
Hilfe der Tonne herausgeholt werden mußte.

Nach etwa zwei Monaten waren eine Menge von
uns, ich auch, so schwach, daß wir nicht mehr
untertage arbeiten mußten. Stattdessen mußten wir
acht Stunden in eisiger Kälte Kohle, Kohlekrümel
und Staub in Eisenbahnloren verladen oder Schnee
schaufeln. Das war wegen der Kälte fast noch
schlimmer.

Etwas, was ich noch sehr unangenehm in Erinnerung habe, ist Schneeblindheit. Wenn man stundenlang dem grellen Licht der Sonne ausgesetzt ist,
das sich auf den weiten, schneebedeckten Ebenen
widerspiegelt, und keinen Sonnenschutz hat, wird
man fast vollkommen schneeblind und bleibt es
auch, bis man wieder in die Dunkelheit kommt.

Nach etwa vier bis fünf Monaten, es war schon Frühling 1946, kam eine Kommission mit einer Ärztin zur Besichtigung. Wir mußten uns nackt ausziehen, um besichtigt zu werden, weil die Russen zu glauben schienen, daß die Rundung der Po-Backen ein Maßstab für unsere Arbeitsfähigkeit wäre. Ich war nur noch Haut und Knochen und wurde trotz praller Po-Backen zum sogenannten Dystrophiker (einem Ernährungsgestörten) erklärt. Das bedeutete die Zurückverlegung in ein so genanntes Genesungslager. Vorher wurden mir noch die besten Kleidungsstücke weggenommen und durch schlechtere ersetzt, vor allem noch meine recht guten Schnürschuhe, und ich wurde mit Fußlappen und Gummigaloschen auf die Reise geschickt. Die Qual des Bergwerkes war aber vorbei.

In dem so genannten Genesungslager — es war ein Lager wie alle anderen, nur daß man nicht zu arbeiten brauchte — wurde ich schon nach wenigen Tagen mit einer Rippenfellentzündung sehr krank und kam mit hohem Fieber in den Krankensaal. Dort bekam man besseres Essen und unglaublich gutes Weißbrot, sodaß ich zwei Tage lang richtig satt wurde, da die anderen Kranken, die nicht alles essen konnten, mir von ihrer Ration auch noch etwas überließen. Die Ärzte, die ebenfalls Gefangene waren, bemühten sich redlich, hatten aber fast keine Medikamente.

Nach zwei Tagen kam die Krise und ich war tagelang bewusstlos. Der Arzt sagte mir nachher, daß er mich schon aufgegeben hatte. Die guten Schutzengel machten aber wieder einmal Überstunden und als ich wieder zu Bewusstsein kam, war auch das

Fieber gesunken. Nach etwa einer Woche war ich wieder ganz rege und wurde noch zwei Wochen lang aufgepäppelt, bis ich entlassen wurde.

Damit kam aber wieder ein Lagerwechsel, denn nun war ich wirklich arbeitsunfähig und kam in ein provisorisches Genesungslager in Kupjansk, östlich von Charkow in der Ukraine. Das Haus war mal eine Schule gewesen. Zu tun gab es nichts, oder besser gesagt, man durfte nichts tun. Man war ja dort, um gesund zu werden, damit man weiter Wiedergutmachungsarbeit leisten konnte. Und so gab man uns weder etwas zu lesen noch zum Schreiben, denn das würde ja vom Gesundwerden ablenken. Also habe ich in den nächsten Monaten meine Zeit nur mit Schachspielen verbracht. Seitdem kann ich kein Schachbrett mehr sehen.

Bei der Ankunft im Lager mußten wir uns wieder nackt ausziehen, um überprüft zu werden. Vorher gab es die obligatorische Dusche oder besser gesagt, die gleichmäßige Verteilung des Schmutzes am ganzen Körper. Bevor diese ganze Prozedur anfing, passierte etwas Lustiges. Ein Gefangenenarzt, der schon im Lager war, kam herein und wollte wissen, ob jemand noch etwas habe, das er an den Kontrollen vorbeischleusen wollte. Nach kurzer Überlegung gab ich ihm ein silbernes Zigarettenetui, das ich bis dahin durch alle Filzungen gerettet hatte. Bevor wir jedoch weiter sprechen konnten, wurde er mit meinem Etui von den Wachen vertrieben.

Mit diesem Etui hatte es eine besondere Bewandtnis: 1917, im ersten Weltkrieg, wettete mein Vater mit einem Offizier darum, wie lange der Krieg noch dauern würde, und mein Vater meinte, daß er 1917 nicht zu Ende gehen würde. Damit gewann er die Wette und bekam ein Jahr später eben dieses schwere silberne Etui. Auf der einen Seite war in der Handschrift des Gebers eingraviert: „Weil die Schweinerei noch immer nicht aus ist." Daneben 1. März 1918 und der Name des Gebers.

Dieses Etui hatte mir mein Vater ein paar Jahre vor dem Krieg geschenkt und ich schleppte es überall mit mir herum. Als ich zu Weihnachten 1939 nach meiner ersten Verwundung zu Hause war, konnte ich es auf einmal nicht finden. Am Weihnachtsabend war es wieder da, doch auf der anderen Seite war eingraviert: „Weil sie wieder angefangen hat. Weihnachten 1939, Vater".

Einige Tage später ging der Arzt durch den Saal und sprach immer ganz laut vor sich hin: „Die Schweinerei ist noch immer nicht vorbei, die Schweinerei ist noch immer nicht vorbei." So fanden wir wieder zusammen, ich bekam es wieder und wir haben sehr über die Geschichte gelacht.

Wenn man nichts zu tun hat – und Schach spielen kann man nicht immer – dann quatscht man im Gefangenenlager nur über drei Themen: erstens, was besagen die Gerüchte über den nächsten Heimtransport, zweitens, das Essen, Vitamine und Kalorien und drittens, wie gut es einem zu Hause gegangen war. Wenn es gestimmt hätte, was die meisten angeblich zu Hause gegessen hatten, hätten sie alle unförmig dicke Fässer sein müssen. Frauen hingegen, sonst ein beliebtes Thema unter Männern, wurde überhaupt nicht erwähnt.

Erfreulich war auch dieses Lager nicht. Wo immer in der Gefangenschaft Kranke sind – und von denen hatten wir genug – herrscht immer Tuberkulose und bei geschwächtem Körper ist die Ansteckungsgefahr viel größer als normal. Außerdem waren wir völlig verlaust und im Haus wimmelte es von Wanzen. Wir haben die Beine unserer Betten in Wasserbehälter gestellt, damit sie nicht herauf kriechen konnten. Da haben sie sich einfach von der Decke auf die Betten fallen lassen.

Ja, die Betten … ! Es gab viel zu wenige und sie waren auch zu klein und so mußten sich je drei Mann ein Bett teilen. Da das ja nicht möglich war, taten sich sechs Mann mit zwei Betten zusammen. Vier schliefen oder versuchten es. Die anderen beiden spielten bei Kerzenlicht Schach. Nach zwei Stunden wechselte man, zwei standen auf und spielten und die anderen legten sich hin. Nach zwei Stunden der nächste Wechsel. Da die Betten so klein waren, konnte man nicht nebeneinander liegen und einer mußte verkehrt liegen, aber nur am Rand, damit die Füße des anderen hinter dem Kopf lagen. Auf diese Weise konnte jeder ohne Unterbrechung vier Stunden liegen.

Im August 1946, also fünfzehn Monate nach Kriegsende, gab es eine große Aufregung: es wurden Rote-Kreuz-Postkarten verteilt, mit denen man an die Familie schreiben konnte. Nach etwa vier Monaten kam der Antwortabschnitt zurück und so wusste ich schließlich neunzehn Monate nach Kriegsende, daß die Meinen am Leben und – wie verabredet – bei den Löwensteins in Bronnbach an der Tauber waren.

Etwa September 1946 verdichteten sich die Gerüchte über einen Krankentransport und da habe ich versucht, die Russen glauben zu machen, ich hätte offene Tuberkulose. Ein Gefangenarzt hatte mir verraten, wie man das macht. Im Nachhinein besehen wegen der damit verbundenen Ansteckungsgefahr eigentlich ein sehr gefährliches Roulettespiel. Doch es klappte, und zwei Tage später war ich bei den Tuberkulosekranken und wieder zwei Tage später ging auch ein Krankentransport. Wer jedoch zurückblieb, waren die nicht mehr transportfähigen Kranken und ich, weil die Russen plötzlich fanden, daß Offiziere doch noch nicht entlassen werden durften.

Glücklicherweise wurde ich ein paar Tage später geröntgt und dabei wurde entdeckt, daß die Diagnose ein Fehler gewesen sein müsste und ich kam wieder zu den *normalen* Kranken. Bei der Gelegenheit fanden die Russen aber, daß ich mich nun schon genug erholt hätte – wegen meiner prallen Po-Bakken – um wieder arbeiten zu können. Und so ging es zum Ernten auf eine Kolchose. Viel zu ernten gab es nicht, ich kann mich nur an Mais und Zuckerrüben erinnern. Also war die Arbeit nicht schwer und erträglich, wenn es nicht gerade regnete.

Die Unterkunft dagegen war verheerend. Man hatte in einen Abhang einfach einen Tunnel gegraben und in dem hausten wir. Kalt war es nicht, da wir auch ein altes Fass hatten, in dem man Feuer machen konnte. Zum Waschen mußte man an einen Bach gehen. Das Wasser war natürlich kalt, aber es floss wenigstens und war sauber. Sonstiges wurde einfach irgendwo im Freien erledigt, wo das übliche Loch in der Erde war.

Das Essen war noch schlimmer als sonst, aber wir konnten es etwas aufbessern, indem wir Mais und Zuckerrüben klauten und am Feuer rösteten, was einem wenigstens das Gefühl des Sattwerdens gab. Bei den Rüben mußte man allerdings vorsichtig sein, denn der Körper verträgt sie nicht und wenn man zu viele davon isst, muß man sich dauernd übergeben. Nach etwa sechs Wochen war auch dieser Spaß vorbei. Ich war wieder so schwach, daß ich ins Lager zurückgeschickt wurde.

In Kupjansk gab es zwei Lager, und da während der Zeit, die ich auf der Kolchose verbracht hatte, auch vom zweiten Lager ein Transport von Kranken abgegangen war, wurde unser Lager aufgelöst und wir kamen in das andere. Es war ein roter Backsteinbau, der auch eine Schule gewesen war und daher Krasnaja Scola hieß. Dort war ich dann fast ein Jahr.

Gleich am Anfang ist etwas Merkwürdiges passiert: Ich hatte natürlich nie meinen Titel erwähnt, und schon gar nicht vom Titel meines Vaters gesprochen, und trotzdem erzählte uns jetzt jemand vom russischen Personal, daß ein *Knjas*, also ein Fürst, zu ihnen verlegt worden sei. Dies war ja einerseits falsch, andererseits aber richtig gedacht, und niemand wußte, wie das überhaupt heraus gekommen ist.

Das Haus hatte ein Erdgeschoss und zwei Stockwerke. Ich war im ersten Stock, in dem drei Zimmer für die Tuberkuloseverdächtigen und die nicht ansteckenden Kranken war, und ein Zimmer für die offenen Fälle von Tuberkulose. Dann noch ein

Zimmer für die russischen Ärztinnen, eines für die so genannte Krankenschwester, eines für die drei Gefangenenärzte und den Stationsoberwärter und ein Vorratsraum, zu dem nur die so genannte Hausfrau (wir würden sagen: Hausdrachen) Zutritt hatte, und dann noch ein kleines Zimmer, in dem ein Gefangener, der etwas von Uhren verstand, eine Reparaturwerkstatt hatte. Auf den komme ich noch später zu sprechen.

Da die Zimmer nicht groß genug waren, lagen etwa vierzig Mann auf dem Boden im Korridor. In jedem Zimmer war ein Gefangener als Wärter eingesetzt, der sauber machen mußte und Essen austrug und dafür selber etwas mehr Essen bekam. Für den ganzen Stock gab es noch einen Oberwärter, der den ganzen Stock beaufsichtigte. Als ich hinkam, war es ein Ungar und als der versetzt wurde, wurde ich es selber. Die Oberärztin nominierte einen für so einen Posten, aber genehmigen mußte es der NKWD-Offizier, wenn er von Zeit zu Zeit erschien. Dann mußten alle stramm stehen, auch die Russen. Ich kam ganz gut mit ihm aus, er sprach etwas Deutsch und ich quasselte Russisch.

Ich hatte einem Schwerkranken, der entlassen worden war, die Anschrift gegeben, wo meine Eltern waren, und der setzte sich mit ihnen in Verbindung, sodaß sie jetzt wußten, wo ich war. Meine Mutter schrieb einen langen Brief mit allen Neuigkeiten und legte Photos von den Kindern bei, schrieb die Anschrift auf kyrillisch und schickte ihn ab. Der Brief kam nach Berlin, wo sich alle 4 Besatzungsmächte für den Inhalt interessierten. Alle 4 Seiten des Umschlags waren von einem anderen Zensor aufgeschlitzt und mit einer Banderole wieder verschlossen worden.

Nach langem erschien dann bei mir auf einmal der NKWD- Offizier und winkte mit einem Brief „Chabe verbottene Post für Dich". Er wollte alles wissen, von wem der Brief war, wer die Kinder wären und woher meine Mutter wußte, wo ich war. Ich habe ihm alles erzählt und daher war er zufrieden und meinte, daß ich das schlau gemacht hätte. Aber zurück schreiben durfte ich nicht.

Er war ganz gutmütig und nahm seine Aufgabe ernst. Einmal konnte ich ihm die unmöglichen sanitären Verhältnisse vorführen, und schon am nächsten Tag kamen Arbeiter und bauten eine richtige Latrine.

Ja, und dann der Uhrmacher: Wie wir schon wissen, sammelten die russischen Soldaten Uhren und versorgten ihre Familien damit. Da diese meistens nicht an Uhren gewöhnt waren, machten sie viele Uhren schnellstens „kaputt", ein Wort, was die Russen auch verwendeten. Diese Situation machte sich ein Gefangener, der etwas von Uhren verstand, zunutze und eröffnete eine Reparaturwerkstatt mit voller Unterstützung der Russen, die ihm auch das notwendige Werkzeug besorgten. Woher, weiß der Himmel. Er hatte alle Hände voll zu tun und lebte wie eine Made im Speck, weil seine Kunden ihm alle möglichen guten Sachen zum Essen besorgten. Da sein Zimmer auf dem Stockwerk lag, auf dem ich das Kommando hatte, war ich auch für ihn zuständig und spielte manchmal seinen Assistenten.

Wie schon an anderer Stelle erwähnt, herrschte überall, wo Kranke waren, Tuberkulose. Alle mit offener Tuberkulose, etwa 40, lagen in einem Zimmer. Dieses Zummer habe ich in wenigen Monaten aussterben gesehen und es war doch immer wieder voll. Wenn einer im Sterben lag, versuchte man, mit einem Tuch vor Mund und Nase bei ihm zu sitzen, bis es vorbei war. Wenn einer gestorben war, kam die Leiche in ein Leichenzimmer, wo am nächsten Tag eine Obduktion vorgenommen wurde. Die Russen verlangten es, um die Todesursache festzustellen, die man doch sowieso wußte.

Vorgenommen wurde dies von den gefangenen Ärzten in Anwesenheit einer russischen Ärztin und mir als Stockwerkskommandanten. Das Ganze war natürlich etwas makaber, aber man war so abgebrüht, daß es einem nichts ausmachte. Man hatte über Jahre fast täglich den Tod von Menschen erlebt. Für die Ärzte war es natürlich eine gute Schulung an einem wirklichen Kadaver.

Nach etwa 6 Monaten, es muß im Sommer 1947 gewesen sein, gab es eine Aufregung und die Gerüchteküche kochte mit Entlassungerwartungen.

Der Grund, den wir damals natürlich noch nicht kannten, war der Staatsvertrag von Russland und Österreich aus dem Jahre 46, der auch die Entlassung aller österreichischen Gefangenen vorsah. Und etwa im September war es auch so weit: Alle Österreicher wurden in ein Lager nach Charkow verlegt. Dort wurden sie neu registriert, konnten duschen und wurden untersucht.

Bei solchen Untersuchungen gab es immer eine Besonderheit: Der nackte Gefangene mußte die Arme hochheben und wurde auf der Innenseite der Oberarme und auf der Innenseite der Oberschenkel besonders untersucht. Der Grund war die ständige Suche nach SS-Angehörigen. Alle SS-Leute hatten nämlich an einer der genannten Stellen, meistens links, eine Nummer und die Blutgruppe eintätowiert.

Ich hatte während der Zeit in Kupjansk einen Schweißdrüsenabzeß in der linken Achselhöhle bekommen, der aufgeschnitten wurde und eine Narbe hinterließ. Für diese interessierten sich die Russen besonders. Ich kam erst später auf den Zusammenhang, aber der Gedanke, man könne eine Tätowierung mitten in der Achselhöhle vornehmen, war zu absurd. Aber der Schaden war geschehen; als der Transport abging, blieben einige wirkliche SS-Leute und ich zurück, und wir wurden nach ein paar Tagen in ein anderes Lager in Charkow verlegt, das mitten in einer Dreschmaschinen-Fabrik lag und in dem sogenannte *internationale Gefangene* waren.

Bevor wir verlegt werden sollten, mußten wir das alte Lager entwanzen. Das besorgten wir sehr gründlich, indem wir den Viechern mit einem Lötbrenner zuleibe rückten. Wo der herkam, habe ich vergessen.

Das Lager in der Fabrik war wirklich international, mit Gefangenen aus allen Herren Ländern: Japaner, die aus dem fernen Osten verschleppt waren, und auch ein armer Türke. Da die Türkei ja nicht ein kriegsführendes Land war, muß er wohl irgendwo aus Versehen über die Grenze gegangen sein. Die offizielle Sprache war deutsch, aber da die meisten das gar nicht verstanden, wurde nur russisch gequatscht. Der Kommandant war ein baltischer Baron, der natürlich perfekt russisch konnte.

In der Fabrik wurden Dreschmaschinen gebaut, wobei alle Komponenten als Rohmaterial angeliefert wurden, Holz, Stahl, Blech, usw. Alle Gefangenen arbeiteten in der Fabrik. Ich als Kranker aber nur 4 Stunden am Tag. Am Eingang in der großen Haupthalle hingen große Tafeln mit den üblichen glorreichen Sprüchen über die kommunistische Revolution und Aufstellungen über die Produktivität. Dabei war festzustellen, daß angeblich kein Arbeiter weniger als 120 % seiner Soll-Leistung erwirtschaftete, die Fabrik aber nur etwa 65 % ihrer geplanten Produktion herstellen konnte. Die Erklärung für diesen offensichtlichen Widerspruch war schlampige Arbeit und Klauerei. Die russischen Arbeiter stahlen alles, was sie brauchen konnten, und wir halfen ihnen beim Klauen. Klauen zählte geradezu zur Pflicht für alle.

Ich arbeitete z.B. an einer Bohrmaschine. Die Menge meines 4-Stunden-Solls war so festgelegt, daß ich mit Hilfe von Schablonen Löcher in eine bestimmte Anzahl Bleche und Eisenteile bohren mußte. Wenn ich fertig war, holte ich den russischen Leiter meiner Abteilung. Er zählte meine Produktion, und dann mußte ich alles ins Vorratslager tragen.

Auf dem Weg dorthin verschwand etwa 25 %, und so hatte ich an den nächsten Tagen, an denen ich die gleichen Teile weiterbearbeiten mußte, weniger zu tun und konnte quatschen. Manchmal schickte mich auch der Leiter in die Holzabteilung, gab mir einen kleinen Leiterwagen, auf dem ich verschiedene Holzstücke für ihn holte und zurückschleppte. Dafür bekam ich dann etwas zu essen.

Wenn eine Dreschmaschine fertig gebaut war, mußte sie natürlich ausprobiert werden. Das erfolgte mit Hilfe eines Elektromotors. Bevor der angestellt wurde, gingen alle in Deckung, denn manchmal passierte es, daß plötzlich eine Stahlwelle oder ein sonstiges Teil durch die Gegend schwirrte, weil einer vergessen hatte, eine Mutter anzuschrauben oder weil er die richtige Größe nicht finden konnte, eine zu große Niete nahm und sie mit dem Vorschlaghammer passend *vernietete*. Schlechte Qualität und Klauerei sind die Erklärung, warum die Produktion des Werkes nicht mit der Planung bzw. der Leistung der Arbeiter überein stimmte.

Ende November/Anfang Dezember 1947 wurde bekannt, daß wieder ein Österreicher-Transport bevorstand. In Erinnerung an das, was ich mit meiner Narbe 2 Monate zuvor erlebt hatte, meldete ich mich beim NKWD-Offizier, erzählte ihm den Vorgang, zeigte ihm die Narbe und verwies auf meine Personalakte, wo die Operation natürlich registriert war. Er ließ sich diese kommen und schickte mich weg, ohne etwas zu sagen. So wußte ich auch nicht mehr wie vorher. Wenige Tage später wurden am Abend alle Österreicher zusammengerufen. Ein russischer Offizier erschien und begann, Namen vorzulesen. Der Buchstabe K—das russische Alphabet kennt kein C—kommt am Ende des Alphabetes, also hielt die Spannung an.

Als mein Name vorgelesen wurde, kann man sich vorstellen, wie erleichtert ich war. Wir sollten sofort unsere Sachen holen und um 20.00 Uhr am Lagertor stehen. Wir waren etwa 40 Mann. Und jetzt wußten wir, daß es nicht nur eine Verlegung in ein anderes Lager war, denn unsere Personalakten waren nicht mehr dabei und die Namen wurden uns von einem Zettel vorgelesen. Und dann gingen wir, von einem Soldaten begleitet, auf den Güterbahnhof. Er war eiskalt und es lag ziemlich viel Schnee, aber der Bahnhof war gut beleuchtet. Dort standen 3 Güterwagen, einer für den Offizier und den Proviant sowie die drei Soldaten, die alle ohne Waffen herumliefen, und zwei Wagen für uns, die aber völlig leer waren.

Die Russen waren jedoch gut im Improvisieren. Sie holten Sägen, Beile, Hämmer und Nägel und sagten, wir sollten auf dem Gelände ausschwärmen, Holzbretter suchen und klauen. Das taten wir und fanden auch bald einen offenen Wagen mit feinsten geschnittenen Brettern. Gerade, als wir anfingen, abzuladen, kam ein Wächter angestürmt und bat uns freundlich, nicht das Holz zu klauen, das er zu bewachen hatte. Zwei Reihen weiter wäre auch ein Waggon mit Brettern, und der wäre nicht bewacht. Also haben wir dort geklaut. Dann fing ein Sägen und Hämmern an, und bevor der Morgen graute, hatten wir genügend Pritschen, damit jeder liegen konnte und genug Platz hatte, auch wenn das Liegen hart war.

Noch nicht geklärt war aber das Heizen. Jeder Wächter, der etwas zu bewachen hatte, hatte auch eine kleine Bude mit Ofen. Wenn es nichts zu bewachen gab, war die Bude natürlich leer. Da haben wir auf russische Art solche Buden gesucht und die Öfen geklaut. Als Brennholz wurden einfach noch mehr Bretter zersägt und gespalten. Außerdem mußte natürlich für gewisse Zwecke ein Loch in den Boden gesägt werden.

Als es Tag wurde, war alles fertig. Wir saßen oder lagen in unserem warmen Wagen und warteten auf die Dinge, die da kommen sollten. Wie lange, habe ich vergessen, aber irgendwann erschien dann eine Lokomotive und schleppte uns weg.

Von der Reise in diesem Waggon ist nichts zu erzählen und ich weiß auch nicht mehr, wieviele Tage sie gedauert hat. Wir standen oft stundenlang auf Bahnhöfen herum. Einmal standen wir durch Zufall neben einem Waggon, der neue Eisenbahnschwellen geladen hatte. Geübt, wie wir waren, haben wir wieder einige geklaut und zersägt. Jetzt hatten wir allerbestes Brennholz, aber sehr schmutzige Hände, weil sie mit einer teerartigen Flüßigkeit angestrichen waren.

Schließlich kamen wir um den 15.12.1947 herum in dem letzten Lager an, das ich erleben mußte. Ich glaube, daß es in Kischineff war. Dort war die russische Breitspur zu Ende. In diesem Lager wurden alle Österreicher von überall aus Russland gesammelt. Große Tafeln und Vorträge von Russen sollten uns erneut daran erinnern, daß wir eigentlich ganz schlechte Menschen wären und es nur der

Großzügigkeit des russischen Volkes und natürlich den glorreichen Kommunisten zu verdanken wäre, daß wir nach Hause dürften. Uns war das alles völlig egal, denn jetzt hatten wir die berechtigte Hoffnung, entlassen zu werden.

In Kischineff übernahmen uns schon die Österreicher und schickten dazu aus Wien Züge mit Personenwagen und österreichischem Personal einschließlich Krankenschwestern. Wir bekamen Decken usw. und besser zu essen, und konnten im Zug herumlaufen, und konnten uns auch waschen. Ganz kurz vor Weihnachten ging dann unser Zug los, es war, glaube ich, der 46. oder 47. österreichische Heimkehrerzug.

Etwas von dieser Fahrt, das mir sehr lebendig in Erinnerung geblieben ist, zeigt die geistige Verfassung, in der man sich nach so langer Gefangenschaft befindet. Auch wenn wir schon in einem österreichischen Zug fuhren und von österreichischem Rot-Kreuz-Personal betreut wurden, waren wir nach wie vor in von Russen besetztem Gebiet und die Angst vor russischer Willkür und die Erkenntniss eigener Hilflosigkeit ließen einen nicht los und führten zu den wildesten Gedanken, daß noch etwas passieren könnte und die Russen einen wieder verschleppen könnten. Bei mir wirkte sich das so aus, daß ich plötzlich Angst bekam, die Russen könnten uns noch einmal kontrollieren und feststellen, daß ich zwar Österreicher sein wollte, aber alle meine Post usw. aus Deutschland gekommen war. Dann könnten sie sagen, daß ich kein Österreicher bin und mich wieder zurückschicken. Also habe ich alles, was ich hatte, Briefe, Photos, Adressen, usw. im Ofen verbrannt.

Am 23. Dezember 1947 abends kam der Zug in Wien an und wir wurden vom Innenminister mit einer wohlgemeinten Rede überstrudelt. Es war alles sehr gut organisiert. In einer großen Halle war für jedes österreichische Bundesland ein Schalter, an dem sich die Angekommenen melden mußten, je nachdem, wo sie hin gehörten oder hin wollten. Jeder bekam einen Fahrschein für den Zug zu seinem Zielbahnhof, einen Beutel mit Wasch- und Rasiersachen, usw., ein Entlassungszertifikat und 50 Schilling Entlassungsgeld. Die Namen wurden an den Rundfunk telefonisch weitergegeben und nach 2 Stunden wußte das ganze Land, wer angekommen war. Am nächsten Tag standen dann die Angehörigen schon am Ziel-Bahnhof, an dem der Zug ankam.

Für mich bestand wieder das Dilemma und die Angst im Nacken, wo gehe ich hin, ohne daß die Russen erfahren, daß ich gar kein Österreicher bin. Nach einer Weile stellte ich fest, daß es noch andere Pseudo-Österreicher in dem Transport gegeben hatte. Einer von Ihnen, der mehr Schneid als ich hatte, hat sich erkundigt, und die Lösung war ganz einfach. Offensichtlich sind eine Menge Sudetendeutsche auf diese Weise entlassen worden. Wir gingen alle zum Salzburger Schalter, bekamen dasselbe wie die anderen, aber ohne Entlassungsgeld und Entlassungsschein, und die Namen wurden nicht im Rundfunk genannt.

Am nächsten Morgen, dem 24.12.1947, ging dann ein Zug nach Linz. Vor Linz überqueren die Schienen die Donau und dort endete das russische Besatzungsgebiet. Wir mußten aussteigen, unsere Papiere wurden geprüft, der leere Zug nach blinden Passagieren durchsucht und dann ging es über die Donau. Als ich auf der anderen Seite die ersten amerikanischen Soldaten sah, wußte ich endlich mit Sicherheit, daß ich die Russen los war.

In Linz endete unser Zug, denn wir waren jetzt nur noch so wenige, daß ein Waggon reichte. Und der mußte an einen anderen Zug angehängt werden. Also standen wir auf dem Bahnsteig und warteten. Schließlich kam ein Express von Wien nach Paris, in dem aber hauptsächlich Ausländer saßen. Diese sahen unser armseliges Häufchen und wollten wissen, wer wir waren. Als sie hörten, daß wir entlassene Kriegsgefangene waren, wurden wir mit Zigaretten, Schokolade und allen möglichen anderen Süßigkeiten überschüttet.

Angehängt an den Express ging es dann in Eile nach Salzburg. Dort mußten wir Nicht-Österreicher in der Wirtschaft des Bahnhofes auf einen Zug an die deutsche Grenze bei Freilassing warten. Wir bekamen genug zu essen, aber sonst war es langweilig.

Da habe ich versucht, mit den Salzburger Clary's Verbindung aufzunehmen, hatte aber kein Geld dafür. Ich ging zum Leiter des Bahnhof-Restaurants und sagte ihm, daß ich ein Ortsgespräch machen wollte, aber nicht dafür bezahlen könnte. Da wollte er wissen, wen ich anrufen wollte. Um Eindruck zu machen, sagte ich: „Meinen Onkel, den Baron

Meyr-Mellnhof in Glanegg". Er war höchst überrascht, stellte aber gleich die Verbindung her.

Es war ja Heiliger Abend, und die Familie war
bei der Bescherung für Kinder und Enkel. Tante
Marianne nahm den Anruf entgegen. Wieviele Kinder und Enkel anwesend waren, weiß ich nicht,
aber die, die da waren, machten im Hintergrund
gerade ein Riesengeschrei.

Als ich ihr meinen Namen sagte, wollte sie, daß ich
sofort zu ihnen kommen sollte, um mitzufeiern. Das
ging natürlich nicht, aber sie wußte auch, wie man
die Clary's erreicht, und in Bälde kam mein lieber
Vetter Mundi (Edmund Graf Clary und Aldringen,
1918 – 1996) und verbrachte den ganzen Abend mit
mir.

Um 23.00 Uhr nachts ging dann ein Zug bis Freilassing, wo es ein Entlassungslager gab. Da bekam
ich 50 RM Entlassungsgeld, noch mehr Zahnpa-
sta usw., eine Fahrkarte nach München und eine
weitere Fahrkarte, in die man seinen Zielbahnhof
in Deutschland, ganz gleich, wo der war, eintra-
gen mußte. Das war für mich Wertheim am Main.
So war ich am 25.12. 1947 morgens in München.
Schnellzüge gab es damals noch nicht sehr viele,
und ich mußte bis abends warten, bevor es einen
nach Würzburg gab. Ich saß beim Roten Kreuz,
konnte duschen und bekam überreichlich zu essen.

Es ist bezeichnend für die Verfassung, in der ich
gewesen sein muß, daß ich nicht versuchte, Verwandte zu finden und bei denen zu warten oder
schon Verbindung mit der Familie aufzunehmen,

aber ich hatte mir vorgenommen, zu versuchen, plötzlich in Bronnbach unangemeldet vor der Haustür zu stehen.

Wie lange die Fahrt nach Würzburg dauerte, habe ich vergessen. Der Zug war zum Bersten voll, aber ich hatte einen Sitzplatz und mußte die ganze Fahrt den Mit-Reisenden von der Gefangenschaft erzählen. Um etwa 4.00 Uhr morgens waren wir in Würzburg und dort gab es nach einer Weile auch einen Zug nach Wertheim. Um etwa 6.00 oder 7.00 Uhr war ich dort auf einem dunklen Bahnhof am 26.12. und war mit meinem Latein am Ende. Einen Zug in's Taubertal nach Bronnbach, nur wenige km entfernt, gab es nicht, und ein Omnibus fuhr damals am 2. Weihnachtsfeiertag natürlich auch nicht.

Es wurde mir geraten, zu einer nahen Molkerei zu gehen, weil die Milchlastwagen auch am Feiertag die frühe Milch abholen mußten. Die Menschen waren alle freundlich und hilfsbereit. Es war noch ganz dunkel, als ich einen Mann, vor seinem Haus stehend, nach dem Weg fragte. Er erklärte ihn mir und brachte mir noch einen Topf heißen Kaffee und ein Stück Weihnachtsstollen. Auf dem weiteren Weg begegnete mir ein Pferdefuhrwerk mit einem Pferd und einem Kutscher, der zu Fuß ging. Als er hörte, daß ich zur Molkerei wollte, sagte er, daß ich mich auf sein Fahrzeug setzen sollte, weil er ganz in der Nähe vorbei gehen würde.

Es war etwa 8.00 Uhr morgens, die Kirchenglocken läuteten und die Menschen gingen in die Kirche, auch viele mit Kindern. Einige von diesen Kindern hatten so eine Familien-Ähnlichkeit mit den

Löwensteins, daß ich abstieg und sie ansprach. Die armen Kinder waren zu Tode erschrocken, aber ich hatte recht, es waren Kinder von Resy Ballestrem (Therese Gräfin Ballestrem, geb. Prinzessin zu Löwenstein, 1909 – 2000). Sie schleppten mich zu ihrer Mutter, wo es eine Riesenbegrüßung gab, noch mehr—jetzt besseren—Kaffee, und noch mehr Stollen. Nach einer Weile rief Resy in Bronnbach an, wo alle Löwensteins, aber auch meine Familie, in der Kapelle waren. Die Messe zelebrierte P. Felix Löwenstein SJ und Johannes Löwenstein war der Ministrant. Der Hausherr Karl (Fürst) Löwenstein (1904 – 1990) wurde herausgerufen, um informiert zu werden. Als er in die Kirche zurückkam, sagte er ganz laut: „Alle Clary's, herhören ! Der Marcus ist in Wertheim". Der Rest der Andacht war dahin.

Eine halbe Stunde später war das Auto in Wertheim und holte mich nach Bronnbach, wo alles aufgereiht auf mich wartete: Paula, meine Eltern und meine Schwester, Onkel Alois, Karl, Carolina und 7 Kinder, Lioba aber noch in der Wiege. Und dann meine Kinder, Ronnie mit 3 3/4 Jahren, den ich nur einmal gesehen hatte, als er 4 Monate alt war, und Resy mit 2 3/4 Jahren, von der ich nur ein Photo kannte.

Die Odysee war zu Ende !

Etwas von dem, was ich von 1948-1983 angestellt habe

Nach einigen Monaten des Faulenzens drängte sich 1948 die Frage auf, womit ich in der Zukunft die Welt beglücken könnte. Witzbolde haben sich schon seit Ewigkeiten über die Arbeit lustig gemacht, wie zum Beispiel damit, daß Beschäftigung ja ganz schön sei, man müsse nur aufpassen, daß sie nicht in Arbeit ausarte. Oder: „Die Arbeit muß man hoch halten, möglichst so hoch, daß man nicht heran kommt." Und weil aller guten Dinge drei sind: Auf einer Bank im Park sitzen zwei Pensionäre, als eine reizende junge Frau vorbeigeht. Da seufzt der eine: „Fünfundzwanzig müsste man noch einmal sein." Bemerkt der andere: „Bist du eigentlich völlig verrückt ? Eine halbe Stunde Vergnügen und dann noch einmal dreißig Jahre arbeiten ?"

Dünn, aber frei.

155

Meine Bilanz war nicht sehr rosig: Ich war neunundzwanzig, hatte Abitur, aber von 1939 bis 1947 nichts gelernt, was sich beruflich verwenden ließ. Das Geld war auch knapp, auch wenn wir keine Not litten. Also kam studieren nicht in Frage, verheiratet war ich ja auch.

In der gähnenden Leere der Möglichkeiten gab es nur einen kleinen Lichtblick: Meine guten Kenntnisse der englischen Sprache in Wort und Schrift. Also wurde beschlossen, daß ich die amerikanische Militärregierung als Dolmetscher beglücken sollte. Dann könne man ja weiter nach Möglichkeiten suchen. Verbindungen zur Besatzungsmacht gab es genügend und so erschien ich im Juni 1948 in Leonberg bei Stuttgart, um bei der Dienststelle für den dortigen Landkreis Leonberg meine Übersetzungsarbeit zu beginnen.

Der Kreisgouverneur war ein Artilleriehauptmann, William B. Henry, aus Tacoma im Staate Washington. Sonst gab es nur Sekretärinnen, die alle Deutsche waren, aber Englisch können mußten, und einen Fahrer für den Gouverneur und zur Betreuung der drei Dienstwagen. Da William B. Henry froh war, jemanden gefunden zu haben, der die täglichen Aufgaben eines Dienststellenleiters wahrnehmen konnte, führte er eine sofortige Erweiterung meines Aufgabenbereiches ein.

Es ist schwierig, sich in die Situation damals zurückzuversetzen. Mein größtes Problem war, in der damals herrschenden, unbeschreiblichen Wohnungsnot ein möbliertes Zimmer zu finden. Die Lösung war ein glücklicher Zufall. Zur Unterbrin-

gung der Militärregierungs-Dienststelle war nämlich das erhalten gebliebene Haus der Leonberger
Kreissparkasse requiriert worden. Als ich hinkam,
war eine Hälfte des Hauses wieder Sparkasse
geworden und in der anderen Hälfte hausten wir,
die Militärregierung. Im ersten Stock gab es zwei
Wohnungen, also eine davon im Teil der Militärregierung, sie hatte drei Zimmer, Küche und Bad.
Genutzt wurden nur ein Zimmer als Esszimmer
und die Küche, in der ein dienstbarer Geist die
Lebensmittel, die die amerikanische Verwaltung
zur Verfügung stellte, in ein Mittagessen für die
Angestellten verwandelte.

Der Gouverneur schlug vor, daß ich mir kein Zimmer suchen, sondern zunächst in diese Wohnung
einziehen sollte. Dann wäre ich ja auch in der Nacht
erreichbar und es wäre immer jemand im Haus.
Ein Junggeselle hätte diese Wohnung eine ideale
sturmfreie Bude genannt. Das Telefon konnte ich
so umbauen, daß es in der Nacht auch oben funktionierte. Der dienstbare Geist, der auch das Büro
putzte, machte mir Frühstück und spielte Dienstmädchen, und so lebte ich wie die Made im Speck —
und das auch noch umsonst.

Es gab natürlich auch ernsthafte Versuche, ein Haus
zu finden, damit Paula und die Kinder mit mir
zusammen sein konnten. Einmal fand ich ein kleines Haus in Leonberg, es gehörte einem Geschäftsmann, Herrn Bammesberger, und war von der Militärregierung beschlagnahmt. Dieses Haus hätte ich
haben können. Da ich aber keinesfalls als Deutscher
in einem Haus leben wollte, das von der Militärregierung beschlagnahmt war, ging ich zu Herrn

Bammesberger und sagte ihm, ich könnte sein Haus frei bekommen aus der Requiration, aber nur unter der Bedingung, daß er es an mich vermietet. Er wollte nicht und so blieb es beschlagnahmt.

Ende 1949 war unsere Ehe leider sowieso schon so zerrüttet, daß wir beide ab dann keine Versuche mehr machten, zusammen zu ziehen. So blieb ich bis Anfang 1952 in der Wohnung der Sparkasse, Grabenstraße 20. Die Adresse ist heute immer noch die Sparkasse, allerdings in einem neuen Gebäude, und ich habe bei ihr seit damals ein Konto.

Den Tagesablauf einer solchen Militärregierung zu beschreiben, wäre langweilig. Die Militärregierung per se war sehr benevolent. Die Einwohner waren froh, von Amerikanern besetzt zu sein und nicht von einer der anderen drei Mächte. Bei den Engländern und Franzosen war doch mehr Ressentiment zu spüren, von den Russen ganz zu schweigen.

Amerikaner haben die Tendenz, alles Fremde, mit dem sie in Verbindung kommen, reformieren zu müssen. Es war nach ihrer Auffassung eine dringende Aufgabe, die bösen Deutschen zu reformieren, aus Militaristen Zivilisten zu machen und so weiter. Daß dabei sehr viel über einen Kamm geschoren wurde, ist verständlich, führte aber auf lange Sicht nicht immer zu den gewünschten Ergebnissen.

Wie wir wissen, wollen Deutsche immer Perfektionisten sein. Erst die besten Militaristen, dann die besten Nationalsozialisten, dann unter den Russen die besten Kommunisten und unter den Amerikanern eben die besten Pazifisten. Diese Betrachtung mag etwas übertrieben sein, entbehrt aber nicht eines wahren Kerns. Ich habe in meinem Leben öfters Amerikanern erklärt, sie hätten nach 1945 die Deutschen zu den Pazifisten gemacht, über die sie sich heute wundern oder ärgern.

Eine der Anordnungen, die damals die Demokratisierung der Bevölkerung unterstützen sollte, war die Abhaltung von Bürgerversammlungen in den 27 Gemeinden des Landkreises. Da nur eine pro Woche abgehalten wurde, kam jede Gemeinde nur zweimal im Jahr dran. Immer am Freitagabend in einem möglichst großen Gasthaus erschienen der Gouverneur, der Landrat und der Bürgermeister, um den Einwohnern Gelegenheit zu geben, ihre Sorgen und Nöte los zu werden oder nur ein paar Fragen zu stellen. Der Gedanke an sich war gar nicht schlecht, aber da die großen Sorgen der Bevölkerung Probleme betrafen, für die es keine schnellen Lösungen gab, kam dabei selten etwas heraus, außer daß die Bevölkerung Luft ablassen konnte und dann doch genauso unzufrieden nach Hause ging. Der Einzige, der dies gerne sah, war der Wirt, denn er verkaufte eine Menge Bier.

Eines der schlimmsten Probleme der damaligen Zeit war die Wohnungsnot. Die meisten Menschen in Deutschland, die heute darüber klagen, haben überhaupt keine Ahnung, was so eine richtige Wohnungsnot eigentlich ist. Der Krieg hatte ja nicht nur in den Städten, sondern zum Teil auch in den kleinen Orten auf dem Lande schwere Schäden angerichtet. Hinzu kamen Millionen von Flüchtlingen aus dem deutschen Osten und dem Sudetenland, die untergebracht werden sollten.

Bei diesem Thema kamen zuerst die deutschen Behörden, Landrat und so weiter, unter Druck. Aber der Gouverneur bekam auch sein Fett weg, denn schließlich hatten es ja die Alliierten zugelassen, daß diese Millionen aus ihren Heimatländern vertrieben wurden.

So war auch die Frage, warum die Alliierten es zugelassen hatten, daß diese Menschen vertrieben worden waren, immer eine der ersten. Emsige Schlauköpfe in den USA hatten, zur Unterstützung ihrer meist ahnungslosen Vertreter vor Ort, ein dickes Buch zusammengestellt, in dem hunderte von hypothetischen Fragen beantwortet wurden. Leider waren die gedruckten Antworten zum größten Teil so idiotisch, daß sie nutzlos waren. Der Gouverneur konnte das natürlich nicht wissen. Wenn ich ihn auf solchen Blödsinn aufmerksam machte, einigten wir uns, daß er den Blödsinn auf Englisch sagen sollte und ich einfach falsch übersetzen und etwas anderes sagen würde. So mogelten wir uns ganz gut durch.

Ein Thema, was in ländlichen Gemeinden immer wieder zur Sprache kam, waren Gewehre. Die Besatzungsmächte hatten zunächst alles konfisziert und waren der Ansicht, daß den Deutschen auch nach vier Jahren immer noch nicht zuzutrauen wäre, mit Waffen umzugehen. In Württemberg gab es damals Wildschweine—und wegen des Mangels an Jägern viel zu viele. Lebensmittel gab es damals aber auch noch nicht im Überfluss, die Lebensmittelmarken waren noch nicht abgeschafft, und so war es ein großer Verlust, wenn die Sauen Kartoffeläcker und Getreidefelder umpflügten und der Bauer sich nicht wehren konnte. Die US-Soldaten, die Waffen hatten, gingen gern tagsüber Rehe schießen, aber in der Nacht im Wald herumzukriechen und Wildschweine zu suchen, war ihnen viel zu mühsam. So gab es nur wenige Förster, die Gewehre haben durften. Die Lösung wäre es gewesen, weitere Gewehre an ausgewählte Jäger auszugeben, aber das lag leider nicht in der Macht eines Landkreis - Gouverneurs.

Natürlich gab es auch Ereignisse, die nicht einer gewissen Komik entbehrten. 1948 feierte Leonberg sein sechshundertjähriges Jubiläum als Stadt und da gab es was zu feiern, was damals selten war. Ein Festakt im Ratshaus mit großen Reden vom Ministerpräsidenten aus Stuttgart, vom Landrat und Bürgermeister und allen anderen, die sich als befugt betrachteten und vorbereitet hatten. Der Gouverneur genehmigte alles und sollte natürlich auch eine Ansprache halten. Er war an alldem nicht sehr interessiert, wie sollte der Arme auch, bei einem Ereignis, dessen Anfang mehr als hundert Jahre vor der Entdeckung Amerikas gelegen hatte.

Ich schrieb also auf Deutsch eine kurze Ansprache, die versuchte, der gegebenen Situation gerecht zu werden, und übersetzte sie ins Englische. Am Festtag hatte der Gouverneur Schnupfen und keine Stimme. Ich habe nie herausgefunden, wie er das fertig gebracht hat. Also erschien ich beim Festakt im Rathaus und verlas seine Ansprache auf Deutsch, angeblich eine Übersetzung dessen, was er geschrieben habe, aber in Wirklichkeit das, was ich zuerst auf Deutsch verfasst hatte. Ich hatte eine gewisse Genugtuung, daß die Anwesenden

überrascht waren, daß der amerikanische Militärgouverneur so viel von Leonberg und Umgebung
gelernt hatte.

Bekanntlich ist das Leben voll von Kompromissen
und so mußte es bei der Militärregierung solche
auch geben. Vor dem Haus wehte natürlich die
amerikanische Flagge. Diese darf nicht über Nacht
hängen, also mußte sie morgens gehisst und abends
heruntergeholt werden, und zwar von zwei Personen, weil sie auf eine besondere Art gefaltet werden muß, so daß ein Dreieck entsteht. Es ist aber
eine strenge Vorschrift, daß die US-Flagge nur von
US-Staatsbürgern gehandhabt werden darf. Was
macht man aber, wenn es nur einen Amerikaner am
Ort gibt und der auch keine Lust dazu hat?

Dann ist die Vorschrift einfach nicht durchführbar.
Man macht also einen Kompromiss. So war es und
das Procedere wurde mir übergeben. Ich faltete
die Fahne viereckig und ohne Brimborium, nachts
über war sie im Büro, aber am Tag flatterte sie wie
vorgesehen.

Die Dienststelle hatte drei Dienstwagen mit
Armeekennzeichen, und um diese fahren zu dürfen, mußte man einen speziellen amerikanischen
Führerschein haben. Ich hatte ja gar keinen mehr,
wollte diesen aber machen und fiel bei der schrift-
lichen Prüfung prompt durch. Woher sollte ich
auch die amerikanische Verkehrsordnung kennen?
Eine Abhilfe wurde leicht gefunden: Ein deutscher
Prüfer nahm mir die deutsche Prüfung ab und ich
bekam einen nur für Deutschland gültigen US-
Zusatzführerschein. Damals ahnte noch niemand,

daß ich einmal 100.000-ende von Meilen auf amerikanischen Straßen zurücklegen würde.

Das Reisen damals war schwierig: Die drei Westmächte hatten sich überlegt, daß es nicht ging, daß die Deutschen von einer Zone in die andere fuhren, ohne einen Ausweis zu haben. Also mußte ein Interzonenpass her. Er bestand aus drei Abschnitten, einen für den Inhaber, einen für die Zone die verlassen, und einen für die Zone, die besucht wurde.

Zuerst war er nur für eine Reise gültig. Als man aber sah, welche Papiergebirge bewegt werden mußten, wurde es geändert und er war für einen Monat und mehrere Reisen gültig. Beantragt wurde er beim Landratsamt und auch dort ausgestellt, aber unterschreiben mußte ihn der Militärgouverneur. Jeder Pass drei Unterschriften.

Bevor ich erschien, hatte der Gouverneur dies wirklich selber erledigt, aber nach meiner Ankunft fand er einen besseren Weg. Es ist in Amerika beim Militär und auch bei Behörden, gang und gebe, Vorgänge von einem Vertreter unterschreiben zu lassen. Der Vertreter schreibt aber nicht seinen Namen mit *i.V.* oder *i.A.*, sondern den Namen dessen, den er vertritt, und setzt neben die Unterschrift sein Kürzel. Diese Aufgabe landete auch bei mir und ich habe viele hunderte, wenn nicht tausende Male, den Namen William B. Henry und den seines Nachfolgers George W. Bartels geschrieben.

Amerikanische Dienststellen waren samstags eigentlich geschlossen, aber die deutschen—es ist heute kaum zu glauben—arbeiteten alle und so mußte auch die Militärregierung von acht bis zwölf zugänglich sein. Immer wieder war auch ich dran, Stellung zu halten. Einmal bei dieser Gelegenheit brachte mir der Postbote auch einen Brief an einen Herrn Friedrich Graf. Als ich darauf aufmerksam machte, daß der Brief nicht für uns wäre, meinte er in seinem breiten schwäbischen Dialekt: „I weiß scho, aber d' Adress stimmt net, ond Sie sen doch au e Graf, ond da han ich mer denkt, vielleicht kenne Sie den."

Die Amerikaner hatten wohl schon während dem Krieg begonnen, die Namen von Kriegsverbrechern aller Art und aus allen Ländern zu erfassen und in einem großen dicken Buch zu veröffentlichen. Jede Dienststelle hatte eines davon, das bei uns natürlich im Tresor verschlossen war, zu dem ich aber auch die Kombination haben mußte. An einem Samstag, als ich Dienst hatte, holte ich es heraus, um aus reiner Neugierde darin zu blättern und fand zu meinem Erstaunen den Namen meines Vaters aufgeführt. Die Tschechen hatten doch tatsächlich einen Auslieferungsantrag ausgestellt. Unter der Rubrik der angeblichen Vergehen stand nur „verschiedene Verbrechen". Die Amerikaner dachten jedoch nicht daran, ihn auszuliefern.

Im Herbst 1949 ging die amerikanische Verwaltung vom Militär auf die deutschen Behörden über, aus der Militärregierung wurde eine Hohe Kommission und die Kreisgouverneure trugen keine Uniform mehr und waren Zivilisten. Captain William B. Henry ging nach Amerika zurück und sein Nachfolger, der natürlich auch Offizier gewesen war, hieß George W. Bartels. Er war deutscher Abstammung und sprach relativ gut deutsch. Seine Frau, auch Amerikanerin, war noch in Bruchsal geboren und sprach astreines Badisch. Sie hatten eine kleine Tochter, die von den Hausangestellten auch deren Sprache lernte, und da sprach sie dann astreines Schwäbisch. Es war manchmal wirklich lustig, ihr zuzuhören.

Am Ablauf der Amtsereignisse änderte sich zunächst nichts, abgesehen davon, daß das Dolmetschen anfing, eine sehr untergeordnete Rolle zu spielen, ich aber genug anderes zu tun hatte. Mit der Familie Bartels bin ich befreundet gewesen und lange geblieben, gesehen haben wir uns nach 1980 nur noch selten. Sie ist schon vor Jahren gestorben und beim Schreiben dieser Zeilen lebte er in hohem Alter und die Tochter ist wohl schon Großmutter. Die Familie Bartels war aber sehr viel mehr als ihre Vorgänger an allen Ereignissen in ihrem Amtsbereich interessiert.

Die Amerikaner—ich meine jetzt die Menschen, nicht die Regierungen—gehören mit zu den freigiebigsten Menschen dieser Welt. Ein Vorgang im Kreis Leonberg unterstreicht das: Kurz vor Kriegsende hatte es noch einmal einen Bombenangriff auf Stuttgart gegeben, vermutlich, um die letzten Reste der Daimler- und Bosch-Fabriken zu zerstören. Durch eine sehr intensive Flakabwehr wurden die Flugzeuge aber abgedrängt. Wie üblich, warfen sie dann ihre Bombenlast einfach irgendwo ab, ohne zu wissen, wo sie hinfielen, denn mit der Bombenlast wären sie nicht wieder nach England oder Frankreich zurückgekommen.

In diesem Fall zerstörten sie ein kleines Dorf namens Heimsheim im Kreis Leonberg fast vollständig. Die Familie Bartels begann nun im Besatzungsgebiet und in den USA eine Wiederaufbauaktion, die so erfolgreich war, daß Heimsheim fast vollständig wieder hergestellt werden konnte und die Bartels natürlich Ehrenbürger wurden.

Sehr erfolgreich für alle Beteiligten war auch ein Filmprogramm. Jede Dienststelle hatte ein Heimfilmvorführgerät und bekam pro Woche zwei der neuesten amerikanischen Filme. Wir taten uns mit den Dienststellen in Ludwigsburg und Pforzheim zusammen, um diese auszutauschen, und so hatte jede der Dienststellen pro Woche sechs neue Filme.

Etwas, was damals vor und auch nach der Währungsreform ein Problem war, war der Schwarzmarkthandel, besonders mit Zigaretten. Diese waren fast so etwas wie eine zweite Währung. Der Bedarf war da, die Verdienstmarge lukrativ, die Beschaffung leicht und also die Versuchung groß. Ja, ich habe es auch gemacht, das wie und was und wo und wann habe ich allerdings geflissentlich vergessen.

Ein Privatleben hatte ich natürlich auch, aber es gibt da in der Anfangszeit mangels Bewegungsfreiheit wenig zu erzählen. Meine Verköstigung war einfach: Frühstück und Mittagessen wurden vom dienstbaren Geist in der Dienststelle produziert und zum Abendessen ging ich einfach in ein Gasthaus, von denen es mehr als genug gab, und zwar nach Eltingen, das war der Nachbarort von Leonberg.

Damals waren noch Felder zwischen den beiden Orten, jetzt sind sie völlig miteinander verwachsen.

Leonberg war Stadt, Eltingen dagegen Dorf. Diese Trennung wurde strikt beachtet, führte aber natürlich auch zu witzigen Bemerkungen. Zwischen den beiden Orten war eine Erhebung, Engelberg genannt. Es wurde erzählt, daß ein Mann aus Leonberg und einer aus Eltingen den Engelberg herunter gingen, als ihnen ihre Frauen entgegenkamen. Daraufhin bemerkte der aus der Stadt zu dem aus dem Dorf: „Du, da kommt meine Frau mit deinem Weib!"

In Eltingen gab es drei Brüder Eiss. Der eine hatte eine Wirtschaft mit Metzgerei, der zweite eine Wirtschaft ohne Metzgerei, dies war die bessere, und der dritte die Mercedesvertretung und andere Auto-Vertretungen, und wenige Jahre später ein feines Hotel. Ich ging zu Herrn Eiss Nummer Zwei und schlug ihm vor, jeden Abend, den ich freihätte, zum Essen zu kommen. Ich wollte eine heiße Suppe und ein warmes Gericht, doch er solle bestimmen, was ich zu essen bekäme. Er solle einen Pauschalpreis pro Mahlzeit festlegen, den ich einmal im Monat begleichen würde, Nachtisch und Getränke würde ich getrennt bezahlen. Meine Lebensmittelmarken wollte er gar nicht haben und als Pauschalpreis pro Mahlzeit bezahlte ich neunzig Pfennig. Wenn bloß die Inflation nicht wäre.

Bei anderen Sachen gab es ähnliche Preise. Unter den vielen sudetendeutschen Flüchtlingen waren natürlich auch Handwerker, Schneider und Schuster. Wenn ich einem solchen Schneider — selbst nach der Währungsreform—einen Stoff brachte, machte er daraus eine Jacke für 45 DM (ca. € 23) und einen zweiteiligen Anzug für 80 DM (ca. € 41). Der Schuster bekam ein Bild von Schuhen, die mir gefielen, aus einem amerikanischen Katalog und machte mir dann so ein Paar für 37 DM (ca. € 19).

Wenn ich am Samstag frei hatte und für das Wochenende irgendwohin, sagen wir nach Eltville zu meinen Verwandten Eltz oder Johannisberg im Rheingau zu den Metternichs fahren wollte, konnte ich von Stuttgart nach Frankfurt oder sonstwohin fahren, mußte aber erst mit Zug oder Bus nach Stuttgart. Schneller war es meistens, auf dem Hinweg auf der Autobahn als Anhalter zu fahren. Und zur Autobahn konnte ich mich von der Polizei fahren lassen.

Mit der Zeit habe ich mich dann doch auch motorisiert. Ich kannte in Leonberg einen Mann, der ein altes Motorrad hatte, und dann noch einen, der einen alten Opel P 4 besaß. Die habe ich mir oft ausgeborgt und bin damit in ganz Süddeutschland herumgesaust oder eigentlich eher geschlichen, denn beide Fahrzeuge waren eigentlich Schrott, aber sie fuhren noch. Eine Drei-Tage-Zulassung war kein Problem, weil der Besitzer des Opels auf der Zulassungsstelle arbeitete. Benzin, das für den Normalverbraucher nur auf Marken zu haben war, bekam ich von meinem Gouverneur, so viel ich wollte.

Allerdings mußte man erfinderisch sein. Not macht ja bekanntlich dazu. Das Motorrad hatte nämlich einen kleinen Riss im Getriebeblock, also durfte man kein Motorenöl verwenden, sondern Staufferfett, ein Schmier- und Dichtungsfett der amerikanischen Fa. Stauffer. Das schmiert auch, aber wird bei der Erwärmung nicht so schnell flüssig. Außerdem mußte man wissen, wie man die Kette wieder aufzieht. Sie hatte die Eigenschaft, mindestens einmal am Tag abzuspringen.

Der alte Opel hatte auch seine Tücken und ebenfalls einen Riss im Motorblock. Also wurde anstatt Motorenöl das viel dickere Hinterachsenöl verwendet und nachgefüllt. Die Batterie war auch kaputt und so mußte man ihn ankurbeln. Wenn es eine abschüssige Straße gab, stellte man ihn dort hin, damit man am nächsten Morgen durch Herunterrollen starten konnte.

Einmal hatte ich plötzlich in Johannisberg beim Anfahren den Schalthebel in der Hand. Die Reparatur war um Mitternacht und im Smoking lästig, aber sie gelang. 1951 gelang dann mit Hilfe der Eltern und einer Schmucktransaktion der Kauf des ersten eigenen Autos, eines VW-Käfers, natürlich vom dritten Bruder Eiss in Eltingen, der auch die VW-Vertretung hatte. Dann war ich endlich wirklich mobil und nichts und niemand in Süddeutschland war vor meinem plötzlichen Erscheinen sicher.

Da die Militärregierung nur eine Zwischenstation sein konnte, begannen vielleicht schon 1950 Gedanken aufzukommen, wie mein Leben weitergehen sollte. Eine Zeitlang spielte ich mit dem Gedanken, Diplomat zu werden. Einmal fuhr ich nach Bonn, wo mein alter Freund Hasso von Etzdorf mir die Türen ins Auswärtige Amt öffnete. Das Ergebnis der Besprechungen war allerdings ernüchternd, aber unmissverständlich. Ich war a) mit 32 Jahren zu alt für die Grundausbildung, b) ohne abgeschlossene Hochschulbildung und c) ein Graf, was damals überhaupt nicht gefragt war. Das mit dem Grafen hat sich dann zwar sehr schnell geändert, aber die untere Beamtenkarriere wäre damals trotzdem das einzig Mögliche gewesen, das ich hätte erreichen können.

Ich fuhr in den Jahren um 1951 aber oft auch nach München, um das Wochenende bei Peter (Freiherr v.) Forstner (1903 – 1988) und seiner Frau Lexi (Elisalex, geb. Gräfin Clary und Aldringen, 1916 – 1987) in der Mauerkircherstraße zu verbringen. Einmal war es dort immer riesig gemütlich und zum anderen konnte ich mit den beiden über meine Berufszukunft reden. Man mußte allerdings höllisch auf ihre Hunde aufpassen: Jahrelang hatten sie riesige Schnauzer, von denen einer wie der andere aussah. Einmal, als ich abends durch den Garten zum Haus ging, bellte einer mich an. Ich dachte, daß es eine alte Bekannte war, die Assi hieß und sagte ihr, sie solle das Theater sein lassen, worauf der Hund von hinten angeschlichen kam und mich in den Oberschenkel zwickte. Als ich mich bei Peter beschwerte, lachte der und sagte: „Natürlich hat der dich gebissen, er ist ja nicht die Assi, sondern ein neuer, der Lumpi heißt. Ich bin aber gut versichert und du bekommst einen neuen Anzug."

Im Badezimmer kam die Hose runter, ein paar Blutstropfen waren zu sehen, aber das Luder hatte so geschickt gebissen, daß in der Hose kein Loch war. Später hatten sie dann Berner Sennenhunde, die waren freundlich und begrüßten einen immer, indem sie an einem hoch sprangen und mit ihren dicken Pfoten alle Kleider schmutzig machten.

Irgendwann in dieser Zeit kam die Idee auf, daß ich die Automobilindustrie mit meiner Arbeit beglükken sollte. Zuerst haben Peter und ich einen Plan mit Opel ausgeheckt. Ich sollte bei Opel eintreten und von dort zu General Motors USA zum Lernen geschickt werden. Nach der Lehrzeit sollte ich als General Motors Angestellter für eine Aufgabe in Europa eingesetzt werden.

Bei Opel gab es damals im Vorstand einen Amerikaner, Mr. Lind. Peter besprach den Plan mit ihm und er war Feuer und Flamme dafür. Kurz hinterher wurde er krank — allerdings nicht bei dem Gedanken, daß ich bei General Motors tatsächlich eintreten könnte — und mußte nach Amerika zurück. Sein Nachfolger, Gott habe ihn selig, hielt überhaupt nichts von dem Plan und so wurde dieser, der wahrscheinlich sowieso eine Schnapsidee war, wieder zu Grabe getragen.

Wir saßen also wieder zusammen und fragten: „Was jetzt ?" Darauf sagte Peter: „Es gibt zwei Personen, denen ich schreiben kann. Professor Nordhoff (1899 – 1968), dem obersten Chef von Volkswagen" — ganz nebenbei hatte er eine reizende Tochter, Barbara, die ich viele Jahre später in New York gekannt habe — „oder Direktor Hermann Fahr von Mercedes."
Die Wahl war nicht schwer. Vater hatte nach 1929 nur noch Mercedes-Autos gekauft und so waren mir die Firma und ihre Produkte schon recht gut bekannt, nicht zuletzt durch ihre so erfolgreichen

Rennwagen der dreißiger Jahre. Der Brief wurde geschrieben und ich wurde zur Vorstellung in die Zentrale eingeladen, bei der es dann ziemlich schnell ging.

An Einzelheiten ist vielleicht erwähnenswert, daß ein graphologisches Gutachten eingeholt wurde,

Was jetzt?

weil man glaubte, aus ihm erkennen zu können, ob ich Verkaufstalent hätte. Meine erste Schriftprobe bekam ich prompt zurück, weil sie mit dem Kugelschreiber, nicht aber mit der Feder geschrieben war. Sehr positiv war die Beurteilung angesichts meiner Schrift aber auch danach nicht.

Aber die Bemerkungen von Direktor Fahr über die Tätigkeit in einer Automobilfabrik waren lehrreich. Es hat natürlich auch nicht geschadet, einen hohen Direktor als Gönner zu haben.

Zur Sache meinte er, ich könne in der Firma nur über den Verkauf etwas werden, die Verwaltung wäre langweilig, man würde viele Hosen durchsitzen und könnte von Glück reden, wenn man vor der Pensionierung noch Prokurist würde. Im Verkauf tätig zu sein, erfordere aber Verkaufstalent und das hat ein Mensch — oder er hat es nicht. Lernen kann man es nicht, aber wenn es vorhanden ist, kann man es durch Schulung und so weiter verbessern und ausweiten.

Wie sich später herausstellte, war es da.

Und so wurde ich eingestellt mit einem Vertrag zur Anlernung als Nachwuchsverkäufer. Zuerst für drei Monate Probezeit, Anfangsgehalt 220 DM (ca. € 113). Damit begann am 1. Februar 1952 bei der Niederlassung Stuttgart eine Tätigkeit, die nach mannigfaltigen Aufgaben auf drei Kontinenten 31 Jahre später, am 31. Dezember 1983, in Amerika endete.

Das ganze Vertriebssystem war damals noch sehr im Aufbau. Die Geschäfts- und Verkaufsleitung für Personenwagen waren in der Stadt, im ersten Stock in einem Bürohaus, in dem ebenerdig Mercedes-Schuhe verkauft wurden, während alles übrige, Wagenauslieferung, Werkstatt, Lastwagenverkaufsleitung, Gebrauchtwagenverkauf und so weiter am anderen Ende der Stadt, in Fellbach untergebracht waren.

Es gab zwei Direktoren. Der eine hatte die Gesamtleitung und sprach so astreines Schwäbisch, das es einen umhaute; der andere war weltgewandter, er war vor dem Krieg Leiter der Niederlassung in London gewesen. Letzterer betreute die Großkunden, wie städtische Verkehrsbetriebe, Bosch, Brauereien und so weiter. Weil ich gerade bei den Brauereien bin: Von denen gab es in Stuttgart zwei, Wulle und Dinkelacker, über die sich Spaßvögel mit folgendem Spruch lustig machten:
„Trink'schte Wulle-Bier, verreist's der 'n Ranze schier, und säuf'schte Dinkelacker, kommscht glei' auf de Gottesacker."

Um das ABC des Betriebes kennen zu lernen, wurde ich einen Monat lang durch alle Abteilungen gejagt, auch in die Zentrale. Einmal mußte ich einen Korrespondenten vertreten und Kundenbriefe aller Art beantworten. Am Abend gab ich dem Verkaufsleiter eine dicke Mappe mit Briefen zur Unterschrift und sonnte mich in dem Gedanken, was ich schon alles vollbracht hätte. Der nächste Morgen war sehr ernüchternd. Ich bekam alle Briefe ununterschrieben und voll von Randbemerkungen zurück und mußte beim Verkaufsleiter antanzen, der mir freundlich erklärte, warum man einen Brief nicht so formuliert, wie ich es getan hatte. Ich mußte also alles ändern, die arme Sekretärin mußte alles neu schreiben, aber am nächsten Morgen war dann alles unterschrieben.

Ein Verkäufer mußte immer in der Zentrale sitzen für den Fall, daß jemand anrief oder ankam, um irgendwelche Informationen zu bekommen. Wir nannten das Stalldienst.

Die Tagesproduktion der Firma waren damals etwa 180 Personenwagen und für alle Fahrzeuge gab es schon einen Kaufvertrag. Manchmal wurde ein Fahrzeug aus irgendwelchen Gründen nicht ausgeliefert und hieß dann Lagerwagen. Einmal, als ich Stalldienst hatte, kam ein Herr herein, der gerade nach Stuttgart umgezogen war, und erkundigte sich nach den Lieferzeiten für die Fahrzeuge. Ich wusste, daß wir einen Lagerwagen hatten, witterte Morgenluft und quasselte los. Ob er es tat, um mich los zu werden, weiß ich nicht, aber er unterschrieb den Kaufvertrag und siehe da, ich hatte mein erstes Auto verkauft, was von der Geschäftsleitung schon fast als eine Sensation betrachtet wurde, schließlich war ich doch noch ein Neuling.

Mein Probe-Vertrag wurde durch einen festen Vertrag ersetzt, mit 300 Mark (ca. € 154) Gehalt im Monat und Provisionsberechtigung. Mit der Zeit bin ich dann auch zur Gebrauchtwagenabteilung gekommen, und weil dort ein zweiter Mann gesucht wurde, blieb ich dort bis Sommer 1954. Dort habe ich mehr über die guten und schlechten Seiten des Automobilgeschäftes gelernt als in allen anderen Abteilungen zusammen.

Gebrauchtwagenhändler und -verkäufer sind die Pferdehändler von heute und das mit Recht. Von Ausnahmen abgesehen, zu denen ich mich zählte, sind sie alle Spitzbuben und werden auch als solche behandelt, besonders untereinander. Wenn man sich jedoch den Ruf erworben hatte, quasi ein weißer Rabe zu sein und den Zustand eines Autos ehrlich zu beschreiben, konnte man mit anderen Händlern die besten Geschäfte am Telefon machen.

Mir ist dies gelungen und ich hatte in der ganzen Bundesrepublik Händler, die bei mir am Telefon kauften, ohne das Auto gesehen zu haben. Einer war in Hamburg. Dieser verhökerte dann die Autos nach Norwegen, worauf die dortige Generalvertretung sich in Untertürkheim beschwerte.

Aber man traf schon die verrücktesten Typen. Einer war aus Pforzheim und kaufte nur wirklich alte Schinken zwischen 1.000 und 1.500 DM (ca. € 512 bis € 769). Auf seinen Schecks schrieb er das Wort tausend noch mit d am Anfang.

Am Samstag wurde damals noch bis Mittag gearbeitet. Da ich immer am Wochenende irgendwo hinfuhr, kam ich am Samstag schon besser angezogen zur Arbeit. Damals war für junge Herren die große Mode, Cordsamthosen zu tragen. Dazu ein Jackett aus Harris-Tweed, alles von meinem guten Schneider in Leonberg. Dazu, wenn es kalt war, einen original englischen Marine-Dufflecoat. Ich kam mir sehr fein vor, eine Ansicht, die nicht von allen anderen geteilt wurde.

Eines Tages mußte ich wegen irgendwas zum Verkaufsleiter für Lastwagen gehen und der, ein stämmiger Bayer, verwickelte mich in ein Gespräch, wie es mir denn in der Firma gefiele, meine Einkünfte und so weiter. Ich wusste gar nicht, was er wollte, bis er mit der Sprache herausrückte und bemerkte, natürlich in astreinem Bayerisch, daß ich doch sehr gut verdienen würde und da könnte ich mir doch ein Paar anständige Hosen kaufen und bräuchte nicht dauernd in den Zimmermannshosen herumlaufen.

Weil gerade vom Verdienen die Rede war, einige Erinnerungen zum damaligen Systems der Vergütung in einer Firma. Alle Verkäufer hatten ein festes Einkommen von 300 DM (ca. € 153,80) im Monat und der Rest des Verdienstes kam durch Provisionen für getätigte Verkäufe zusammmen.

Neuwagenverkäufer bekamen 1 % des Verkaufspreises, auch für so genannte Vorführwagen, das waren Fahrzeuge, die zwar zugelassen waren, aber nur innerhalb der Firma selber gebraucht worden waren.

Jedem Neuwagenverkäufer war ein Gebiet zugeordnet, das er zu bearbeiten hatte und in dem kein

Kollege verkaufen durfte. Außerdem durften die Neuwagenverkäufer keine Gebrauchtwagen verkaufen, und umgekehrt durften die Gebrauchtwagenverkäufer keine Neuwagen verkaufen, wohl aber Vorführwagen, für die sie auch die 1 % Provision bekamen, sonst war die Provision bei einem Verkaufspreis unter 5.000 DM (ca. € 2.564) 50 DM (ca. € 25,60) und bei den Wagen über 5.000 DM ebenfalls 1 %.

Damals verdiente der Verkaufsleiter einer Niederlassung je nach deren Größe 1.600-1.800 DM (ca. € 820-923) im Monat, aber keine Provision. Also sagte man, dann darf ein Verkäufer auch nicht viel mehr verdienen und das Maximum wurde auf 1.500 DM (ca. € 769) im Monat oder 18.000 DM (ca. 9.230) im Jahr festgesetzt. Wenn man diese Provisionssumme einmal erreicht hatte, bekam man von den nächsten 1.000 DM Provision nur 900 DM (ca. € 461,50), dann nur 800 DM (ca. € 410) und so weiter, bestenfalls also 4.500 DM (ca. € 2.308) zusätzlich, also maximal 22.500 DM (ca. € 11.538) im Jahr. Auf die 18.000 DM pro Jahr bin ich all die Jahre bis 1954 mit größter Leichtigkeit gekommen.

Einen Gebietsschutz gab es bei Gebrauchtwagen natürlich nicht, ganz Deutschland war frei, aber auch das Ausland, wenn der Käufer nach Stuttgart kam. Dieser fehlende Gebietsschutz führte zwangläufig zu Reibereien, wenn zwei Verkäufer da waren, so wie es in Stuttgart der Fall war. Daher schlug ich der Direktion vor, daß alle beiden Provisionen in einen Topf geworfen werden sollten, der dann zwischen beiden Verkäufern entsprechend geteilt wurde. Der Direktion gefiel die Idee und der

Vorschlag wurde eingeführt. Wir beiden Verkäufer sollten unter uns entscheiden, wie der Topf geteilt werden sollte. Über einer Tasse Kaffee und einem Stück Kuchen sind wir bald einig geworden und von da an bekam jeder 50 %, ganz gleich, wer den Verkauf abgeschlossen hatte, und es gab nie wieder Reibereien.

Das Kaffeehaus, in dem wir uns einig wurden, hieß Café Mettenleiter und war im Zentrum Stuttgarts und das Kaffeehaus der Automobilverkäufer. Wenn die Neuwagenverkäufer die Gardinenpredigt des Verkaufsleiters am Morgen hinter sich hatten und auf die armen Kunden losgelassen wurden, gingen sie erstmal zum Mettenleiter, um sich bei einem guten Frühstück zu stärken. Einmal, als sie alle da waren, ging die Tür auf und ein Vorstandsmitglied und ein Direktor der Zentrale in Untertürkheim kamen herein, die wollten auch mal Eier im Glas essen. Alle Verkäufer verschwanden blitzartig.

Am Nachmittag oder gegen Abend waren dann die Gebrauchtwagenhändler dran. Man tauschte Informationen aus, wer sucht was für ein Auto, und so weiter. Außerdem ist das Verkaufen von Autos bei Kaffee und Kuchen viel angenehmer als in tristen Büros. Witze wurden natürlich auch gemacht.

Ein Witzbold kam einmal herein und sagte zu dem alten Kellner: „Herr Renk, bitte, ein Glas Wasser, die Stuttgarter Zeitung und das Beschwerdebuch."
Darauf Herr Renk: „Das ist voll."
„Na, dann schicken Sie den Wirt her"
„Der ist auch voll !"
Beide hatten übersehen, daß der Besitzers des

Cafés, Herr Mettenleiter, am anderen Ende der Theke stand und alles mithörte. Es folgte ein Riesengelächter in der ganzen Kneipe.

Wie beschrieben, kam ich 1951, damals noch bei der Militärregierung, zu meinem ersten eigenen Auto, einem VW-Käfer. Etwa 1953 dann kam ein Freund von mir, Franz (Graf) Kesselstatt (1926) auf die Idee, bei der Rallye Monte Carlo mitzufahren. Ich sollte sein Beifahrer sein. Zu diesem Zwecke ließ er in seinen Porsche einen neuen 1.500-er Super-Motor einbauen. Dieser neue Motor mußte aber eingefahren werden und zwar mehrere tausend Kilometer. Das wurde mir übertragen, weil ich ganz in der Nähe der Porsche-Zentrale Zuffenhausen bei Stuttgart saß. Und auf einmal flitzte ich in einem tollen Porsche überall herum. Das erweckte natürlich das Gelüst, selber auch einen zu besitzen und nach langem Überlegen kam eine etwas ungewöhnliche Finanzkonstruktion zusammen.

Ein gebrauchter Porsche war durch meine Beziehungen schnell gefunden. Mein VW wurde in Zahlung gegeben, der Motor des Porsches wurde an einen anderen meiner Freunde, Günther (Graf) Hardenberg (1918 – 1985), der Besitzer von VW-Händlerbetrieben war, verkauft. Dieser baute zum Vergnügen Porsche-Motoren in normale VW-Käfer ein, die dann plötzlich 160 km/h fuhren, womit man andere Fahrer überraschen oder ärgern konnte. In meinen Porsche kam dann der alte Motor vom Franzi Kesselstadt hinein, den ich nicht gleich bezahlen mußte. Wo der Rest des Geldes herkam, habe ich vergessen. Und sieh da, ich hatte meinen Porsche. Allerdings zum Ärger meines Direktors, der meinte, wenn ich einen Porsche bezahlen könne, könnte ich auch einen alten Mercedes fahren.

Aus der Rallyeidee wurde für mich allerdings nichts, denn wenigstens einer der Teilnehmer pro Auto mußte eine Rennfahrerlizenz haben. Weder Franzi Kesselstadt noch ich verfügten über eine solche. Also wurde ich gegen einen weiteren Freund, Wittiko (Graf) Einsiedel (1919 – 1980) ausgebootet, der eine Lizenz besaß. Doch auch so wurde nichts draus, denn Wittiko wickelte den schönen Porsche schon vorher um einen Baum.

1954 stellte Mercedes den legendären 300 SL vor, den so genannten Flügeltürenwagen. Eine ganze Reihe meiner Freunde, die bis dahin Porschefahrer waren, hatten vor, sich einen solchen Wagen zu kaufen. Ich schloß mit ihnen Kaufverträge ab, was ich eigentlich nicht durfte, und mit diebischer Freude legte ich diese dann mit größter Genugtuung meinem Direktor vor, eben genau jenem, der mich wegen meines Porsches so kritisiert hatte.

Um etwa dieselbe Zeit kam ich aber auch zu meinem ersten Mercedes. Der Typ 180 war erschienen und bei vorsichtiger Finanzierung war er auch für mich erschwinglich. Ab dann bin ich damit durch die Gegend gesaust.

Im Sommer 1954 kam der nächste Schritt in meinem Werdegang: Ich wurde an die Exportabteilung ausgeborgt, wo ich ja eigentlich immer hin wollte, und bei der ich dann auch blieb. Lustig war mein Gespräch über die Umstellung von einem Verkäufer mit Provision auf einen Angestellten mit festem Gehalt. Auf die Frage, was ich mir vorstellte, sagte ich dem Sachbearbeiter, daß ich in den vergangenen mehr als zwei Jahren immer mindestens 1.500

DM im Monat verdient hätte und daher mindestens soviel erwarte. Er schluckte, aber ich bekam tatsächlich ein relativ hohes Anfangsfixgehalt.

Mein erster Einsatz war in Kanada, im Juli/August 1954 bei einer Autoausstellung. Nicht, weil ich soviel von Autoausstellungen verstand, das war null, sondern nur wegen meiner guten Englischkenntnisse. Das Ganze war sehr instruktiv und lehrreich. Die Geschichte von einem skurrilen Kanadier, der durch die ganze Welt reiste, um den Typ 300 S zu sehen, um dann einen bei mir in Toronto zu kaufen, werde ich noch in einem anderen Kapitel erzählen.

Nach meiner Rückkehr wurde ich gefragt, ob ich bereit wäre, für drei Jahre nach Indien zu gehen. Ein deutscher Ex-General, Herr Carl F. Giese, hatte mit dem indischen Großindustriellen Tata einen Vertrag geschlossen, der die Errichtung eines indischen Produktionswerkes für Mercedes-LKW vorsah, und war deshalb der Direktor für Indien und die USA geworden, somit auch mein zukünftiger Chef. Dieser Schritt war für mich natürlich schwerwiegend, er bedeutete berufliches Vorankommen, aber eine lange Trennung von den Kindern, denn von einem Mitnehmen der Familie war nicht die Rede.

Meine Familienverhältnisse waren damals desolat, Paula und ich sahen uns nicht und sprachen auch nur durch Dritte miteinander. Und so habe ich zugestimmt, nicht zuletzt, weil dadurch auch eine Begründung vorlag, warum die Kinder den Vater so selten sahen.

Das Vorstandsmitglied für den Export wollte mich eigentlich in Bombay haben, als eine Art Verbindungsmann zu der Zentrale von Tata, die dort angesiedelt war. Diese Idee wurde aber sofort von dem Direktor der im Aufbau befindlichen Fabrik bei Kalkutta torpediert; dieser wollte Alleinherrscher sein und befürchtete unnötigerweise einen Nebenbuhler in der Zentrale.

Auf dem Wege nach Indien sollte ich in Karachi, Pakistan, Zwischenstation machen. Die Beziehungen mit dem eingesetzten Vertreter waren alles andere als gut und Stuttgart hatte schon Verbindung zu einer anderen Organisation aufgenommen, um eventuell einen Wechsel vorzunehmen. Ich sollte mich über den echten Zustand informieren und so bin ich im Januar 1955 abgereist.

Ich ließ den pakistanischen Vertreter wissen, daß ich käme, ohne einen Zeitpunkt zu nennen, denn ich wollte mich erst in Karachi umhören, bevor ich mit ihm zusammen traf. Ich machte Besuche in der Botschaft und führte Gespräche mit deutschen Geschäftsleuten und einigen pakistanischen Kunden, deren Namen ich bekommen hatte. Und so konnte ich mir schnell ein Bild machen und dieses war, daß die Lage eigentlich hoffnungslos war und ein Wechsel unbedingt vorgenommen werden mußte.

Allerdings wurde mir auch klar, daß die Firma, die man als Nachfolger gewählt hatte, wieder die falsche war. Es war eine sehr gute, solide Firma, die in Ostpakistan — das ist das heutige Bangladesh — ihren Hauptsitz hatte, und dort hauptsächlich mit

Tee und Jute handelte. In Karachi war eine Filiale, die auch noch Baumwolle vertrieb. An technischen Einrichtungen und so weiter, was für einen Auto-Importeur wichtig war, gab es jedoch nichts.

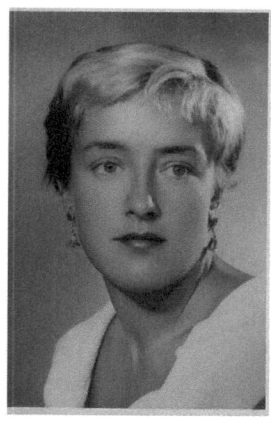

Gisela, als ich sie kennen lernte.

Stuttgart dachte aber, daß die Tatsache, daß ein Bruder des Firmenchefs Minister war, gute Beziehungen mit sich bringen würde. Dieser Glaube war allerdings illusorisch. Minister kommen und gehen, und bald nach meiner Ankunft war es auch hierbei nicht anders. Außerdem lernte ich schnell, daß die Korruption im Lande sowieso flächendeckend war.

Bevor ich jetzt fortfahre, muß ich eine Begebenheit erzählen, die für mich von ganz besonderer Bedeutung war: Der zweite Mann in der Wirtschaftsabteilung der Botschaft, Herr Knips, lud mich zu einem Empfang ein, um einen norwegischen Geschäftsmann, unter anderem auch Konsul seines Landes, kennen zu lernen, weil selbiger ein Auto kaufen wollte, was er auch getan hat. Bei diesem Empfang haben Gisela und ich uns kennen gelernt. Wir beide konnten an diesem Abend nicht ahnen, daß diesem Zufall 46 gemeinsame Jahre folgen würden.

In dem Vertrag mit der Firma Tata hatte Herr Giese dieser Firma die Mercedes-Vertretungsrechte für Indien, Pakistan, Ceylon und Burma zugestanden und damit einfach alle vorgegebenen politischen Realitäten missachtet, was ich natürlich erst nach meiner Ankunft herausbekommen konnte. Sobald ich das erkannt hatte, warnte ich die Zentrale in Stuttgart vor den Konsequenzen.

Trotz meiner Warnungen nach Stuttgart kam jedoch der Oberdirektor der Fabrik in Indien angereist, um dem ausgesuchten neuen pakistanischen Vertreter einen Unter-Vertrag der Firma Tata in Indien anzubieten. Die Antwort, die er bekam, war, wie erwartet, eindeutig: „Wenn Sie glauben, daß Sie in Pakistan eine Firma finden werden, die einen Vertretungsvertrag für Mercedes von Tata in Indien annimmt, haben Sie keine Ahnung von den gegebenen politischen Realitäten."

Große Konsternation überall. Was ich dazu sagen konnte, war, daß ich schon seit Wochen in Stuttgart dasselbe vorausgesagt hatte. Damals gab es noch kein Telefon oder Telex zwischen Pakistan und Deutschland, eilige Angelegenheiten mußten also per Telegram übermittelt werden. Es wurde also ein langes solches verfasst, wissend, daß die Antworten erst am Tag dannach würden vorliegen können.

Während also der Indien-Direktor und ich auf die Antwort warteten, kam von ihm die Frage, ob ich bereit wäre, meine Bestimmung für Indien aufzugeben und dafür in Pakistan Ordnung zu machen. Ich habe ihm gleich zugesagt. Der Gedanke, eine wirkliche Aufgabe zu haben und mein eigener Herr zu sein, war einfach bestechend. Und so kam es auch. Der Vertrag mit Tata wurde mit deren Zustimmung geändert, auch für Ceylon und Burma. Ich wurde direkter Stuttgarter Delegierter für Pakistan, allerdings mit einem Berg von Problemen.

Meine Warnungen über die neue pakistanische Vertretung halfen nicht, der Vertrag wurde geschlossen und ich saß neben dieser Firma als Ein-Mann-Betrieb da. Ich hatte allerdings für technische Fragen einen deutschen Werkstattleiter an der Hand und einen aus Goa stammenden Inder, der in Stuttgart gelernt hatte und gut Deutsch sprach.

Pakistan hatte damals einen akuten Devisenmangel, so daß geschäftlich wenig zu machen war, außer einigen Autos für Diplomaten, dazu kamen einige kleinere Militäraufträge. Das einzige, was einigermaßen funktionierte, war der Verkauf von Omnibusfahrgestellen an die staatlichen Transportgesellschaften. Es gab drei Anbieter, von denen die englische Firma Leeland es erreicht hatte, immer die Hälfte der Aufträge zu bekommen und die anderen beiden, Mercedes und Bedford, je ein Viertel. Mit Hilfe der Transportgesellschaften, die mehr Mercedes haben wollten, gelang es bald, die Quoten abzuschaffen und den Gesellschaften zu überlassen, was sie haben wollten, nicht zuletzt, weil das auch die Ersatzteilversorgung vereinfachte.

Die Fahrgestelle kamen zerlegt an und mußten im Land montiert werden. Da wir keine eigene Werkstatt hatten, mußte die Montage an eine andere Firma vergeben werden, die dafür natürlich auch den Montageverdienst bekam. Daß das mühsam und unwirtschaftlich war, liegt auf der Hand. Aber es mußte gehen und es ging auch. So konnte ich in meinem ersten, sehr mühsamen Jahr den Gesamtumsatz für Pakistan verzehnfachen. Die Gesamtsumme war zwar immer noch nicht sehr bedeutend, aber der richtige Weg war zumindest vorgezeichnet.

Anfang 1956 sahen endlich alle ein, daß wir den falschen Partner hatten. Ich tat mich mit dem Sohn des Firmenchefs zusammen und wir überzeugten seinen Vater, uns in Freundschaft zu trennen. Der neue Generalvertreter wurde die Firma, die ich genommen hätte, wenn ich 1955 die Wahl gehabt hätte, und sie ist es heute noch. Es dauerte natürlich noch eine Zeit, bis diese Firma eingearbeitet war, aber der Weg war jetzt richtig und der Umsatz stieg. Damit war eigentlich 1957 meine Aufgabe erfüllt.

Direktor Giese, der ja auch für die USA zuständig war, wollte mich jetzt dorthin haben, aber das wollte ich nicht, weil ich von großen Differenzen in den Auffassungen wusste und auch, daß die Anti-Giese-Fraktion in Stuttgart mich auch für sich in den USA haben wollte.

Bevor wir – Gisela, die inzwischen von ihrem ersten Mann, Karl-Gerhard Seeliger (1920 – 1973), geschieden worden war, und ich – Anfang 1958 dann doch nach den USA übersiedeln, noch ein Erlebnis aus Ceylon: Im August 1957 kam ein besonders eiliger Auftrag aus Stuttgart. Die Regierung von Ceylon wollte Busfahrgestelle kaufen und der dortige Generalvertreter war dieser Aufgabe nicht gewachsen. Also ab nach Ceylon. Das Ergebnis war zufriedenstellend: 170 Fahrgestelle. Interessanterweise war eine der Bedingungen, daß diese aus Deutsch-

Auf dem Balkon unserer Wohnung in New York.

land kommen müßten, nicht aus Indien.

Zwei Begebenheiten dieser Tätigkeit sind mir in Erinnerung geblieben: Bei den Abschlussverhandlungen war ich einmal mit dem Chef der ceylonesischen Transportorganisation alleine und er versuchte, noch ein Preiszugeständnis von mir zu bekommen. Ich konnte das anbieten und wir waren uns bald einig. Dieses Einverständnis wurde mit einem Handschlag besiegelt. Dazu meinte er, daß sein Handschlag so gut wäre wie ein schriftlicher Vertrag, es würde sowieso Wochen dauern, bis wir den bekommen würden. Und es stimmte. Wahrhaft ein königlicher Kaufmann. Heute gibt es so etwas sicher nicht mehr. In Stuttgart wurde ich natürlich ausgelacht, nur mein Chef glaubte mir und er hatte Recht:

Bei den Verhandlungen wurde nämlich auch über eine Finanzierung der Aufträge gesprochen. Eine solche war möglich, verteuerte aber das Geschäft für Ceylon. Außerdem wurde damals viel über eine mögliche Aufwertung der D-Mark gesprochen. Bei einer Finanzierung hätte Ceylon deshalb auch ein Währungsrisiko gehabt und siehe da, einige Wochen später, lange vor der ersten Lieferung und auch bevor der schriftliche Vertrag überhaupt angekommen war, überwies Ceylon den gesamten Kaufpreis von mehreren Millionen DM an die Bank von Daimler-Benz in Stuttgart. Da lachte dann mein Chef, und die, die so kritisiert hatten, machten ein dummes Gesicht.

Die USA waren dann die letzte, aber auch längste Station meines Berufslebens, von 1958 bis 1983. 1957 war von Herrn Giese, dem Präsident der amerikanischen Tochtergesellschaft Daimler Benz of North America, kurz DBNA genannt, ein allumfassender Vertrag ausgehandelt worden, der die Vertretungsrechte in Amerika neu regelte. Dieser war in Stuttgart sehr umstritten und dies, wie sich bald herausstellen sollte, mit Recht.

Die Situation in USA war seit Jahren schwierig, weil die Zentrale in Stuttgart und alle anderen Beteiligten sich zwischen zwei grundsätzlich verschiedenen Konzepten für den Auftritt der Daimler-Benz AG, DBAG genannt, in USA zu entscheiden hatten, die beide Vorteile und Nachteile mit sich brachten, sodaß es auch Befürworter und Gegner beider Konzepte gab. Es ging im Kern darum, ob man eine eigene Vertriebsorganisation auf dem Gebiet der USA aufbauen wollte, mit Personal und Gebäuden, mit Filialen, Austellungsräumen und Wartungseinrichtungen, und das alles mußte dann auch noch alleine finanziert werden; oder man tat das, was die DBAG überall sonst auf der Welt, auch in Europa, bisher immer getan hatte: mit einem bestehenden lokalen Importeur zusammenzuarbeiten.

Für die riesigen USA war dafür natürlich ein Partner nötig, der auch über ein Händlernetz verfügte, da Mercedes-Benz-Autos damals dort so gut wie unbekannt waren und deshalb auch keine Nachfrage bestand. Herr Giese hatte die Studebaker Inc. als unseren Partner bestimmt, die groß und weitverbreitet war, auch immer schon mit Autos zu tun hatte, allerdings selbst gerade erst eine Fusion zweier völlig verschiedener Händlergruppen hinter sich und auch noch andere Probleme hatte, die erst nach Vertragsabschluß offenkundig wurden.

Schon im Frühjahr 1958 wurde festgestellt, daß die dem Vertrag zu Grunde liegenden Vorraussetzungen einfach nicht stimmten. Und damit war der Karren festgefahren. Die Anti-Giese-Seite in Stuttgart hatte plötzlich die Oberhand. Giese wurde fristlos entlassen und eine neue Geschäftsleitung eingesetzt. Dazu gehörte auch Heinz C. Hoppe (1917 – 1998), der diese Aufgabe lange wahrnahm, bis er in den Vorstand nach Stuttgart berufen wurde.

Außerdem wurden sechs Herren in die USA geschickt, um die Verbesserung der Händlerorganisation voranzutreiben. Sechs Herren für einen ganzen Kontinent. Und so bin ich 1958 als einer von ihnen in die USA gekommen. Zunächst für sechs Monate, aber im Oktober 1958 bin ich dann schon in die Zentrale in New York übernommen worden.

Und damit fing ein völlig neues Kapitel meiner Tätigkeit an. In den folgenden Jahren habe ich eine Reihe von Aufgaben bekommen, die oft gar nicht zusammen passten, so ungefähr wie „Da ist noch das und das zu erledigen, der Clary hat immer noch etwas Zeit, der kann das machen." Das veranlasste Spaßmacher, Schilder für mich anfertigen zu lassen, das eine lautete: „Nicht verzagen, Clary fragen!" und das andere: „In dieser Abteilung wird das Unmögliche sofort erledigt. Die Wunder brauchen etwas länger."

Die Zusammenarbeit mit unserem Partner auf der vereinbarten Basis war nicht leicht. Es gab Schwierigkeiten ohne Ende, die immer wieder mit Zwischenlösungen behoben werden mußten. Auch gab es zwischen Stuttgart und New York immer wieder ganz weit auseinander liegende Vorstellungen über die Stückzahlen, die zu verkaufen wären, wenn sie denn produziert würden.

Es war deshalb eigentlich schon ersichtlich, daß der berühmte Vertrag von keiner langen Dauer sein würde. Er wurde schon 1959, also nach zwei Jahren völlig geändert und 1964 aufgelöst. Dann wurde die Mercedes-Benz of North America, MBNA, mit allen erforderlichen Aufgaben betraut und damit dann doch das konzerneigene Konzept eingeführt.

Meine erste Aufgabe 1958 war es, eine Abteilung aufzubauen, die unter den veränderten Umständen alle Verkaufsbelange koordinieren sollte. Kurz darauf schied der Sachbearbeiter für Öffentlichkeitsarbeit aus und dreimal kann der Leser raten, wem das zugeschubst wurde.

Und über die kommenden Jahre, bis 1983, wurde die Öffentlichkeitsarbeit in allen ihren Formen mein primäres Aufgabengebiet, oft unterbrochen von internen Tätigkeiten, die damit überhaupt nichts zu tun hatten. Zu meinen PR-Aufgaben gehörte unter anderem auch die Betreuung des Mercedes-Benz-Clubs, was nicht immer ein Vergnügen war, weil man dauernd Streit bei diesen und jenen Mitgliedern schlichten mußte. Als ich mit ihm anfing, hatte der Club etwa 3.000 Mitglieder, und als ich aufhörte etwa 30.000.

Aber manchmal machte es auch Spaß. Ich bin viel im ganzen Land herumgekommen und habe viele, manchmal schillernde, Menschen kennen gelernt. Darüber schreibe ich noch im Kapitel „Von Autos und Menschen".

Die Betreuung der Diplomaten in New York war auch mein Gebiet. Das war wieder ein zweischneidiges Vergnügen. Man sieht es ja gerne, wenn Diplomaten Mercedes fahren, aber bei den Reparaturen wollen sie immer etwas Besonderes haben und das auch noch möglichst billig. Die Angehörigen eines bekannten Herren in der UNO zeichneten sich in dieser Hinsicht besonders aus.

Anders dagegen war der Bankier David Rockefeller. Der war von einer fast peinlichen Höflichkeit. Wenn er ein neues Auto haben wollte, mußte ich in den Ausstellungsraum kommen, um ihn und seine Frau bei der Auswahl zu beraten.
Durch die Verbindung zum deutschen Generalkonsulat und den deutschen Organisationen im Raum New York konnte es natürlich nicht ausbleiben, daß

mir noch andere ehrende, aber zeitraubende Aufgaben aufgepackt wurden: Mitarbeit bei der deutschamerikanischen Handelskammer, alle möglichen Betätigungen beim deutschen Verein, inklusive, als Präsident desselben, jahrelange Mitarbeit und dann Leitung einer vom Auswärtigen Amt ins Leben gerufenen Organisation zur Förderung der deutschen Sprache an amerikanischen Schulen, die beim Goethe-Institut ansiedelt war.

Dies sind nur einige Stationen meines ausgefüllten Daseins, sie führten aber auch dazu, daß ich das Bundesverdienstkreuz 1. Klasse bekam. Dazu kamen dann noch die vielen anderen Aufgaben, die auch ein merkwürdiges Sammelsurium waren. Unter anderem auch Besucherbetreuung all derer, die zur Firma kamen, besonders der vielen Stuttgarter Firmenchefs, und so weiter. Das war manchmal gar nicht so einfach, denn die sind alle irgendwie Primadonnen gewesen.

Nach der Trennung von Studebaker 1964 wurden zunächst aus finanziellen Gründen zwei Firmen und daher auch zwei Büros unterhalten. Die alte DBNA im Staat New York in der Stadt und die neue MBNA im Staat New Jersey in Englewood Cliffs. Ich leitete das DBNA-Büro in New York, aber nur am Vormittag, nachmittags mußte ich in New Jersey sein, um alles mögliche und unmögliche andere zu erledigen. Nach etwa zwei Jahren war das zu Ende und dann war nur mehr New Jersey mein Arbeitsplatz. Dann kam der neue Typ 600 nach 1964 auch unter meine Fittiche. Überwachungen von Bestellungen, Kundendienst, Reklamationen und so weiter wurden zu einer Tage füllenden Aufgabe.

Über den MB 600 schreibe ich auch noch einiges im Kapitel „Von Autos und Menschen"

So nebenbei hatte ich auch irgendwann die Leitung der Abteilung für Bauplanung zugeschanzt bekommen. 1972 war dann das neue Hauptquartier in Montvale, New Jersey, fertig und wurde bezogen. Ab dann gab es weniger zu planen, dafür bekam ich aber die Zentralverwaltung aufgebürdet.

Und so ging es weiter, bis ich Ende 1983 aufhörte und in Rente ging. Wie jeder gute amerikanische Pensionär wollten auch wir nach Florida, wo Gisela schon früher ein Grundstück auf Sanibel Island gefunden hatte. 1984 starb auch meine Mutter, die seit 1978 verwitwet war, und wir mußten das Palais unserer Familie in Venedig übernehmen, an dem viel zu richten und neu zu organisieren war.

Und so bleibt nur noch zu erwähnen, daß wir zwischen 1958 und 1983 je eine gemietete Wohnung im Staat New York und eine in New Jersey hatten, nach 1972 ein Haus in New Jersey, und ab 1984 unser schönes Haus in Sanibel Island, Florida. Seitdem leben wir den Winter über in Florida und den Sommer über in Venedig.

Von Menschen und Autos

Ein großes Unternehmen kann mit einem geschliffenen Edelstein verglichen werden, dessen Facetten nach außen immer strahlen, auch wenn der Stein im Inneren Ablagerungen enthält. Daher gibt es in allen Firmen und Konzernen, bei den Müttern wie bei den Töchtern, hinter den Kulissen auch „Menschliches".

Die folgende Sammlung von amüsanten—und manchmal auch nicht so amüsanten—Geschichten sind Erinnerungen aus meinem Leben an Autos und an Menschen, die sich mit diesen Autos beschäftigten.

Während der 2. Hälfte der 50-er Jahre waren einmal mehrere Herren der DBAG bei Verhandlungen in New York. Der Tag war anstrengend gewesen und so wurde beschlossen, zur Entspannung abends noch einmal auszugehen. Nicht sehr weit vom Büro im Rockefeller Center gab es damals eine Bar mit dem illustren Namen „Moulin Rouge". Das New Yorker Lokal machte seinem französischen Namensgeber keine Ehre. Ganz im Gegenteil. Als es nach einem vergnügten Abend, unterstützt von, was man heute „Hostessen" nennt, ans Zahlen ging, stellten die Teilnehmer mit Erschrecken und wahrscheinlich auch mit Ernüchterung fest, daß sie alle zusammen nicht genug Geld hatten, um die Zeche zu begleichen. „Anschreiben lassen" ging nicht. Einer der Teilnehmer von der DBNA mußte dann seine goldene Uhr als Pfand hinterlassen und dieselbe am nächsten Tag wieder auslösen.

Aber eine Erklärung ist schon wichtig: Auch wenn es ähnlich klingt—mit dem, was heutzutage und zuletzt aus anderen deutschen Automobilkonzernen bekannt geworden ist, hatte das alles nichts zu tun.

Die Ankunft von leitenden Herren der DBAG in New York war früher immer ein bedeutendes Ereignis gewesen, das mit protokollarischer Gründlichkeit organisiert werden mußte. Wer holt mit welchem Auto ab, mußte festgelegt werden, Lageberichte, Besucherprogramme, Telefonlisten und sonstige schriftliche Unterlagen mußten vorbereitet werden. Dann kam der große Tag, der im Zweifelsfall meistens ein Sonntag oder ein amerikanischer Feiertag war, der in Deutschland nicht gefeiert wurde. Als Anreisetag besonders beliebt war auch Heinz C. Hoppe's Geburtstag.

Einmal, es muß wohl 1965 im Frühjahr gewesen sein, kamen gleich zwei Vorstandsmitglieder zusammen mit einer Reihe anderer Herren aus Stuttgart an und wurden von Heinz C. Hoppe mit Fahrzeugen vom Typ 230 S abgeholt. Dieser Typ hatte bekanntlich nicht das größte Raumangebot, so daß man etwas eng saß, was das eine Vorstandsmitglied veranlaßte, Heinz Hoppe scherzhaft zu fragen, ob er keinen kleineren Wagen hätte finden können, wie zum Beispiel einen Diesel. Das andere Vorstandsmitglied bekam in dem Augenblick die Geschichte völlig in den falschen Hals und fing an, sich über eine vermeintliche Nichtachtung seiner Stellung zu ärgern. Die Fahrt ins Hotel soll kein Vergnügen gewesen sein. Bei der Ankunft konnte der eine das Lachen nicht mehr zurückhalten, der andere hatte vor Wut einen knallroten Kopf und verzog sich in seine Zimmer. Alle anderen versammelten sich zu einer Krisenbesprechung in der Bar des Hotels Plaza.

Das Fazit war: Es muß ein Typ 600 her. Diesen Typ gab es zwar schon, aber der einzige Vorführwagen, über den die MBNA verfügte, war bei einem Händler in Massachusetts auf einer Ausstellung. Da man schließlich nicht einen der wenigen bereits in Kundenhand befindlichen Wagen beschlagnahmen konnte – diese Idee wurde aber auch erörtert – blieb nichts anderes übrig, als den Wagen aus Massachusetts zurückzuholen. Das brachte für zwei Fahrer und den Händler eine gestörte Nachtruhe, aber siehe da, am nächsten Morgen stand ein langer Typ 600 vor dem Hotel. Die Wogen waren wieder geglättet und von Stund' an wurde das Thema nur noch mit Humor behandelt.

Weil wir gerade beim Abholen sind. Viele Jahre später kam Heinz C. Hoppe selbst als Vorstandsmitglied in New York an und wurde von MBNA-Präsident Walter Bodack abgeholt, der bei der Ankunft der Concorde aus London bei British Airways stand und nicht verstehen konnte, wo Hoppe blieb. Das Problem war, daß letzterer zwar mit der Concorde angekommen war, aber am anderen Ende des Flugplatzes mit der Air France aus Paris und nicht verstehen konnte, wo Walter Bodack blieb. Zum Schluß führte die Verwechslung dazu, daß Hoppe Bodack bei British Airways abholte, anstatt umgekehrt.

Damals hatte die MBNA in Fort Lee keine eigene Kantine und so wurde zum Mittagessen immer ein

Restaurant heimgesucht, das „Opera" hieß, ohne aber etwas mit Musik zu tun zu haben. Eigentlich war es hauptsächlich ein Abendrestaurant und es soll dem damaligen Public Relations Chef von Volkswagen of America, Arthur Railton, aus dem nahen Englewood Cliffs, zu verdanken sein, daß man auch mittags aufmachte. Er wollte auch eine einigermaßen anständige Stammkneipe haben. Das Menü kannten alle schon auswendig und es gab sowieso immer dasselbe Essen.

Manchmal wurden in dem besagten Restaurant „Opera" auch abends Veranstaltungen abgehalten, aus den verschiedensten Gründen. Einmal, als die MBNA bereits in Montvale war und eine Reihe der leitenden Herren in der dortigen Gegend wohnten, ergab sich wieder die Gelegenheit zu einer langen und ausgiebigen Feier. Es war schon sehr spät oder früh, je nachdem, wie man es betrachtet, als zwei der Herren in ihren Autos in die Gegend von Montvale zurückfuhren. Bis zur Mautstelle auf dem Garden State Parkway ging alles noch gut. Aber sie wohnten noch nicht lange in der Gegend und müde waren sie auch. Daher wußten sie auf einmal nicht mehr, wo man von der Hauptstraße abbiegen mußte. Kurz entschlossen wurde umgedreht und auf dem Parkway nach Süden zurückgefahren, um das ganze noch einmal zu versuchen.

In der Nacht, wenn nicht viel Verkehr ist, sitzt in der Mautstelle nur ein Beamter und kassiert in beiden Richtungen. Dieser wunderte sich schon, als er plötzlich zwei Mercedes nach Süden passieren sah, die doch gerade erst nach Norden gefahren waren. Als die beiden nach ein paar Minuten wieder in Richtung Norden kamen, war es klar, daß sie sich verfahren hatten und nicht weiter wußten. Also wurde die Polizei gerufen. Inzwischen hatten die beiden die Hauptstraße verlassen und irrten, im wahrsten Sinne des Wortes, durch das Montvaler Hinterland. Und irgendwo dort hat die Polizei die müden Wanderer auch erreicht. Die freuten sich wie die Kinder, endlich gute Samariter gefunden zu haben, die ihnen den Weg nach Hause zeigen konnten.

Ein Polizist wollte dann allerdings noch wissen, warum sie bei ihrer Müdigkeit unbedingt zwei Autos brauchten. Da wäre doch die Gefahr des Einschlafens größer, als wenn zwei in einem Auto miteinander reden könnten. Sehr beeindruckt von der scharfen Beobachtungsgabe des Polizisten wurde beschlossen, ein Auto stehen zu lassen. Einer unserer beiden Helden sagt zum anderen: „Wir lassen mein Auto stehen und Du fährst mich nach Hause". Darauf, der Polizist: „Nein, Sie fahren, denn der ist noch müder als Sie". Gesagt, getan, und kurz darauf waren beide sicher und dankbar wieder zu hause.

Es gab noch ein Nachspiel, das dem Leiter des Fuhrparks der MBNA lange Kopfschmerzen verursachte. Die beiden hatten nämlich keine Ahnung, wo sie das zweite Auto abgestellt hatten.

Allen Menschen recht getan, ist eine Kunst, die niemand kann. Daher haben alle Autohersteller sehr zu ihrem Leidwesen auch unzufriedene Kunden, zumindest zeitweise. Nun sind bekanntlich Mercedes-Benz-Automobile für ihre Langlebigkeit gut bekannt, was natürlich auch in der Werbung zum

Ausdruck kommt. Dazu bekam Heinz C. Hoppe einmal einen Brief, der etwa wie folgt lautete:

„Ich schreibe Ihnen als Besitzer eines Typ 300 D, um Ihnen mein Mißfallen über ihr Produkt und die Unverschämtheit Ihrer Werbung zum Ausdruck zu bringen, in der sie behaupten, daß ein Mercedes ein Leben lang hält.

Das Auto ist so teuer, daß ein Mensch schon im sehr fortgeschrittenen Alter sein muß, bis er genug Geld gespart hat, um es kaufen zu können.

Dann verbringt das Auto 50% seiner Zeit in der Werkstatt, was natürlich die Abnutzung des Autos vermindert.

Der Besitzer dagegen wird über den Zustand so verärgert, daß sich seine Lebenserwartung entsprechend verkürzt.

Nur wegen dieser Mängel und Nachteile können Sie eine solche Werbeaussage machen."

Morgenstunde soll bekanntlich Gold im Munde haben, aber nur für manche. Für andere hat sie Blei im Hintern. Der Unterschied unterstreicht die generelle Subjektivität von Ansichten.

Lon A. Fleener, der langjährige und einzige Präsident von Mercedes-Benz Sales Inc., war ein Frühaufsteher und saß oft schon zwischen 4 und 5 Uhr morgens im Büro. Das hatte für ihn den Vorteil, daß er ungestört arbeiten konnte, weil kein Telefon und kein Besucher dazwischen kam. Und auch, daß er um 9 Uhr, wenn die anderen erschienen, meistens schon Sachen wußte, die jene noch nicht kannten.

Seinen Mitarbeitern war das Ganze ziemlich egal, bis er auf die schlechte Idee verfiel, diese Morgenstunden für Geschäftsbesprechungen zu verwenden. Er wußte natürlich, daß diese Besprechungen für alle anderen keine reine Freude waren — wie sollten sie auch um 6 Uhr morgens — und versuchte daher, das Ganze dadurch schmackhafter zu machen, daß er es mit einem Frühstück verband, zu dem er einlud. Solch ein Frühstück um 6 Uhr morgens, ganz gleich, woraus es besteht, ist aber nicht jedermann's Sache. Aber zum Unglück aß Fleener morgens auch noch gerne Pfannkuchen. So begann der Tag in einem Lokal, das nur solche führte. Blaubeer- oder sonstige Pfannkuchen um 6 Uhr früh mit schlechtem Kaffee herunterspülen zu müssen, war für die Teilnehmer keine der schönsten Erinnerungen ihres Berufslebens.

M. L. „Bud" Cohn, aus Los Angeles, ein langjähriger Freund von Mercedes-Benz und über die Jahre ein guter Bekannter von vielen DBNA- und MBNA-Angehörigen, war auch ein notorischer Frühaufsteher. Wenn einer seiner besseren Bekannten nach Los Angeles kam, wurde er immer eingeladen, bei ihm zu wohnen. Das hatte große Vorteile. Das Zimmer war freundlich, seine charmante Frau Gertrude wachte über eine hervorragende Küche und man konnte bei einem guten Tropfen in seiner sehr gemütlichen Bar ewig sitzen und seinen nie endenden Geschichten zuhören, ohne noch einmal durch halb Los Angeles ins Hotel fahren zu müssen.

Ein französischer Spruch sagt: „Jeder Untat folgt die Strafe unmittelbar auf dem Fuße". In diesem Falle war die Strafe der nächste Morgen und zwar etwa um fünf Uhr, zu welcher Zeit er seine Gäste schon wieder aufweckte. Dafür bekam man um halb sechs ein Omelett versprochen. Das war dann auch sehr gut, aber wer isst schon gerne um halb sechs Uhr morgens ein Omelett. Er bezweckte damit, daß man dann um sechs Uhr mit ihm in seine Werkstatt losfahren mußte, um dort über alte Autos zu reden.

Alte Autos waren überhaupt seine wahre Liebe. Die Firma, in der er Mitinhaber war, hatte direkt mit Autos nichts zu tun, aber wenn man hinkam, hatte man den Eindruck, daß sie sich ausschließlich mit solchen beschäftigte. Sein Büro allein war eine sehenswürdige Ansammlung von Auto Memorabilia. Gleich daneben war eine Bibliothek von alten Betriebsanleitungen, Werkstatthandbüchern und Verkaufskatalogen. Im Keller ein Lager für Oldtimer Ersatzteile und in den angeschlossenen Garagen waren seine Fahrzeuge untergestellt bzw. wurden sie von ihm selbst restauriert. Weil das aber noch nicht reichte, gab es woanders noch eine große Werkstatt mit Ersatzteillager und neben seinem Büro auch noch ein kleines Museum. In der Garage seines Hauses war natürlich auch eine kleine Werkstatt, damit er auch am Wochenende was tun konnte.

Einmal vor vielen, vielen Jahren holte er einen Freund, der von der DBNA in Los Angeles stationiert war, aus dem Bett und wollte wissen, ob er Deutsch verstünde. Als jener, der Deutscher war, wissen wollte, warum ihn das am Sonntag früh um acht Uhr interessiere, bekam er zur Antwort: „Komm' mal schnell rüber, ich habe den Vergaser meines 540 K auseinander genommen und bekomme ihn nicht mehr zusammen, weil ich nur ein deutsches Handbuch habe".

Bud hatte ein enzyclopädiehaftes Wissen über Oldtimer, insbesondere Mercedes-Benz, und war daher eine Fundgrube für alle, die über solche alten Autos etwas wissen wollten. Er hatte eine sprudelnde Fantasie und konnte Geschichten erzählen ohne Ende. Aber man mußte mit seinen Geschichten etwas vorsichtig sein. Sie wurden nämlich immer besser und länger, je öfter er sie erzählte und zum Schluß glaubte er manchmal selber an das, womit er die Wirklichkeit „verbessert" hatte.

Sein Fuhrpark an Mercedes-Benz-Fahrzeugen, wenn man das so nennen darf, umfasste:
Ein 300 SL Coupe, mit dem er selber fuhr, und einen 300 D für seine Frau. Als beim letzteren die Ersatzteile anfingen, knapp zu werden, kaufte er gleich einen zweiten gebraucht, als Art rollendes Ersatzteillager.

Und über die Jahre, nicht immer zur gleichen Zeit, besaß er:
Ein Benz Velo, einen Mercedes-Benz 24/100/140 mit wunderschönem Aufbau von Saoutchik, einen SS mit Aufbau von Corsica, einen 500 K Roadster, ein 540 K Cabriolet B, und ein 170 Cabriolet A. Dazu kamen natürlich noch andere Fabrikate.

Als er schon weit über 80 Jahre war—er pflegte immer, von seinem wirklichen Alter 10 Jahre abzuziehen—wollte er noch etwas Besonderes unternehmen, und so beteiligte er sich mehrmals an der Brighton Run in England. Während der Vorbereitungen zu einer solchen Fahrt ist er vor Jahren in London gestorben.

Seine Sammlung wurde dann irgendwann versteigert und brachte über 1 Million Dollar, unter anderem für den 500 K den höchsten Preis, der bis dahin jemals für ein altes Auto bezahlt worden war: - 400.000 Dollar. Das Auto war eine Zeitlang in Europa und ist dann nach Amerika, bzw. Mexico zurückgekehrt. Im Jahre des DB Jubiläums hat es 1986 bei dem Pebble Beach Concours d'Elegance den 1. Preis für das schönste Auto gewonnen.

Amerikaner gründen mit größtem Vergnügen Clubs, besonders für Automobile. So ist es nicht verwunderlich, daß bereits in den 50-iger Jahren diesbezügliche Bemühungen für Mercedes-Benz begannen. Und zwar gleich zweimal. Im Staate New Jersey und in Chicago, letztere in Anlehnung an den englischen Mercedes-Benz Club. Die beiden wußten von einander, wollten aber eigentlich nicht zuviel miteinander zu tun haben.

Während ein Club für einen Hersteller oder Generalvertreter eine feine Sache ist, sind zwei oder mehr Clubs nichts als Ärger. Beide können sich nie einig werden und beschuldigen jeweils den Hersteller, immer den anderen zu bevorzugen. So wurden von Seiten der DBNA sehr diplomatische Bestrebungen angefangen, eine Fusion der beiden zu erreichen. Am Anfang war es wie bei Regierungen, man traf sich und beschloß, sich nicht zu einigen. Aber mit der Zeit gelang es, und seit 1958 gibt es den Mercedes-Benz Club of America, der inzwischen eine große Menge Mitglieder hat und in viele Sektionen gegliedert ist.

Anfang der 60-iger Jahre waren jedoch in San Francisco einige Clubmitglieder mit anderen Mitgliedern in Los Angeles über Kreuz geraten, was zwischen Süd- und Nordkalifornien oft der Fall sein soll, und gründeten den Mercedes-Benz Club of Northern California. Da es schließlich auch Kunden waren, wurden sie mit Samthandschuhen angefaßt, in der Hoffnung, sie würden sich mit der Zeit mit dem anerkannten offiziellen Club wieder versöhnen.

Als dann 1964 die MBNA gegründet wurde, mußte sie sich auch in Kalifornien registrieren lassen. Da die beiden Clubs die Worte „Mercedes-Benz" bereits registriert hatten, sollten sie ihre Zustimmung geben, was natürlich eine reine Formsache war. Der nordkalifornische Club glaubte aber, er könnte sich mit einer Zustimmung seinen offiziellen Status verbessern, aber nur so lange, bis er von einem Warenzeichen-Anwalt eines besseren belehrt wurde.

Seitdem hat es ungezählte Bemühungen gegeben, noch mehr Clubs zu gründen. Vorkriegs-Mercedes-Clubs, 190 SL-, 300 S-, 600-, Cabriolet- und Diesel-Clubs. Die Bemühungen waren nicht erfolgreich bis auf einen, der unter dem Namen „Gullwing Group" bekannt ist, den es auch schon seit vielen Jahren gibt und in dem nur die Besitzer von 300 SL Coupe und Roadster Mitglieder sein können. Ende 1986 hatten 446 Mitglieder ein Coupe und repräsentierten damit 31,8 % aller importierten Fahrzeuge dieses Typ's.
Natürlich gab es noch andere, manchmal sehr exklusive Gruppen von MB Afficionados. So zum Beispiel in Chicago Ende der 50-iger Jahre eine

Gruppe, die unter dem Namen „Nelson's Sunday Morning Garage" bekannt war. Die Zusammenkunft fand jeden Sonntagvormittag in einer ausgebauten Garage statt. Hinter der eigentlichen Garage, in der nur vier Autos Platz hatten, war eine große Werkstatt, völlig eingerichtet mit Drehbank usw. und einer Auto-Bibliothek. Eine kleine Küche mit Außengrill, eine sehr gemütliche Sitzecke und eine Dusche mit WC vervollständigten die Einrichtung. Dort saß man dann und sprach über Autos, machte in der Werkstatt Reparaturen, oder bestaunte ein besonderes Automobil, das ein Mitglied mitgebracht hatte. Wenn es nicht ein MB war, mußte es schon sehr exotisch sein, um hereingelassen zu werden. Zeitgenössische amerikanische Automobile waren verpönt.

Gäste konnten da nicht einfach mitgebracht werden, sondern man mußte eingeladen sein. Wenn man dann den anderen Teilnehmern genehm war und auch vernünftig über Autos reden konnte, wurde man zum Mitglied gemacht und bekam eine Bronzeplakette zur Bestätigung der Mitgliedschaft und einen eigenen Topf mit Namen für den Kaffee. Wenn ein Mitglied aus der Gegend verzog und nicht mehr erscheinen konnte, blieb sein Topf zwar an der Wand hängen, aber es wurde ein Loch in den Boden gebohrt, damit kein anderer ihn benutzen konnte. Es gab damals eine ganze Reihe von Mercedes-Benz-Besitzern in Chicago, die viel dafür gegeben hätten, einmal dort eingeladen zu sein.

Schon 1954 begannen die Bemühungen, auch in Kanada Fuß zu fassen. DBAG beteiligte sich in jenem Sommer zum ersten Mal an einer Ausstellung in Toronto. Alles war bestens organisiert. Die Ausstellungsobjekte, PKW, LKW, Unimog und stationäre Motoren, wurden bereitgestellt und einige Mitarbeiter ausgewählt, die das alles betreuen sollten und für die die Reisestelle in Stuttgart auch im größten Hotel Toronto's, dem „Royal York" mit 1.600 Betten, Zimmer vorbestellt hatte. Als der erste der Reisenden eintraf und sich anmelden wollte, holte der Herr am Empfang die telegrafische Bestellung, besah sie, und kratzte sich am Kopf. Sie lautete nämlich: „Für Direktor A, ein Apartment; für die Herren B und C, je ein Zimmer mit Bad; und für die anderen Herren D, E, F usw., je ein Zimmer ohne Bad". Er erläuterte dann, ohne die Miene zu verziehen, daß sein Hotel keine Zimmer ohne Bad habe und war deshalb leicht davon zu überzeugen, daß es in diesem Fall auch zulässig wäre, Zimmer mit Bad zuzuteilen.

In den letzten Tagen vor der Ausstellung gab es natürlich wie immer noch eine schreckliche Terminnot. Die Autos kamen so spät an, daß sie buchstäblich in letzter Minute vom Hafen direkt in die Ausstellungshalle gefahren werden mußten und erst am Stand gewaschen werden konnten. Da man sie im Hafen praktischerweise zuerst auf einem sehr morastigen Platz abgestellt hatte, war dieses Waschen gar nicht so einfach.

Zuletzt wurde dann alles doch noch bei Zeiten fertig und die Ausstellung eröffnet. Der Stand der DBAG war im oberen Stock hinten in einer Ecke, aber er war trotzdem dauernd von Menschenmengen umlagert—von 11.00 Uhr morgens bis 23.00 Uhr nachts. Daß die meisten Besucher den

Namen „Mercedes-Benz" noch nie gehört hatten und die Autos auch mit Abstand die teuersten der ganzen Ausstellung waren, dürfte damit etwas zu tun gehabt haben. Wie bei solchen Gelegenheiten üblich, kamen auch sofort einige Legenden auf.

Zwei junge Männer wurden z.B. überhört, als sie einen Typ 300 B bestaunten, der für den stolzen Preis von 9.900 kanadische Dollar angeboten wurde. Damals stand der kanadische Dollar noch besser als der amerikanische. Sagte der eine: „Mensch, ist das Auto teuer!" Darauf der andere: „Das stimmt schon, aber das Auto ist auch unverwüstlich und etwas ganz Besonderes. Ein Bekannter meines Vaters hat vor dem Kriege einen gekauft. Er ist schon über 200.000 Kilometer damit gefahren und braucht nur Öl, Wasser und Benzin nachzufüllen. Beim Kundendienst oder in einer Werkstatt ist das Auto in all den Jahren noch nie gewesen".

Eines Tages wurde ein Interessent angekündigt, den zwei Eigenschaften besonders auszeichneten. Die eine war, daß er sehr viel Geld hatte und die andere, daß er nie ein Auto kaufte, das schon jemand anderer in Toronto besaß. Eines der Ausstellungsstücke war ein Cabriolet D vom Typ 300, also mit vier Türen. Das gab es natürlich noch nicht in Kanada. Serienmäßige, viertürige Cabriolets waren damals überhaupt eine Rarität und daher war der Herr daran interessiert.

Bei einem zweiten Besuch brachte er seine Frau mit. Die Dame setzte sich—offensichtlich am Geschehen wenig interessiert—auf einen Stuhl und blätterte in einer Modezeitschrift. Mit ihrem Mann wurden

Farben, Polsterung und sonstige Ausstattung festgelegt und bestimmt, daß der Wagen im Frühjahr
1955 mit automatischem Getriebe geliefert werden
sollte. Als alles fertig war, ging er zu seiner Frau
und erzählte ihr, was er bestellt hatte. Man konnte
ihm so richtig anmerken, wie er sich freute und das
neue Auto schon vor sich stehen sah, strahlend, mit
taubengrauer Lackierung und roter Lederpolsterung. Sie aber störte die Euphorie des Augenblicks
mit der Frage: „Macht eigentlich Rolls-Royce auch
Cabriolet's ?" Dem Herrn verschlug es zunächst die
Sprache und dann war ein leiser Vorwurf bei seiner Antwort nicht zu überhören: „Ja natürlich, wir
haben doch eins." Ihre abschließende Bemerkung:
„Ach so, das hatte ich vergessen", erklärte vielleicht
ihre Langeweile.

Gegen das Ende der Ausstellung wurde noch ein
Herr erwartet, mit dem es auch eine besondere
Bewandnis hatte. Er hatte auch sehr viel Geld, war
nur am Typ 300 S interessiert und keiner wußte,
wie er aussah. Da ein 300 S in Roadster Ausführung, kanariengelb mit schwarzem Leder, zu 14.250
kanadische Dollar auf dem Stand war, kam er nur
deswegen vom anderen Ende Kanadas aus Vancouver angeflogen. Er war auch einmal von Vancouver
nach Los Angeles geflogen, um der Uraufführung
eines Filmes beizuwohnen, in dem ein solches Auto
mitwirkte. Die Herren, die Standdienst hatten,
wurden alle vorgewarnt, zu allen Besuchern noch
höflicher zu sein, als sie es sonst schon waren, und
man wartete und wartete. Eines Morgens, als nur
der Ausstellungsleiter der DBAG Standdienst hatte,
weil die Besucher meistens erst am Nachmittag
oder Abend kamen, erschien ein Mann und fing

an, sich alle Autos anzusehen. Sein Aussehen war nicht gerade imponierend. Er trug ein weißes sommerliches Leibchen mit kurzen Ärmeln und eine nicht mehr neue und auch reinigungsbedürftige Flanellhose. Da der Schein trügen kann und etwas an seinem Gehabe nicht zu seinem Aussehen passte, wurde er doch mehr in Augenschein genommen und siehe da, der geheimnisvolle Besucher aus Vancouver war gefunden.

Zunächst wurde natürlich der 300 S von vorne und hinten, von oben und unten bestaunt, besichtigt, besprochen und gelobt. Dann wollte er auch alle anderen Autos des Standes sehen und auch besprechen, befühlen, usw. Was dann folgte, kann nur bezeichnet werden mit: „Wer die Wahl hat, hat die Qual". Es stand da nämlich auch ein 300 SL Coupe, der damals ganz neu war und gerade anfing, geliefert zu werden. Blitzend in Silbermetall, mit offenen Flügeltüren und auf einem Podest, durch dicke, rote Seile abgeschirmt von solchen Besuchern, die immer Türen knallen und Reifen mit Fußtritten malträtieren wollen. Liefertermin für Kanada, Frühjahr 1955, Richtpreis: 10.000 Dollar. Nach dem Mittagessen wurden die gegebenen Alternativen gegeneinander abgewogen:

- Sofort den 300 S kaufen.
- Sofort einen 220 Cabriolet A vom Stand kaufen, zum Preise von über 7.000 Dollar, und einen 300 SL zur Lieferung Frühjahr 1955 in Auftrag geben.

Unser Interessent ging in sein Hotel oder sonst wohin, um sein Problem auszubrüten. Am nächsten Morgen war er gleich um 11.00 Uhr wieder in derselben Bekleidung da und verkündigte, daß er sich für den 300 S entschieden habe. Dann zog er aus der hinteren Hosentasche ein winziges Scheckbuch heraus, um das Auto auch gleich zu bezahlen. Er hat aber später das 300 SL Coupe auch noch gekauft.

Ein Dilemma gab es noch, das nicht zu lösen war und zwar die Lieferung des Autos. Es stand nämlich im oberen Stock und der Aufzug, mit dem es befördert werden mußte, war während der Dauer der Ausstellung ausgebaut. Der Käufer meinte, man könnte es doch mit Hilfe von Rollen über die Stiege versuchen, aber das wollte dann doch keiner riskieren und so blieb es, wo es war, allerdings verschlossen und mit Seilen abgeschirmt. An einem Samstagabend um elf Uhr schloß die Ausstellung und Sonntag früh um acht stand er schon da, um sein Auto abzuholen. Schließlich war alles soweit, eine vorläufige Zulassung angebracht, Benzin eingefüllt, alle Funktionen von einem Daimler-Benz Techniker geprüft und eine Orientierungsfahrt konnte beginnen.

Nach Abschluß derselben wurde ihm das Auto übergeben mit der Bitte, es in die Werkstatt zu bringen, sobald es einen Kilometerstand von 500 hatte, um den Kundendienst mit dem besonders wichtigen Nachziehen der Zylinderkopfschrauben vornehmen zu können. Dort erschien er schon Montag früh um 8.00 Uhr. Auf die Frage, wo er denn am Sonntag gewesen sei, meinte er: „Ach, ich bin nur so herumgefahren, bis die 500 Kilometer erreicht waren." Nach dem Kundendienst ist er dann nach Hause gefahren, in das viele tausend Kilometer weit entfernte Vancouver, quer durch Kanada, in dem es noch gar keine Vertretung und daher auch keinerlei Einrichtungen gab. Man konnte nicht umhin, an die Erzählung der beiden jungen Männer zu denken, als sie in der Ausstellung vor dem 300 B standen.

Daß Autofahrer und die Polizei sich gegenseitig das Leben schwer machen, ist bekannt. Daher gibt es über die Jahre auch eine Reihe von Fällen, in denen Angehörige der DBAG, DBNA und MBNA versuchten mußten, sich aus irgendetwas herauszureden. Umgekehrt herum soll es vor sehr vielen Jahren bei der Polizei besonders beliebt gewesen sein, namhafte Persönlichkeiten von ausländischen Automobilherstellern bei der amerikanischen Führerscheinprüfung durchfallen zu lassen, wenn möglich, gleich zweimal, wenn die Person besonders bekannt war.

In den 50-er Jahren, als Personenwagen mit Dieselmotoren in USA noch eine Seltenheit waren, fuhr einmal ein deutscher Mechaniker in Chicago in einem 180 D und wurde von der Polizei angehalten, weil er angeblich auf einer Straße, auf der nur 80 km erlaubt war, 100 gefahren war. In seinem, vom schwäbischen Akzent noch reichlich kolorierten Englisch, versicherte der Fahrer der Polizei, daß das gar nicht möglich wäre, denn mit einem Diesel könne man gar nicht schneller fahren als 80, nicht einmal bergab. Er öffnete die Motorhaube und während er den neugierigen Ordnungshütern den Dieselmotor erklärte, verstellte er heimlich die Einspritzpumpe. Anschließend wurde eine Probefahrt gemacht, bei der ein Polizist den Diesel fuhr und der andere die Geschwindigkeit überprüfte und siehe da, bei 78 streikte der 180 D. Die verblüffte

Polizei ließ den Mechaniker seiner Wege fahren und meinte nur: „Wir müssen unseren Tachometer überprüfen lassen.

Der 300 SL Roadster verleitete natürlich zum Schnellfahren und so war es verständlich, daß die Polizei sich seiner besonders gerne annahm. 1958 war ein Herr von DBAG zur DBNA abgestellt und in Chicago stationiert. Manchmal mußte er auch mit einem 300 SL fahren. Einmal kam er am späten Nachmittag nach Chicago zurück und war sehr schlechter Laune, weil es regnete und geplante Vorführungsfahrten verlegt werden mußten. An einer Mautstelle, an der Brückenzoll entrichtet werden mußte, stand immer Polizei, aber unser Fahrer dachte nicht an dieselbe, sondern an den verpatzten Tag. So fuhr er von der Mautstelle mit großem Getöse und der Hinterlassung einer schwarzen Auspuffwolke los. Er wollte noch einen Lastzug überholen, bevor er von der Autobahn abbog und ist sicherlich dabei einen Moment viel zu schnell gefahren. Und schon war eine verdächtige Sirene zu hören und noch auf der Rampe mußte er halten. Auf die Frage, warum er es so eilig habe, meinte unser Fahrer mit Entrüstung: Er wäre doch nicht so blöd, an dieser Stelle zu schnell zu fahren und das in einem Auto, das noch so auffällig wäre wie eine Feuerspritze auf der 5th Avenue in New York. Er führe zwei- bis dreimal in der Woche diese Strecke und wüßte daher genau, daß die Polizei immer an der Mautstelle lauerte. Außerdem kenne er alle Geschwindigkeitsschilder, eines mit 80 gleich nach der Mautstelle und dann kurz vor der Rampe eines mit 60 und schließlich 50 Meter weiter vorne noch eines mit 40. Der Polizist grinste, gab ihm den Führerschein zurück und meinte lakonisch, daß die Geschwindigkeitsschilder aufgestellt wären, damit man die Geschwindigkeit einhält, die drauf steht und nicht, um sie auswendig zu lernen.

Einmal ging unser Fahrer, auch bei Chicago, mit einem befreundeten Ehepaar essen. Da er dem Ehemann auch ein Auto verkaufen wollte, hatte er wieder den 300 SL mitgenommen. Als man aus dem Restaurant herauskam, sah die junge und sehr schöne Frau des Gastgebers den SL und lebenslustig, wie sie war, kam die Frage: „Ich darf den doch nach Hause fahren, oder ?" Schon saß sie hinter dem Steuer und zischte mit quietschenden Reifen los. Die Freude war kurz und die Reue lang, denn sie hatte gerade erst in den 3. Gang hoch geschaltet, als sie schon wieder anhalten mußte. Unbemerkt von allen hatte in einer Nebenstraße ein Polizist gestanden und bemerkt, daß sie schon so kurz nach dem Anfahren zu schnell gewesen war.

Ein anderer Herr der DBAG, der in Kalifornien stationiert war, fuhr einmal auch 1958 und auch in einem 300 SL Roadster von Las Vegas nach Los Angeles zurück. Es war ein herrlicher und warmer Sommerabend und daher ein Vergnügen, mit offenem Verdeck zu fahren. Im Staate Nevada gab es damals keine Geschwindigkeitsbeschränkung und da auf der meilenlangen und schnurgeraden Straße fast kein Verkehr war, brauste er mit etwa 200 durch die Gegend. Auf einmal sah er noch weit vor sich blitzende Lichter. Als er näher kam, natürlich jetzt schon viel langsamer, fand er eine, mit Streifenwagen vollkommene versperrte Straße und mußte stehen bleiben. Als er sich bei den von allen Seiten auf ihn zukommenden Polizisten erkundigte, wen sie suchen, wurde ihm erklärt, daß er selber der Übeltäter wäre, dessen man habhaft werden wolle. Auf die Frage warum, wurde ihm gedeutet, sein Wagen wäre mit 200 km Geschwindigkeit gestoppt worden. „Na und", sagte er, „in Nevada gibt es doch keine Geschwindigkeitsbeschränkung." Darauf schallendes Gelächter von der Polizei. Das stimmt schon, hieß es, aber er sei schon 86 km in Kalifornien und dort gibt es eine. Da ein noch kräftiger Akzent unseren Fahrer als Ausländer kennzeichnete, wurde ihm nach feierlichen Versprechungen, sich zu bessern, verziehen, aber nicht früher, als bis der 300 SL von der Polizei bestaunt und bewundert worden war.

Anfang der 60-er Jahre waren einmal zwei Mitarbeiter der Mercedes-Benz Sales und der DBNA in Florida unterwegs. Aus bestimmten Gründen brauchten sie zwei Wagen und hatten daher einen 4-türigen und einen 190 SL. Damals durfte man in Florida bei Tage 65 Meilen oder 104 km schnell fahren und bei Dunkelheit nur 55 Meilen oder 88 km. Es war fast kein Verkehr und so wurde eben auch bei Dunkelheit über 100 km gefahren, jedenfalls, bis ein Streifenwagen von hinten erschien und die beiden anhielt. Führerscheine mußten vorgezeigt werden usw. Dann kam zunächst die Frage, wieso der DBNA- Fahrer mit einem Führerschein aus New York ein in Florida zugelassenes Auto führe. Als das erklärt war, wollte der Polizist wissen, ob der Sportwagen ein 300 SL wäre.
Das war natürlich Wasser auf die Mühle unserer Fahrer, denn wenn ein Polizist einmal unter die Kühlerhaube schaut, ist die Sache schon zugunsten

215

des Fahrers ausgefallen. Schließlich mußte der Polizist den Vorfall zum Abschluß bringen und erklärte dem DBNA-Fahrer, daß er einen Warnungsbescheid bekommen würde. Dieser war bei kleinen Verstößen in Florida für Fahrer aus anderen Staaten vorgesehen. Er kostete nichts und wurde auch nicht in den Führerschein eingetragen. Aber wenn man noch einmal erwischt wurde, fiel die Strafe dann empfindlicher aus. Der MBS-Fahrer, der in Florida stationiert war, durfte natürlich einen solchen eigentlich nicht bekommen. Aber da sie zusammen waren, ließ er Gnade vor Recht ergehen und gab auch ihm einen. Man bedankte sich und verabschiedete sich mit Handschlag. Als man gerade einsteigen wollte, kam die letzte mündliche Verwarnung des Polizisten: „Ihr beide seid aber jetzt wirklich vorsichtig, etwa 5 km vor Euch ist eine Brücke über diese Straße und hinter dem linken Brückenpfeiler sitzt ein Kollege von mir und der ist ein höchst unerfreulicher Zeitgenosse".

Bei der DBNA und MBNA gab es viele Jahre lang einen Fahrer, der sich einer besonderen Beachtung erfreute. Er war schwarz, stammte aber gar nicht aus Amerika, sondern aus Südafrika, sah 10-15 Jahre jünger aus als er war und benahm sich auch entsprechend. Er hielt viel auf sein Aussehen und war immer sehr dezent und nach der neuesten Mode gekleidet. Meistens auch sehr viel besser als die Herren, die er fahren mußte. Er kannte in New York alle Straßen und Schleichwege und kam immer noch durch, wenn andere im Verkehr stecken blieben. Fahren konnte er sehr gut, aber manchmal etwas riskant und auch zu schnell. Und daher hatte er von Zeit zu Zeit auch Anstände mit der Polizei, von denen er allerdings so viele persönlich kannte, daß er sich meistens Sachen erlauben durfte, die andere nicht konnten. Er verstand es auch meisterhaft, seine Hautfarbe zu seinen Gunsten auszunützen. Wenn ihn ein weißer Polizist anhielt, meinte er beleidigt: „Das haben sie nur getan, weil ich schwarz bin" und wenn der Polizist schwarz war, hieß es: „Du wirst doch nicht einem Bruder einen Strafzettel geben." In den meisten Fällen ließen die einen wie die anderen ihn wieder weiterfahren.

In den letzten 100 Jahren sind viele ungewöhnliche Automobile mit dem Namen Mercedes und Benz gebaut worden. Manche davon stehen in Museen, andere sind in einschlägigen Werken besprochen und abgebildet worden. Über zwei davon möchte ich berichten:

Seitdem das Automobil erfunden worden ist, hat es Menschen gegeben, die der Meinung waren, daß die von den Herstellern gelieferten Autos zu langsam seien und die Versuche anstellten, diesen „Fehlern" mit eigenen Umbauten zu begegnen. Daher sind eingebaute Flugzeugmotore in Straßenfahrzeugen bis in unserer Zeit gar keine solche Seltenheit. Ein solches Objekt ist etwas älter, stand 1986 im Staate Connecticut und gehörte einem alten Herrn namens Peter Helck. Er war ein namhafter Künstler und als Maler von automobilistischen Ereignissen seit fast 80 Jahren in ganz USA bekannt. Sein Auto dürfte, abgesehen von seinem sehr eigenartigen Spitznamen „das erste Kaninchen", das einzige der Welt sein, das man einen Benz-Mercedes genannt hat. Ein Mercedes Fahrgestell, etwa aus dem Jahre 1907 ist mit einem Benz-Flugzeugmotor aus der

Zeit 1914/1918 ausgestattet worden. Der Aufbau stammt wieder von woanders. Über Schönheit kann man bekanntlich streiten. Aber vom Anblick her war es ein furchterregendes Ungetüm. Die Leistung von etwa 240 PS war auch dazu angetan, dem Beschauer das Gruseln beizubringen. Um an der Herkunft dieses Monstrums gar keinen Zweifel zu lassen, wurde auch ein besonderes Schild für den Kühler angefertigt, das dem ersten Mercedes-Benz-Schild aus den 20-er Jahren nachempfunden war. Nur stellte man den Stern auf die Spitze, setzte das Wort „Benz" oben und das Wort „Mercedes" unten.

Über ein anderes Auto erfuhren wir 1976 durch den Brief einer alten Dame aus Massachusetts an die MBNA. Sie erwähnte in ihrer Korrespondenz u. a. einen Mercedes, der in den 20-er Jahren in Buffalo ihrem Schwiegervater gehörte und zu seiner Zeit das längste Auto Amerikas gewesen sein sollte. Dies weckte natürlich die Neugierde des Sachbearbeiters für historische Angelegenheiten und es entspann sich ein Schriftwechsel. Die alte Dame hielt wohl nicht viel vom Aufheben von Vorgängen, denn wenn man ihr schrieb, bekam man sein Originalschreiben zurück — mit ihrer handschriftlichen Antwort auf der Rückseite.

Es dauerte nicht lange, bis man mit Hilfe des Archivs in Stuttgart der Sache auf den Grund kam und feststellte, daß es sich um einen Typ 24/100/140 mit verlängertem Fahrgestell handelte, das 1926 nach New York geliefert wurde und einen Coupe-Aufbau der Firma Derham bekam. Das Ungewöhnliche an dem Wagen war seine Länge. Ein Radstand von sage und schreibe 4,41 m, das ist 54,6 cm mehr als ein Typ 600 mit langem Radstand aus unserer Zeit, und der war weiß Gott schon lang genug. Bei einer Gesamtlänge von etwa 6,4 m muß es schon ein imposantes Fahrzeug gewesen sein. Es gibt noch Bilder, aber das Auto selber ist leider verschwunden und so schien auch die Geschichte zu Ende zu sein.

Aber nur bis Anfang der 80-er Jahre, als die Redakteurin der Zeitschrift „Classic Car", die in Amerika sehr bekannte Auto-Schriftstellerin Beverly Rae Kimes, Material für eine Geschichte suchte und auf dieses Fahrzeug aufmerksam gemacht wurde. Wie weiland Sherlock Holmes stürzte sie sich in die weitere Untersuchung. Die alte Dame wurde aufgesucht und entwickelte sich zu einer Fundgrube für Angaben zur Familie. Über MBNA wurde noch mehr Material aus dem Archiv besorgt und zum Schluß wurden sogar noch die Originalbestellunterlagen der schon jahrelang nicht mehr existierenden Firma Derham aufgefunden. Es würde zu weit führen, hier die ganze Geschichte wiederzugeben, die sie dann 1983 über das Auto und seinen Besitzer veröffentlichte. Aber die Geschichte vermittelt einen Einblick in die Umstände, die zur Entstehung dieses ungewöhnlichen Autos geführt haben.

Ellis Milo Treat hieß der Herr aus Buffalo. Er war außerordentlich wohlhabend und lebte im Sommer im Norden des Landes und im Winter in Florida. Eine seiner Liebhabereien waren Autos, deren Aufbauten er nach eigenen Plänen anfertigen ließ und mit deren Ausführung er sich selber bis zu dem kleinsten Details beschäftigte. Über seinen ganzen Fuhrpark wachte—oder besser gesagt, herrschte—

sein Chauffeur Chester. Der mischte bei der Bestellung des neuen Autos auch mit, manchmal sogar hinter dem Rücken von Mr. Treat. Die alte Dame meinte, er sei so eingebildet gewesen, daß er nur mit Gott sprach — und nach dem Eintreffen des neuen Mercedes nicht einmal mehr mit ihm. 1926 waren in der Garage von Mr. Treat ein Packard, ein Rolls-Royce und angeblich ein gerade gelieferter anderer Mercedes. Dessen Aufbau, auch von Derham, war ein so genannter Stadtwagen. Dabei saßen die Passagiere im geschlossenen Teil und der Fahrer im offenen. Die alte Dame hatte ihn nie gesehen und bezweifelte auch seine Existenz mit den Worten: „So etwas hätte Chester sich doch niemals gefallen lassen!"

Ab dann beschäftigte sich Mr. Treat mit dem nächsten, eben jenem superlangen Fahrgestell, das Gegenstand unserer Geschichte ist. Es sollte ein offener Tourenwagen werden. Die 66 cm des verlängerten Radstandes wollte Mr. Treat im Aufbau fast ausschließlich in einer viel längeren Kühlerhaube sehen. Da der Motor der gleiche blieb, war er viel kürzer als der im Motorraum verfügbare Platz. Also mußte eine ziemlich lange Welle gefertigt werden, die aus dem Motor ragte und bis zum Kühler reichte, damit man wieder einen Ventilator anbringen konnte. Es entspann sich jetzt ein ausgedehnter Schriftverkehr zwischen Mr. Treat und Chester mit Derham und zwischen letzterem und der Mercedes-Vertretung in New York. Man sprach zum Teil noch von Einzelheiten, als das Fahrgestell bei DBAG schon in Auftrag gegeben war. Im September 1926, als das Fahrgestell schon unterwegs war, änderte Mr. Treat seine Meinung, und wollte jetzt ein 2-türiges 4-sitziges Coupe haben. Alles fing wieder von vorne an. Mr. Treat, der zugab, sich noch nie so auf ein Auto gefreut zu haben wie auf dieses, äußerte allerdings Bedenken, ob man ein Auto mit 6,4 m Länge auf den engen Straßen von Buffalo überhaupt fahren könne. Man stellte später fest, daß es ganz gut ging.

Bei Derham stellte sich dann die Frage, ob die Federn des für einen Tourenwagen ausgelegten Fahrgestells für den Coupe-Aufbau ausreichen würden. Nach eingehender technischer Überprüfung—sie bestand darin, daß sich einige Männer hinten auf den Wagen stellten und versuchten, durch Auf- und Abspringen den Federweg zu ergründen—kam man zu der Ansicht, daß keine Gefahr des Durchfederns gegeben wäre. Natürlich irrte man sich, denn die Federn mußten später doch geändert werden. Nebenbei mußte die Polsterung des Fahrersitzes auch geändert werden. Bei 6,4 m Länge war der Wagen immer noch zu kurz, um hinter dem Fahrersitz ausreichende Beinfreiheit zu erlauben. Ansonsten muß es ein voller Erfolg und ein interessanter Anblick gewesen sein. Die alte Dame konnte sich noch erinnern, daß, wo immer man stehen blieb, sich sofort Scharen von Menschen um das Auto versammelten. Mr. Treat hat es bis zu seinem Tode 1932 benutzt. Dann wurde es verkauft und ist seitdem verschwunden. Optimisten hoffen, daß es irgendwann, irgendwo wieder zum Vorschein kommen wird. Auch über 80 Jahre später werden die Menschen wieder stehen bleiben.

1963 war das 75-jährige Jubiläum der Vertragsunterzeichnung von William Steinway und Gottlieb

Daimler. Diese hatten im Jahre 1888 einen Vertrag geschlossen, mit dem die Nutzung der Daimler Patente in USA geregelt wurden, was die Geburtsstunde von Daimler-Benz in Amerika war. Da 1963 auch der Typ 600 zuerst vorgestellt wurde, gab sich die günstige Gelegenheit, seine Premiere in New York mit einer Jubiläumsfeier zu verbinden.

Am 4. November sollte um 12.00 Uhr eine Pressekonferenz stattfinden mit anschließendem Mittagessen und am Nachmittag des selben Tages noch ein Empfang für Kunden, Vertreter der Wirtschaft, die diplomatischen Vertretungen, die New Yorker Gesellschaft und all jene, die immer unter der Bezeichnung „Freunde des Hauses" zu solchen Veranstaltungen eingeladen werden.

Von der Daimler-Benz A.G. waren der Vorsitzende des Vorstandes und vier weitere Vorstandsmitglieder zusammen mit einer Reihe anderer Herren aus Stuttgart angereist. Die beiden Autos, ein kurzer und ein langer 600-er, waren auch mit dem Flugzeug angekommen, zusammen mit Spezialmechanikern, die mit Hilfe von vielen kleinen Maschinen, die hinter Stellwänden versteckt waren, dafür sorgten, daß man die von Luft, Strom und Hydraulik betriebenen Aggregate ausprobieren konnte. Besonders wichtig war das bei dem langen Wagen, der hatte nämlich gar keinen richtigen Motor, sondern nur eine Attrappe.

Wie wohl in allen Ländern will man auch in Amerika die Presse und die Vertreter der anderen Medien vorzüglich mit Speise und Trank bewirten. Das daraus resultierende Wohlbefinden hilft der guten

Stimmung. Aber während man in USA vor dem Essen die verschiedensten alkoholischen Getränke verabreicht, war es nicht üblich, zu Mittag auch bei der Mahlzeit solche auszuschenken—nicht zuletzt aus Zeitgründen. Man versuchte nämlich um 14.00 Uhr mit allem, einschließlich der Reden, fertig zu sein, damit die Damen und Herren wieder ihrem Gewerbe nachgehen können und dann hoffentlich freundlich über das berichten, was sie gesehen und gehört haben. Als man sich aber zum Tisch setzte, stellte eines der Vorstandsmitglieder, die zusammen mit anderen Persönlichkeiten an einem langen Honoratiorentisch sitzen sollten, laut die Frage, ob er denn zum Essen Wasser trinken müsse, was einen seiner Kollegen veranlasste, ebenfalls laut zu verkünden, er wolle ein Bier. Damit war gerechnet worden, und alle bekamen ohne Ausnahme schon bereitstehenden Wein.

Zum Schluß fand man, daß es ein gutes Fest gewesen sei und über den 600-er hatten alle sowieso genug zu reden und zu schreiben. Eine der witzigen Beschreibungen stammte von einem Fernseh-Berichterstatter, der meinte, daß bei der langen Ausführung die Vis-a-Vis-Sitze und die Trennwand sicherstellen sollten, daß ein Interessent sich ungestört mit seinem Bankier darüber unterhalten könne, wie er das Auto bezahlen soll.

Der Typ 600 war ein ungewöhnliches Auto in seiner Erscheinung, seinem technischen Fortschritt und seinen unglaublichen Fahreigenschaften. Er wurde von 1964 bis 1972 in USA verkauft und in diesen Jahren fand rund ein Drittel der Gesamtproduktion ihren Weg nach Amerika. Dann mußte der Verkauf eingestellt werden, denn das Auto, das in den 50er Jahren konzipiert worden war, konnte in den 70er Jahren die neuesten Sicherheitsbestimmungen nicht mehr ohne Änderungen erfüllen und solche wären bei den Stückzahlen zu aufwendig gewesen.

Ungewöhnliche Autos haben ungewöhnliche Besitzer und beide zusammen machen ungewöhnliche Geschichten. Daher gibt es bei diesem Typ nicht wenige davon. Die Auswahl von Sonderausführungen war bei diesem Typ legendär. Dennoch gab es Kunden, die immer noch nicht zufrieden waren. So z.B. ein Filmregisseur, der zwei Schiebedächer haben wollte, um je nach Sachlage bei Filmaufnahmen im Freien in seinem Auto vorn oder hinten stehen zu können. Oder eine sehr bekannte Dame in New York, deren Autos immer nur in einer ganz bestimmen gelben Lackierung geliefert wurden. Lackproben mußten mehrmals hin- und hergeschickt werden, bis die Schattierung stimmte.

Der 600-er hatte bekanntlich große und viele Fenster, so daß man eine gute Sicht hatte. Leider auch für jene, die von außen hereinschauen wollten. Dies veranlaßte einen sehr guten Kunden in New York, von einer Spezialwerkstatt in England die hintersten Fenster, rechts und links, ganz verkleiden und das große Heckfenster wesentlich verkleinern zu lassen. Da er außerdem Chrom nicht leiden konnte, wurde derselbe an seinem Wagen entfernt oder übermalt. Das Auto war innen und außen schwarz, nur schwarz. Man kann über Aussehen geteilter Meinung sein, aber an der Funktion des Wagens änderte es nichts. Anders war es im Falle eines Kunden aus Miami, dessen Auto auch ein langer, himmelblauer 600-

er war, innen und außen, aber mit Chrom. Der wollte dauernd im Fahrgastraum etwas geändert haben, ließ die Arbeiten jedoch nicht bei zuständigen Händlern machen. Als das erste Mal Löcher gebohrt werden mußten, traf der Bohrer deshalb mit unfehlbarer Sicherheit eine Hydraulikleitung. Abgesehen davon, daß Hydrauliköl nicht zu himmelblauer Polsterung paßt, gingen auch die Fenster und sonstigen Aggregate nicht mehr. Also wurde etwas anderes probiert und es war wieder ein Volltreffer, dieses Mal die Freon-Leitung zum hinteren Verdampfer der Raumkühlanlage.

Es gab unzählige Verwendungsmöglichkeiten: Einer gehörte einer alten Dame in Neuengland, die immer bei der MBNA in New Jersey anrief, wenn sie ein Geräusch hörte, das sie nicht kannte, und behauptete, sie verwendete das Auto nur zum Einkaufen; oder den von einem Chauffeur gefahrenen langen Wagen, den man in New York sehen konnte, wenn er drei adrett gekleidete Kinder bei ihrer Schule ablieferte oder abholte; bis zu dem Kunden im Mittelwesten, der den 600-er benutzte, wenn er auf der Steppe seine wilden Pferde besichtigen oder zusammentreiben wollte. Er meinte völlig richtigerweise, daß auf solchem Untergrund eine Luftfederung gegenüber der harten Federung eines Jeeps unbedingte Vorteile habe.

Aus unbekannten Gründen ließ einmal jemand einen langen Wagen mitten im Winter im tiefen Schnee auf dem Wege zum Flugplatz in New York auf der Seite stehen. Das Auto, halb in einer Schneewehe vergraben, mit aufgerissenen Türen und schon teilweise ausgeschlachtet, bot wahrhaftig kei-

225

nen schönen Anblick. Die MBNA erbot sich daher, es auf ihre Kosten abschleppen zu lassen. Das ging aber nicht ohne Zustimmung des Besitzers und der war nicht aufzufinden. Schließlich gelang es doch, und der Wagen kam in die Werkstatt. Das Auto wurde wieder gerichtet und bekam einen neuen Besitzer.

In Texas gab es auch einen guten Kunden, der immer mehrere Mercedes Autos besaß. Er hatte gleich drei 600-er, aber gleichzeitig, nicht nacheinander. Da er aber auch noch eine Reihe anderer Mercedes-Fahrzeuge besaß, hatte er seinen eigenen Mechaniker, der in der MBNA Kundendienstschule ausgebildet war. Das technische Außendienstpersonal besuchte denselben im vorgesehenen Turnus wie einen Händler.

Eines Tages rief bei der MBNA auch ein Rechtsanwalt im Auftrag eines texanischen Bankiers an und sagte, er hätte versucht, beim lokalen Händler einen langen 600-er zur Lieferung in Rom acht Wochen später zu bestellen. Die Lieferzeit für den 600-er war damals vier bis fünf Monate nach Klärung aller technischen Einzelheiten. Also konnte der Händler den Auftrag nicht annehmen. Es wurde dann ein bereits gebautes Auto gefunden, so daß dem Bankier und seiner Familie geholfen werden konnten, ihre Reise durch Italien, Frankreich und England vorzunehmen. Nach mannigfaltigen Aufregungen, insbesondere der Anleitung von zwei Chauffeuren, von denen der eine gar kein Chauffeur, sondern ein sehr bekannter englischer Rennfahrer war, wurde die Reise zur Zufriedenheit aller Beteiligten beendet, einschließlich einer nicht eingeplanten Rennfahrt auf einer englischen Rennstrecke.

Das Auto wurde schließlich nach Texas verschifft, wo es nach Überprüfung durch die MBNA wieder seinem Besitzer übergeben wurde. Kurz hinterher rief der Anwalt wieder an. Die Schwester des Bankiers habe seinen neuen Wagen gesehen und möchte genau denselben haben, nur dunkelblau mit blauer Velour-Polsterung. Dieses Mal wäre man auch bereit, vier bis fünf Monate zu warten. Das Auto wurde bestellt, gebaut und ausgeliefert. Wenig später rief der Anwalt wieder an und wollte wissen, ob die MBNA in seiner Gegend einen guten Tapezierer kenne. Der Bankier habe das Auto seiner Schwester gesehen und die Velour-Polsterung gefiel ihm viel besser als die Lederpolsterung seines Autos und er wolle daher letzteren mit grauem Velour neu aufpolstern lassen. Das ist dann wohl auch gemacht worden. Und zum Abschluß der Geschichte hat der Neffe des Bankiers auch noch einen 600-er bekommen, allerdings nur den 5-sitzigen.

Daß der Typ 600 ein herrliches Auto war, ist schon betont worden. Aber mit seinen vielen technischen Neuheiten war es auch ein kompliziertes Auto und daher funktionierte manchmal nicht alles so, wie es sollte. Ein amerikanischer Spruch besagt, wenn etwas kaputt gehen kann, dann wird es passieren, und zwar immer im falschen Moment, und es wird auch immer das Teil ausfallen, das den größten Schaden verursacht. Und so ist beim 600-er nie etwas passiert, wenn er leer von A nach B gefahren wurde, immer nur mit prominenten Passagieren. Der berühmte Pablo Casals ist einmal wegen solch einem kleinen Fehler zu seinem eigenen Konzert zu spät gekommen und peinlicherweise saß auch noch ein leitender Herr der MBNA im Wagen.

Ein andermal fuhr ein sehr bekannter Fernsehproduzent zu einer Premiere. Als er ankam, gingen die Fenster weder auf noch zu und in einer Türe war Hydrauliköl herausgesickert, das auf der blütenweißen, großen Abendrobe seiner Begleiterin leider nicht zu übersehen war. Der Sonder-Sachbearbeiter, den es bei der MBNA für 600-er Angelegenheiten gab, hat aus diesen beiden Gründen den nächsten Tag nicht in guter Erinnerung.

Bei Benzineinspritzanlagen kann es unter extremen Witterungsbedingungen passieren, daß Betriebsstoff-Dämpfe die Funktion der Einspritzpumpe stören und der Wagen nicht anspringt. Daß sich das Problem von selbst löst, wenn man etwas wartet, hilft nur, wenn man es nicht eilig hat, was in solchen Fällen nie der Fall ist. Bei der MBNA passierte es einmal, als einer der höchsten technischen Direktoren der DBAG im Wagen saß. Ohne mit der Wimper zu zucken, ließ er kaltes Wasser holen, goß es über die Einspritzpumpe und siehe da, der Wagen lief. Von Stund an gehörte bei der MBNA eine Thermosflasche mit Eiswasser beim 600-er zum Zubehör wie der Zündschlüssel oder das Reserverad.

Es hat etwas über 800 Fahrzeuge, Typ 600, in USA gegeben. Man sieht sie noch bisweilen im Straßenverkehr oder in Werkstätten. Am auffallendsten sind sie bei Automobilauktionen, wo sie manchmal für ein vielfaches ihres Originalpreises den Besitzer wechseln. So macht der 600-er weiter Geschichte, auch wenn er schon lange nicht mehr gebaut wird.

Sprache, das Erlernen derselben, und was darum herum passiert.

Es gibt eine Unmenge von Witzen über das Lernen von Sprache, z.B.
„ Ach, Französisch ist so schwer zu lernen !"
„Das versteh' ich nicht, in Paris sprechen es doch schon die kleinsten Kinder !"

Von einem böhmischen Witzbold wird die Bemerkung überliefert, daß in Böhmen alle Kinder schon fünf Sprachen können, bevor sie in die Schule gehen: Deutsch und Böhmisch – das kann natürlich auch Tschechisch heißen –, Vater- und Muttersprache, und wie sie „daheeme" reden.

In unserer Familie war das jedoch nach der Ankunft meiner Geschwister und mir ganz anders. Wir hatten nämlich eine Nanny oder, besser gesagt, eine Reihe derselben.

Die Nanny ist ein besonderes Wesen, das sich der Erziehung von Kindern anderer Leute im englischen Sinn zur Aufgabe gemacht hat, und sich dabei von den Eltern, die sowieso keine Ahnung haben, auch nicht hereinreden lässt. Sie ist ledig und nicht ganz jung, immer Engländerin und niemals Amerikanerin, denn laut „My Fair Lady" haben die Amerikaner schon seit vielen Jahren nicht mehr Englisch gesprochen.

Es gibt natürlich Ausnahmen. So eine hatten wir auch, aber deren Tätigkeit betraf weniger die Sprache, sondern mehr „menschliche" Beziehungen und gehört daher in ein anderes Kapitel.

Alle Nannys hatten eines gemeinsam. Das Lernen einer anderen Sprache kam für sie selbst überhaupt nicht in Frage, also mußten alle Kinder Englisch lernen und wir taten das auch. Nannys werden immer mit dem Vornamen angesprochen und gehören so zur Familie, daß sie zwischen Verwandten und befreundeten Familien ausgetauscht werden können, z.B. nach dem Motto: „Ihr könnt sie jetzt für fünf Jahre haben, dann brauche ich sie aber wieder für die Kinder meiner Schwester, und so weiter"

Unsere erste Nanny hieß Miss Purcel, genannt Nana, und war etwa vierzig. Sie kannte die Familie schon genau, denn bevor sie zu uns kam, hatte sie bei der Betreuung einer aufmüpfigen belgischen Cousine von mir geübt. Dann kam Miss Fox, genannt Foxy, die etwa ebenso alt war, aber viel dicker. Die Dritte war eine Schottin ohne Spitznamen, Miss Ryan. Diese war viel dünner. Bevor sie zu uns kam, hatte sie den Kindern unserer Nachbarn Westphalen das Englisch-Reden beigebracht. Den Namen der Letzten habe ich vergessen. Das war die, deren Freizeit-Betätigung schon in einer anderen Geschichte angedeutet wird.

Jetzt aber zurück zur Sprache. Durch unsere Gespräche mit der jeweiligen Nanny sprachen wir als Kleinkinder besser Englisch als Deutsch. Beim gemeinsamen Mittagessen gab es kein Problem, da alle Englisch sprachen. Die Diener, die nicht Englisch konnten, mußten unser schlechtes Deutsch über sich ergehen lassen. Aber der Majordomus, Ferdinand, sprach sowieso fließend Englisch und Französisch. Als ich etwa sechs Jahre alt war, mußte ich richtig Deutsch lernen, und da erschien ein Hauslehrer,

Alois Nadler. Sieben Jahre haben wir beide zusammen überlebt. Fünf Klassen Volksschule und zwei Klassen Gymnasium habe ich zu Hause gelernt und nur einmal im Jahr in der Schule eine Prüfung machen müssen. Herr Nadler war sicher für das Lernen von Deutsch durch uns Kinder nützlich und notwendig, nicht immer dagegen für die Beziehungen zu denen, die uns andere Sprachen beibringen sollten, denn mit denen konnte er zunächst nicht reden. Deshalb wurde der Neuling von den Nannys misstrauisch beobachtet. Für mich war es ein Anfang, der bekanntlich immer schwer ist, denn ich mußte mit ihm immer Deutsch sprechen. Englisch lernte er natürlich schnell, auf unterhaltende Weise, aber auch das gehört ja in die andere Geschichte.

Mein Deutsch war jedoch englisch gefärbt. Als ich mit Herrn Nagler zum ersten Mal im Schlosspark spazieren ging, kamen wir zu dem Teil, der für die Familie reserviert war und daher an seinen verschiedenen Eingängen mit kleinen Türen verschlossen war. Diese Türen erklärte ich ihm mit den Worten „Jetzt gehen wir in die gesperrte Teil". Nach unserer Rückkehr gab es gleich eine Beschwerde bei unserer Mutter.

Die Nanny hingegen fand es unerhört, daß er es zugelassen hatte, daß ich mit schmutzigen Schuhen nach Hause kam. Mit der Zeit beruhigte sich aber alles, auch wenn bei Tisch jetzt in zwei Sprachen durcheinander geredet wurde. Bis meine Eltern auf die gute, aber Unruhe stiftende Idee kamen, daß es nützlich wäre, wenn wir Kinder auch anfingen, Französisch zu lernen. Also erschien eines Tages eine weitere Lehrerin, um diese Aufgabe wahrzunehmen. Sie hieß Mlle. Duronzier und fand, daß nur die französische Sprache verdient, gelernt zu werden, womit ein sofortiger Konflikt mit den anderen Lehrern vorprogrammiert war. In meiner Erinnerung war sie immer unzufrieden. Man muß ihr aber zugute halten, daß sie versuchte, etwas Deutsch zu lernen. Leider war der Versuch nicht von großem Erfolg begleitet. Ein Satz ist mir in Erinnerung geblieben, als sie einmal sehr unzufrieden war: „Isch `asse diese `aus".

Bei dem Sprachdurcheinander darf der lokale Dialekt nicht vergessen werden, den wir mit Vergnügen verwendeten, aber gar nicht zum Vergnügen unserer Eltern. In der Nähe von Teplitz gab es ein uns gehörendes Rotwildgatter, zu dem auch eine Gaststätte gehörte, die von vielen Ausflüglern besucht wurde. Da das Rotwild von den Gästen gefüttert wurde, standen die Tiere immer am Zaun herum und warteten. Es war auch schon imposant, wenn ein Hirsch mit einem riesigen Geweih einem ein Stück Brot oder sonst etwas aus der Hand nahm. Ganz besonders mochten diese Hirsche Roßkastanien. Als ich einmal einen Hirsch erfolgreich gefüttert hatte, soll ich meinen Vater ganz aufgeregt im lokalen Dialekt darauf aufmerksam gemacht haben „Gucke Voter, wie der Hersch fresst".

Teplitz hatte einen ungewöhnlich hohen Anteil an jüdischer Bevölkerung und so konnte es nicht ausbleiben, daß unser aller Deutsch reichlich mit jiddischen Ausdrücken bereichert wurde. Einmal im Herbst war ich im Park und fand einen großen Blätterhaufen, machte darin eine Höhle und mit Hilfe von etwas Papier und trockenen Ästen brannte alsbald das schönste Feuer. Als die stinkenden Rauchschwaden in die Stadt zogen, erschien ein strenger Polizist und sagte mir, daß ich das nicht dürfe, auch nicht in dem Park meines Vaters. Dann trat er mein schönes Feuer aus. Meine Beschwerde bei meinem Vater erfolgte dann mit den Worten „Der Putz iss gekommen, und hat mer verboten, zu verbrennen de Blätter". Mein Vater war sehr erstaunt darüber, wie ich mich ausdrückte.

Für die Eltern hatten die zunehmenden Sprachkenntnisse der Kinder den Nachteil, daß sie sich bei Tisch in keiner Sprache mehr etwas sagen konnten, wenn die Kinder es nicht verstehen sollten. Die beiden hatten nämlich eine etwas ungewöhnliche Angewohnheit. Als sie sich 1915 verlobten, fanden sie, daß es nützlich wäre, wenn sie zur Verbesserung der Französischkenntnisse des einen oder anderen miteinander Französisch sprächen. Dieses wurde ihnen zu einer so lieben Gewohnheit, daß sie dies, wenn alleine, bis zu ihrem Lebensende fortsetzten.

Etwa um diese Zeit fingen die Eltern an, Italienisch zu lernen. Der Grund dafür war wohl weniger, eine Sprache zu lernen, die wir Kinder nicht verstanden, sondern weil sie jedes Jahr im Mai, Juni, sechs Wochen etwa, in Venedig verbrachten. Wie nützlich das eines Tages sein würde, ahnten sie damals noch nicht, denn es war nicht vorauszusehen, daß sie nach 1948 ihren Lebensabend in Venedig verbringen würden. Mutters Italienisch war mit der Zeit hervorragend. Sie machte jahrelang für die Biennale Übersetzungen aus dem Italienischen ins Deutsche, Englische und Französische und umgekehrt. Mein Vater behauptete, daß sein Italienisch nicht ganz so gut wäre und so wurde meine Mutter immer vorgeschickt, wenn etwas einzufordern oder zu reklamieren war.

Meine Mutter lernte auch den venezianischen Dialekt fließend sprechen, der sogar für viele Italiener sehr schwer zu verstehen ist, dies natürlich zum größten Vergnügen der Venezianer, die ihn auch verstanden.

Einmal fuhren wir mit den Eltern nach der Insel Torcello, um die Kathedrale zu besuchen. Von der Anlegestelle des öffentlichen Bootes mußte man etwa einen Kilometer zu Fuß an einem Kanal entlang zur Kirche gehen. Am Anfang des Kanals lauerte ein Bootsfahrer mit einem Ruderboot. Er dachte sicher, daß ein alter Herr, am Stock gehend, und eine weißhaarige alte Dame, die beide Deutsch sprachen, gute Kundschaft sein könnten und bot sein Ruderboot mit den Worten „Gondola, Gondola" an. Meine Mutter blickte auf sein Boot, das gar keine Gondel war, sondern nur ein ähnliches Boot, und zischte aus dem Mundwinkel in Venezianisch „Bevor ich mit Deinem schmutzigen Sandolo fahre, muß ich erst im Fussballtoto gewinnen". Der Arme war so erschrocken, daß er beinahe in den Kanal gefallen wäre.

Als ich 1930 für das Gymnasium lernen mußte, kamen noch weitere Lehrer ins Haus, aber nur stundenweise. Prof. Finkous für Latein und Frau Preiß für Tschechisch. Letzteres trug weiter zum Sprachendurcheinander bei, wenn mein älterer Bruder und ich es sprachen – bei Tisch war es allerdings dann doch nicht erlaubt – weil es auch den Reiz hatte, daß nur wir beide es verstanden.

Nach 1941 habe ich viele Jahre in Russland verbracht, die letzten zweieinhalb in Gefangenschaft. So konnte es auch nicht ausbleiben, daß ich auch etwas Russisch gelernt habe. Aber da Kohlenbergwerke, Kolchosen und Fabriken nicht die besten Lernstätten für Sprachen sind, war die Qualität meiner Kenntnisse eine andere Sache. Als ich einmal versuchte mein russisches Wissen bei Tatjana Metternich, einer geborenen Russin, anzubringen, meinte sie lakonisch: „Es ist schon Russisch, aber ich würde Dir raten, es nicht zu verwenden, denn es klingt so, als wenn es von einem ganz und gar betrunkenen Kutscher gesprochen wäre." Zum Glück für alle, die Russisch können, habe ich das meiste vergessen.

Wie berichtet, war meine erste Anstellung nach dem Krieg als Dolmetscher bei der US-Army. So sehr ich mich auch bemühte, die besonderen Eigenarten des Amerikanischen zu lernen, hat es doch eine Zeit gebraucht, bis ich es verstand. Einmal habe ich einem wohl aus dem amerikanischen Süden kommenden Anrufer gesagt, ich könne ihn nicht verstehen und er möge doch bitte Englisch sprechen. Mit der Zeit habe ich es aber ganz gut gelernt, was aber wiederum meinen Vater veranlasste, mich zu fragen, wo ich mir eine so merkwürdige Aussprache von Englisch angewöhnt hätte.

Seit meiner Pensionierung verbringe ich einige Zeit in Venedig und so habe ich auf meine alten Tage Italienischstunden genommen, wie schon meine Eltern vor etwa siebzig Jahren.

Immer wenn man glaubt, die Erinnerungen ausgeschöpft zu haben, fällt einem noch etwas zur Sache ein. Nach dem ersten Weltkrieg wurde in Genf eine Organisation ins Leben gerufen, die der Völkerbund hieß. Sie war ein Art Vorläufer der Vereinten Nationen von heute. Die Tschechoslowakei war auch ein Mitglied und so entstand in Prag auch ein Völkerbundkomitee. Was es tat oder tun sollte, weiß ich nicht, aber von Zeit zu Zeit wurden in Prag Sitzungen abgehalten. Die Tschechoslowakei war ja ein Vielvölkerstaat, so nannten es jedenfalls die Tschechen seit der Staatsgründung 1919. Zur Zeit der österreichischen Monarchie vor 1918 hatten sie es ein Vielvölkergefängnis genannt. Jedenfalls mußten jetzt im Komitee auch Vertreter der hauptsächlichsten Minderheiten vertreten sein. Der Vorsitzende war ein Tscheche, der drei Stellvertreter hatte, einen Deutsch-Böhmen, einen Ungarn und einen Slowaken. Die Verhandlungssprache war Tschechisch. Eine Zeit lang war mein Vater der deutsch sprechende Stellvertreter. Die Verhandlungen müssen lustig gewesen sein. Mein Vater konnte nicht Tschechisch, wenn er etwas sagen mußte, sprach er Französisch, was wieder die meisten anderen nicht verstanden. Einmal mußte der Vorsitzende während der Verhandlung weggehen und übergab den Vorsitz an meinen Vater. Der darauf folgende Sprachwirrwarr muß eine herrliche Situationskomik gewesen sein.

Dann mußte mein Vater eine Reise nach Genf unternehmen. War das eine Aufregung für uns Kinder. Unser Vater ist ein großer Staatsmann und Diplomat und muß nach Genf reisen, um denen zu zeigen, wo es lang geht. Im Völkerbund wurden auch alle Sprachen durcheinander gequasselt, am

meisten aber wohl Französisch. Als Vater zurückkam, wollten wir natürlich alles genau wissen. Er
erzählte eine Menge und bemerkte, daß ein Fran-
zose ihn am allermeisten beeindruckt habe. Nicht
was er sagte, das wäre unwichtig gewesen, aber
weil er ein so wunderschönes klassisches Französisch sprach.

Als Erfahrung meines Lebens habe ich festgestellt,
daß es sehr wichtig ist, andere Sprachen möglichst
gut zu lernen, denn wie sollen sich die Menschen
verstehen, wenn sie sich nicht verstehen.

Persönlichkeiten

Wenn man lange lebt, ist es auch ohne das eigene Zutun unumgänglich, daß man mit interessanten Persönlichkeiten bekannt wird. Die Reihenfolge der nachstehend genannten hat nichts mit ihrer Bedeutung zu tun, sondern versucht, sich an der zeitlichen Reihenfolge von meiner Jugend bis zur Gegenwart zu orientieren.

Der Leser möge verzeihen, wenn meine Erinnerungen an eine doch längst vergangene Zeit manchmal etwas ins Kraut schießen und sich kleine Übertreibungen in die Erzählung einschleichen.

Hugh Gibson, amerikanischer Diplomat und Botschafter.
Vor dem ersten Weltkrieg war er junger Sekretär an der amerikanischen Gesandtschaft in Brüssel, zur gleichen Zeit, als mein Großvater dort österreichischer Gesandter war. Nach dem Krieg heiratete Hugh eine belgische Freundin der Familie und so blieben die beiden engste Freunde. Er hatte einen nicht zu bändigenden Humor, wir konnten ihm stundenlang zuhören, wenn er, immer Pfeife rauchend, aus seinem Diplomatenleben erzählte oder uns Vorgänge der Geschichte erklärte.

Das einzige Kind der beiden war ein paar Jahre jünger als ich und wurde geboren, als die Eltern nicht mehr ganz jung waren. Als Hugh Gibson etwa Mitte der dreißiger Jahre Botschafter in Brasilien war, fand er, daß sein Sohn deutsch lernen sollte. So wurde Michael – der später ein sehr bekannter und erfolgreicher Journalist geworden ist – in das Internat von Neubeuern bei Rosenheim gesteckt. Die Idee war sehr erfolgreich, aber nicht so, wie seine Eltern es sich gedacht hatten. Er lernte nämlich sehr gut deutsch sprechen, natürlich mit astreinem bayrischen Akzent, vergaß dabei aber sein Englisch. Als die Eltern dann zu Weihnachten zu uns nach Teplitz kamen – sie flogen mit dem Zeppelin über den Ozean – und ihn nach dieser langen Zeit zum ersten Mal wieder trafen, stellten sie mit Ernüchterung fest, daß Michael mittlerweile in deutsch dachte und dann in's Englische übersetzte, wenn er etwas in seiner Muttersprache sagen wollte. Das Ergebnis war kein Oxford—Englisch. Der Neubeuern-Versuch wurde sofort abgebrochen.

Kurz vor dem zweiten Weltkrieg ging Hugh Gibson in Pension und lebte mit seiner Frau Ines in Belgien, wo ich ihn im Sommer 1938 öfters gesehen habe. Nach seinem Tod 1954 erschien ein höchst unterhaltendes Buch mit Auszügen von Briefen und Anekdoten von ihm. Das Vorwort ist von Präsident Herbert Hoover geschrieben. Ein Satz daraus lautet: „Hugh lebt in unserer Erinnerung über die Jahre als ein bedeutender Herr und bedeutender Begleiter. Er besaß ein ungewöhnliches Talent, ein frohes Gemüt, das Geist und Sonnenschein an alle verteilte".

Nichts unterstreicht seine Freundschaft, Anhänglichkeit und Fürsorge für uns Clary's besser als das folgende: Im Herbst 1938, kurz vor dem Einmarsch Deutschlands in Böhmen war die Lage dort recht gespannt und es gab Übergriffe von Tschechen gegen Deutsche. Mein Vater hatte deshalb meinen jüngeren Bruder und meine Schwester nach Belgien zu Verwandten geschickt. Mein älterer Bruder und ich waren im wehrpflichtigen Alter und durften das Land nicht verlassen. Hugh entschied in dieser Situation, für ein paar Wochen nach Teplitz zu kommen. Und dies teilte er ausdrücklich dem amerikanischen Gesandten in Prag mit und bat ihn, die tschechoslowakische Regierung in Prag entsprechend zu verständigen. Prompt zogen nach seiner Ankunft Militär- und Polizeiwachen vor unserem Schloss auf und blieben dort, solange er da war - genau das, was er gewollt hatte.

Jan Masaryk, Sohn des ersten Präsidenten der Tschechoslowakei, Diplomat und Außenminister.
Er war ein guter Freund meines Vaters, der ihm und seinem Vater in seinem Buch ein ganzes Kapitel gewidmet hat. Über die Jahre ist er öfter nach Teplitz gekommen. Immer gut aufgelegt, war er voll von lustigen Geschichten, die er in perfektem Wiener Deutsch oder in ebenso perfektem Englisch erzählte. Besonders gerne machte er sich über den Größenwahn vieler seiner Landsleute lustig, die aus ihrem kleinen Staat eine Weltmacht machen wollten. Als ich 1938 nach England kam, war er dort der tschechische Gesandte. Und mein Vater hatte mir aufgetragen, ja nicht zu vergessen, ihm einen Höflichkeitsbesuch zu machen, was ich auch gerne tat.

Ich wurde freundlichst empfangen und wir unterhielten uns bestens in seinem Privatsalon etwa eine Stunde lang und wieder nur Deutsch sprechend, obwohl das auch auf Englisch oder Tschechisch möglich gewesen wäre, darüber, wie es meinem Vater ging, was ich in London täte, ob er mir helfen könne, usw. Über Politik haben wir nicht gesprochen, schließlich war ich ja ein neunzehnjähriger Naseweis. Als er ein Auto vorfahren sah, sagte er lachend: „Jetzt muß ich sie hinausschmeißen, da kommt der Rothschild, und der ist für mich wichtiger als Sie". Ich habe Jan Masaryk nie wieder gesehen.

1886 geboren, war er zwar ein Kosmopolit der reinsten Schule. Er war sicher ein pflichtbewusster Diener seines Staates, aber er wusste auch, daß in der Vergangenheit nicht alles schlecht gewesen war. Ressentiment und übertriebenen Nationalismus, den viele seiner Landsleute pflegten, waren ihm fremd. So war er wohl auch mit der Entwicklung des politischen Geschehens in der Tschechoslowakei nicht immer einverstanden.

Von dem Nachfolger seines Vaters, Eduard Benes, einem kleinen Zwerg in der Geschichte Europas, der so unendlich viel Unheil angerichtet hat, müssen ihn in vieler Beziehung Welten getrennt haben.

Masaryks tragisches Ende ist bekannt: Er wurde am 10. März 1948 tot auf dem Pflaster vor dem Außenministerium in Prag, in dem auch seine Wohnung war, aufgefunden. An einen Selbstmord will ich nicht glauben, dazu waren seine Beziehungen, auch sehr persönliche, in der westlichen Welt zu eng. Aber es gab die Annahme, daß er über die Unterjochung seines Landes durch die Russen so verzweifelt war, daß er einen Weg in die westliche Welt suchte. Das kann den Geheimdiensten der Kommunisten nicht verborgen geblieben sein, und so scheint mir ein dritter Prager Fenstersturz am wahrscheinlichsten.

In den Kriegsjahren habe ich viele Generäle aller Schattierungen kennen gelernt. Im Kapitel über meinen Kriegsdienst habe ich auch schon über sie geschrieben:

Generaloberst Rudolf Schmidt, bei dem ich 1942 etwa sechs Monate lang persönlicher Ordonnanzoffizier war.

Ein gütiger, freundlicher Vorgesetzter, der immer bereit war, mir zuzuhören, wenn ich glaubte, etwas sagen zu müssen, wenngleich ich noch nicht 23 Jahre alt war. Ich habe mich damals wohl gefühlt und glaube, daß auch er zufrieden war und daß wir beide bedauerten, daß ich versetzt wurde.

Mein nächster Vorgesetzter war der General der Panzertruppe **Leo Freiherr Geyr von Schweppenburg**, bei dem ich anschließend etwa zwei Monate auch persönlicher Ordonnanzoffizier war. Da er schon 1897 mit meinem Vater in Stuttgart bekannt wurde – Vater war gerade 10 Jahre alt – entsprang sein Wunsch, mich als Ordonanzoffizier zu haben, fast einer familiären Fürsorge, sich um mich kümmern zu können. Trotz mehrerer Versuche ist es nur einmal gelungen, daß ich bei ihm Ordonnanzoffizier wurde, sodaß die Zeit zum wirklichen Kennenlernen seiner noblen Persönlichkeit zu kurz war. Er hatte leider eine sehr labile Gesundheit, die vielleicht verständlicherweise von einer merkbaren Hypochondrie begleitet wurde.

General der Gebirgstruppen **Ferdinand Schörner** war eine völlig andere Person. Er war 1943 mein kommandierender General und später als Feldmarschall der Oberbefehlshaber der Heeresgruppe, zu der wir gehörten.

Er war sehr umstritten, aber da er durch und durch Soldat war, war er bei der Feldtruppe beliebt und in der Etappe gefürchtet. Seine Beziehung zu anderen Generälen kann ich nicht beurteilen, aber ich kann mir vorstellen, daß sie bei manchen von einer gewissen Zurückhaltung geprägt war, denn er hatte vorbehaltslos enge Beziehungen zu den Parteibonzen. Das hat sicher seiner Karriere nicht geschadet, war aber befremdend. Nach einigen Reibereien nach seiner Befehlsübernahme unseres Korps-Stabes kam ich fast ungewöhnlich gut mit ihm aus.

Hervorragend war bei ihm seine Fürsorge für die Truppen an der Front. Er blieb selten einen Tag im Hauptquartier, sondern war immer mit einem Fieseler Storch an der wirklichen Front unterwegs, von wo er dann über Feldtelefon seine Anordnungen und Befehle an den Stab zurückgab. Mit der Etappe lag er immer im Streit, weil er fand, daß dort zu viele Drückeberger herumliefen, die an die Front gehörten. Dabei schlug er manchmal über die Stränge, hatte aber dann auch die Größe, sich zu korrigieren.

Die folgende Geschichte unterstreicht dies: In unserem Korpsabschnitt gab es eine Division mit dem ungewöhnlichen Namen Kavallerie-Panzerdivision Nr. 24. Die Soldaten waren Panzerreiter und nicht Panzerschützen, die Offiziere waren Rittmeister und nicht Hauptleute und die gelbe Paspelierung an ihren Uniformen behielten sie auch anstelle der rosaroten der Panzertruppen. Bei einer seiner Fahrten begegnete Schörner einem LKW, der zu einem Regiment dieser Division gehörte und wollte wissen, was der Fahrer an diesem Ort denn mache. Die Antwort gefiel ihm nicht und so befahl er der begleitenden Feldpolizei, den LKW samt Fahrer ins Hauptquartier zu bringen und fuhr selber weiter. Kurz danach kam ein Rittmeister der 24. Panzerdivision im Hauptquartier vorbei und wollte wissen, warum der LKW-Fahrer nicht bei seinem Regiment wäre. Von der Feldpolizei über den Vorgang informiert, sagte er, „Da könnte ja jeder General kommen" und befahl dem Fahrer, zu dem Regiment zurückzukehren. Der ließ sich das nicht zweimal sagen und zischte ab. Schörner wurde nach der Rückkehr zum Hauptquartier nun seinerseits von der Feldpolizei über all das informiert, bekam einen Wutanfall und befahl, daß der Rittmeister (Georg Michael, 1917 – 1944) sich noch am selben Abend bei ihm zu melden habe.

Ich werde den Anblick nie vergessen, als dieser hereinkam und sich bei ihm meldete. Groß gewachsen, blond und noch recht jung, aber mit so ziemlich allen Auszeichnungen behangen, die es gab, Ritterkreuz mit Eichenlaub, deutsches Kreuz in Gold, drei Panzerabschussstreifen am Ärmel und dem goldenen Verwundetenabzeichen. Schörner schluckte sichtbar, stand auf und ging mit ihm ins Nebenzimmer. Als sie nach kurzer Zeit zurückkamen, war es wohl bei einer Belehrung geblieben.

Am nächsten Morgen, nach Tagesanbruch, flog Schörner zu dem Regiment, um sich persönlich über die Lage zu informieren und was immer getan werden konnte, ließ er dann sofort erledigen. Wenige

Wochen später wurde der Rittmeister schwer am Kopf verwundet. Als Schörner dies erfuhr, schickte er seinen Fieseler Storch und ließ ihn in ein Speziallazarett nach Odessa fliegen.

Monate später, als er schon Oberbefehlshaber der Heeresgruppe Süd war, gab es in unserem Abschnitt eine Aktion, deren Einzelheiten ich vergessen habe. Ich war wachhabender Offizier und verfasste gerade im Morgengrauen die Morgenmeldung, als das Feldtelefon läutete und ich mit Generaloberst Schörner verbunden wurde. Er begrüßte mich als alten Bekannten und ließ sich von mir über die Lage berichten. Ein kleiner Oberleutnant direkt zum Oberbefehlshaber der Heeresgruppe. Als ich meinem General diesen Vorgang berichtete, lachte dieser nur. Da sich dieser Vorgang jeden Morgen wiederholte, solange die Aktion im Gange war, bin ich wohl bei Generälen und den Generalstabsoffizieren des Armeestabes und Schörners eigenem Stab, die völlig übergangen wurden, nicht sehr beliebt gewesen.

Die größte Hochachtung und bleibende Erinnerung habe ich allerdings für einen General, der schon 1939 und fast den ganzen Krieg irgendwo ein Vorgesetzter von mir war, General der Panzertruppen **Walther Wenck**. Ich habe ihn schon 1938 kennen gelernt, weil er im Stab von General Guderian war, der beim Einmarsch ins Sudetenland in Teplitz stationiert war. Gesehen habe ich ihn nur selten, aber da seine wohlwollende Fürsorge bis Ende 1944 fast immer über mir schwebte, habe ich um so öfter von ihm gehört oder mit ihm am Telefon gesprochen. Eine seiner hervorstechendsten Eigenschaften war ein fast väterlicher Einsatz für Führung, Weiterbildung und Werdegang von jungen Offizieren, die ihm gefielen. Das trug ihm bei diesen Offizieren, zu denen zu gehören ich das Glück hatte, hinter seinem Rücken auch den Namen „Papi Wenck" ein.

Im Sommer 1943 war er Chef des Stabes der Armee, zu der auch unser Korps gehörte. Da an der Front längere Zeit Ruhe herrschte, fand er, daß er die Köpfe aller Generalstabsoffiziere in seinem Bereich beschäftigen müsse und gab ihnen militärstrategische Aufgaben auf, die schriftlich zu beantworten waren. Es war streng verboten, sich darüber zu unterhalten. Unerwarteterweise bekam ich, ein kleiner Oberleutnant der Reserve und der erste Ordonanzoffizier des Korpsstabes, auch diese Aufgaben gestellt. Kurz nach Abgabe der Antworten rief er mich an und sagte, daß meine Ausarbeitung ihm besonders gut gefallen habe und meinte, daß es schade wäre, daß ich nur Reserveoffizier sei. Als Berufsoffizier hätte er mich sofort auf die Generalstabsschule geschickt.

Wie ich schon an anderer Stelle erwähnt habe, sollte ich Ende 1944 in einem Sonderstab mitwirken unter Führung von General Guderian und Wenck als Chef des Stabes. Es wurde nichts daraus, weil SS oder SD nach dem 20. Juli 1944 keine Grafen mehr an solchen Stellen erlaubten.

„Papi" Wenck hat den Krieg überlebt und ist erst 1982 gestorben.

Nach meiner Militärzeit habe ich in meinem Leben noch viele andere Persönlichkeiten kennen gelernt.

Einer der bedeutensten war

Otto von Habsburg.
Über ihn ist so viel geschrieben worden, daß es müßig wäre, zu versuchen, etwas hinzuzufügen. Seine unglaublichen Sprachkenntnisse, seine Bücher, Vorträge und seine fundierten Beurteilungen fast aller politischen Vorgänge unserer Zeit sind sprichwörtlich. Ich fühle mich geehrt, diesem ungewöhnlichen Herren in den letzten 50 Jahren mehrfach begegnet zu sein.

Kurz nach seiner Hochzeit, 1951, hatte Gräfin Ernestina Schönborn (geb. Ruffo, Principessa della Scaletta, 1880 – 1965) die prächtige Idee, in ihrem Schloss in Pommersfelden Wochenendveranstaltungen mit ihm und seiner Frau zu organisieren, um ihm die Nachkommen möglichst vieler Familien aus dem Raum der alten Monarchie in zwanglosem Zusammensein vorzustellen. Da haben wir uns kennen gelernt.

1955 machte er mit seiner Frau eine Asienreise, die ihn auch nach Karachi führte, wo ich damals tätig war. Er reiste mit einem Diplomatenpass des Vatikans und wurde in allen Ländern von den spanischen Botschaften betreut. Der Botschafter in Karachi war verreist und der junge Sekretär, der die Vertretung hatte, war der Aufgabe der Vorbereitung des Besuchs nicht ganz gewachsen und bat mich um Unterstützung. Daher war ich bei allem dabei, sodaß es ein Wiedersehen gab.

Jahre später – wann weiß ich nicht mehr – war ich zufälligerweise auf Dienstreise aus USA in Stuttgart bei der Zentrale von Daimler-Benz, als er mit seiner Frau kam, um ein neues Auto abzuholen. Der Vorstand für den Export, aus Mähren stammend, gab ein Mittagessen, an dem nur Firmenangehörige teilnahmen, deren Familien aus dem Raum der alten Monarchie stammten. Das war das nächste Wiedersehen. Dazu kamen noch zwei oder drei Wiedersehen anlässlich von seinen Vortragsreisen, die ihn in den 60-er und 70-er Jahren nach New York führten. Briefwechsel aus verschiedenen Gründen, zuletzt aus Anlass seines 90. Geburtstages, runden das Bild ab.

Wenn die Geschichte einen anderen Weg genommen hätte, wäre Otto von Habsburg sicher für alle Völker der alten Monarchie ein weitsichtiger, gütiger und sehr erfolgreicher Landesherr und Herrscher geworden.

Des weiteren lernte ich kennen:

Winston Churchill

Wie ich noch im Kapitel über Venedig erwähnen werde, war er schon vor dem ersten Weltkrieg ein guter Bekannter meines Vaters, was sich zu einer Freundschaft ausweitete, als die beiden im Alter waren. Ich bin ihm 1951 anlässlich eines Empfanges in Venedig vorgestellt worden. Er verwickelte mich gleich in ein längeres Gespräch über alle möglichen Dinge und meinte abschließend, daß ich meinen Vater nicht verleugnen könne.

Lustig war zu beobachten, wie er die Leute los wurde, die mit ihm in ein Gespräch kommen wollten, an dem er kein Interesse hatte. Er stellte sich einfach taub oder senil. Wenn der Eindringling gegangen war, plauderte er sofort vergnüglich mit denen weiter, mit denen er sich gerade unterhielt.

Nancy Mitford
Sie war über viele Jahre mit meinen Eltern befreundet, bei denen ich sie auch kennen gelernt habe. Sie war im Leben genauso geistreich und witzig wie in den vielen erfolgreichen Büchern, die sie geschrieben hat. Als sie ihr Buch über Friedrich den Großen verfasste, hat sie meinen Vater mit allen möglichen Fragen über die damalige Zeit überschüttet. Als geschichtsbewusster Österreicher hatte mein Vater für den großen Preußenkönig wenig übrig, nicht zuletzt wegen Schlesien, und versuchte lange, aber völlig erfolglos, ihr beizubringen, daß er nicht Friedrich der Große, sondern Friedrich II. von Preußen genannt werden sollte.

Diana Mosley, eine ihrer exzentrischen Schwestern, habe ich auch gekannt. Sie schrieb auch Bücher, aber weniger erfolgreiche. In einem derselben, das unter dem Titel *Loved ones* erschien, war auch ein Kapitel über meine Eltern, das leider voll von Fehlern war. Das Buch wurde von allen Kritikern vollkommen verrissen, was nur z.T. auf das Buch selbst zurückzuführen war. Für Kritiker war es unmöglich, etwas von ihr Geschriebenes objektiv zu beurteilen, denn sie war mit dem englischen Faschistenführer Oswald Mosley verheiratet.

Unter den sechs Mitford-Schwestern, über die eigene Bücher verfasst worden sind, konnte man alles erleben. Eine, Unity Valkyrie, war mit Hitler befreundet, wieder eine andere, Jessica, hatte einen Kommunisten zum Mann. Weil sie ihren Vater ärgern wollte, nannte sie ihren Sohn Stalin, worauf der Vater sie enterbte. Die jüngste, Deborah, blieb dann wieder ganz ihrer Umgebung verhaftet und wurde über ihren Mann die Duchess of Devonshire.

Tschiang Kai-chek, Gegner von Mao tse-Tung und der kommunistischen Bewegung in China während der 30-er und 40-er Jahre und 1. Ministerpräsident des freien China in Taiwan.

Während meiner Zeit in Pakistan bin ich ihm auf einem Empfang der taiwanesischen Botschaft in Karachi einmal begegnet. Kennen-lernen kann ich es nicht nennen, und wir haben auch kaum ein Wort gewechselt. Warum ich dorthin kam, habe ich vergessen, aber dort wirklich etwas zu tun oder zu suchen hatte ich wohl nichts. Ich erwähne den Vorfall nur, weil seine Erscheinung rein visuell auf mich einen so unglaublichen Eindruck gemacht hat.

Ich ahnte dann, wie ein Chinese der alten Schule, sicher aus einer bedeutenden Familie kommend, aussehen, sich bewegen, sprechen usw. mußte. Sein Gesichtsausdruck war freundlich lächelnd zu allen, die mit ihm sprachen, ohne die geringste Wieder-gabe seiner Gedanken oder Emotionen, wie ein vollendeter Schauspieler.

Charles W. Thayer, amerikanischer Diplomat
1936 hat mein belgischer Vetter Guy de Baillet–Latour die Tochter des amerikanischen Botschafters Dunn geheiratet, ihre Schwester heiratete Charly Thayer, auch einen Diplomaten. Er war einer der

spaßigsten, manchmal skurrilsten Menschen, die ich gekannt habe. Anfang der 30iger Jahre ging er nach Russland, um die Sprache zu lernen. Als die USA etwa 1934 die erste Botschaft in Moskau einrichteten, wurde er dort angestellt, weil man im State Department zu wenig Kenner der russischen Sprache hatte.

Später war er am Konsulat in Hamburg tätig, er sprach auch fließend Deutsch, an der Gesandtschaft in Kabul usw., es würde zu weit führen, zu versuchen, alle seine Posten aufzuführen. Aus seiner Zeit in Kabul erzählte er mit trockenem Humor, daß man einmal die Gesandtschaft ausbauen wollte, dazu brauchten sie u.a. Stahlträger. Da solche nicht zu haben waren, mopsten die Arbeiter einfach Eisenbahnschienen und bauten diese ein. Er selber machte die statischen Berechnungen ihrer Tragfähigkeit und kam zu dem Ergebnis, daß alles halten würde, wenn nicht zwei Elefanten in den ersten Stock kämen. Es beruhigte ihn unendlich zu wissen, daß es in Kabul damals nur einen Elefanten gab.

Nach dem Krieg entwickelte er sich zu einem sehr erfolgreichen Schriftsteller. Seine vielen Bücher haben eines gemeinsam: einen nicht zu bändigenden Humor. Sie waren aber auch gefüllt mit aufmerksamen Beobachtungen über Menschen und politische Vorgänge seiner Zeit. Ich glaube, daß ich fast alle seine Bücher gelesen habe, nicht nur, weil er sie mir schenkte, sondern weil sie wirklich sehr interessant waren. *Bären im Kaviar*, *Hände über dem Kaviar*, *Diplomat*, *Muzzy*, die Geschichte seiner Mutter und Familie, *Russland* aus der Länderserie von Time Life, *Natascha*, ein Liebesroman, der in

Russland spielt und sicher ein Schlüsselroman ist. Sein letztes Buch hieß *Die unruhigen Deutschen*. Aus irgendeinem Grund bekam ich es nicht von ihm. Als es verramscht wurde, konnte ich es für 99 US Cent erwerben. Als ich ihn wieder traf und ihm erzählte, wie ich es erworben hatte, aber auch eine Widmung haben wollte, schrieb er ohne mit der Wimper zu zucken: „Für Marcus, den unruhigsten und geizigsten von ihnen".

Etwa 1952 war er Generalkonsul in München und bekam Krach mit dem berüchtigten Senator McCarthy, der hinter jedem Baum russische Spione vermutete. Die wirklichen Gründe waren unpolitisch, aber politische wurden vermutet. Allerdings wurde auch in Europa vermutet, daß Charly ein russischer Spion wäre.

Es kursierte damals eine Geschichte, die wahrscheinlich wahr ist und einen kleinen Einblick in die damalige Personalpolitik des amerikanischen Außenministeriums erlaubt. Bei anderen Ländern wird es sicher nicht anders gewesen sein. Der damalige Außenminister John Forster Dulles mußte den Botschafterposten in Moskau neu besetzen. Er hatte dafür einen der wenigen Russlandkenner Amerikas, Chip Bohlen, ausgesucht, der aber auch Charly Thayers Schwager war. Amerikanische Botschafter müssen vom amerikanischen Senat bestätigt werden und McCarthy wollte dieser Ernennung nur zustimmen, wenn er Charly Thayer schlachten dürfe. Der Kuhhandel wurde gemacht, aber Charly schlug den beiden ein Schnippchen und schied 1953 aus dem Auswärtigen Dienst aus und schrieb Bücher.

Als Charly 1950/1951 bei der Hohen Kommission in Bonn war, habe ich über ihn den Hohen Kommissar **John J. McCloy** kennen gelernt, mit dem ich bis zu seinem Tode verbunden war. Von seinen Freunden Jack genannt—es ist in Amerika weit verbreitet, den Namen *John* in *Jack* zu ändern—war von Beruf Rechtsanwalt. Er war Berater von sechs oder sieben Präsidenten, angefangen mit Roosevelt. Wo immer es brannte, wurde McCloy geholt. So z.B. während der Kubakrise 1962. Er führte damals die entscheidenden Verhandlungen mit den Russen. Wenn er nicht für die Regierung tätig war, hatte er irgendeine andere wichtige Aufgabe, z.B. leitete er lange die große Chase-Manhattan-Bank.

Ich habe ihn eigenartigerweise bei einer Hasenjagd in der Nähe von Bonn kennen gelernt. Nach 1958 habe ich ihn, seine Frau und seine beiden Kinder in New York wieder getroffen und oft gesehen. Seine Erscheinung war nicht sehr beeindruckend, weil er meist alte, schlecht gebügelte Anzüge trug, aber wenn er den Mund aufmachte, war alles, was er sagte, von einem in jeder Beziehung fundierten Wissen geprägt. Es war eine reine Freude, ihm zuzuhören.

Mit der Zeit gelang es mir, ihn mit der Leitung der amerikanischen Tochtergesellschaft von Daimler-Benz bekannt zu machen. Diese bat ihn, Mitglied des Aufsichtsrates zu werden, dem er viele Jahre lang angehörte und unglaublich bereicherte. Anschließend an die vierteljährlichen Aufsichtsratsitzungen fand immer ein Mittagessen statt, zu dem manchmal auch noch andere besondere Persönlichkeiten eingeladen wurden. Z.B. war General

Lucius Clay, der erste Militärgouverneur, ein alter Freund von McCloy, öfters dabei. Bei einer dieser Gelegenheit erzählte McCloy in Anwesenheit von Clay, wie es dazu kam, daß Letzterer der erste Militärgouverneur in Deutschland wurde. Eine Geschichte, die nur noch wenige Amerikaner kennen und sicher noch weniger Deutsche.

1944 wurde McCloy, der Unterstaatssekretär im Kriegsministerium war, zu Präsident Roosevelt gerufen, der ihm mitteilte, daß er ihn zum ersten Militärgouverneur nach dem Krieg bestimmt habe. McCloy erwiderte, daß ihn die Berufung ehre, er aber abraten müsse. In den ersten Monaten würden die Verhältnisse in Deutschland recht chaotisch sein und da müsse ein General an der Spitze stehen. Er sagte ihm, sie kennen doch unser Militär, die wollen doch nie Anweisungen von einem Zivilisten befolgen. Darauf meinte Roosevelt, das mag schon sein, aber er kenne bei der ganzen Bande keinen, dem er diese Aufgabe zutraue. Darauf schlug McCloy den General Clay vor. „Von dem Kerl habe ich noch nie etwas gehört", sagte der Präsident, „schicken sie ihn doch einmal zu mir". Gesagt, getan, Clay gefiel dem Präsidenten und bekam die Aufgabe, die er ja bekanntlich meisterhaft erfüllte, siehe Luftbrücke Berlin. Erst sein Nachfolger wurde dann McCloy, weil dann die Besatzungsverwaltung auch vom Militär auf das Außenministerium überging. In der Erinnerung verkörperte John J. McCloy so ziemlich das Ideal einer in jeder Beziehung ungewöhnlichen Persönlichkeit.

John S. White

Irgendwann in den 60-er Jahren habe ich ihn kennen gelernt und blieb mit ihm bis zu seinem Tod freundschaftlich verbunden. Er war damals geschäftsführender Direktor der New York City Opera. Er stammte aber aus Wien, wo sein Name allerdings Hans Schwarzkopf war. Wenn jemand so dumm sein sollte, ihn zu fragen, wie man *White* schreibt, buchstabierte er S – C – H – W – A – R – Z – K – O – P - F. Er hatte auch keinerlei Bedenken, über seine Vergangenheit zu sprechen, und sagte lachend, daß er nicht ein Emigrant wäre, sondern ein Semigrant.

Israel gegenüber war er sehr kritisch eingestellt und war einer der so gar nicht wenigen Menschen jüdischer Abstammung, die die Ansicht vertreten, daß es noch gar nicht sicher sei, daß die Gründung von Israel sich als ein Glück für die Juden und ein Segen für den mittleren Osten erweisen wird.

Was bei John vielleicht das Verblüffendste war, war seine unglaubliche Allgemeinbildung. Perfekt in Wort und Schrift in fünf Sprachen, gab es eigentlich kaum ein Thema, zu dem er nicht ein fundiertes Wissen beisteuern konnte. Er war wie ein wandelndes Konversationslexikon. Abgesehen von seinem phänomenalen musikalischen Wissen — ein Spezialgebiet war das Finden und Fördern von unbekannten, erfolgversprechenden Sängern — hatte er an der Sorbonne Philosophie studiert, in Italien Kunstgeschichte und in Wien wieder etwas anderes. Als wenn das noch nicht genug wäre, gab es nichts über Lippizaner Pferde, das er nicht wusste, und in seiner Jugend soll er auch einmal Bereiter in der Hofreitschule gewesen sein.

Nach meiner Pensionierung kam er uns oft in Florida und in Venedig besuchen, immer begleitet von einem schweren Sack mit Büchern. In Venedig sauste er gleich in die nächste Buchhandlung, um noch mehr solche zu erwerben. Das Lesen hatte er mit Gisela gemeinsam, die ja auch nicht fünf Minuten still sitzen konnte, ohne etwas zu lesen.

John war immer hungrig und liebte gutes Essen, ohne dabei dick zu werden. „Wann gibt es wieder etwas zu essen?" war ein beliebter Spruch von ihm, und da Gisela die perfekteste Köchin war, die ich je gekannt habe, war er bei uns an der richtigen Stelle. Er fühlte sich bei uns so zu Hause, daß er einmal in Venedig im Schlafrock und unrasiert zum Frühstück kommen wollte. Gisela hat den alten Herren prompt in sein Zimmer zurückgeschickt. Als er wieder kam, meinte er etwas verlegen, aber doch verschmitzt lächelnd, daß Gisela streng und ungerecht wäre.

Seine Junggesellenwohnung in New York war wie die Wohnung eines zerstreuten Professors. Nie aufgeräumt, gab es keinen Platz, auf dem nicht Bücher, Zeitschriften oder irgendetwas anderes Beschriebenes herumlag. Er war der Einzige, der sich auskannte. Nach seiner Pensionierung — er ging immer noch fast jeden Abend in die Oper oder in ein Konzert — wohnte er weiterhin in dieser Wohnung. Als er schon nahe an die neunzig war und nicht mehr alleine leben konnte, zog er zu Freunden, die er seine Familie nannte, nach Sarasota in Florida, wo wir ihn noch öfters gesehen haben und wo er auch gestorben ist.

Beverly Sills

Durch John White bin ich auch mit der berühmten Sängerin Beverly Sills bekannt geworden und seit vielen Jahren in Verbindung geblieben. Sie ist nicht nur eine vollendete Sängerin gewesen, sondern auch eine unglaubliche Schauspielerin. Jede Rolle, in der ich sie in den Jahren singen gehört habe, war daher für Ohr und Auge ein voller Genuss und eine bleibende Erinnerung. Was ich bei ihr aber am meisten bewundere, ist, wie sie in ihrer Familie mit einem tragischen Geschehen, ihre beiden Kinder betreffend, fertig geworden ist. Ich fühle mich nicht berechtigt, Einzelheiten zu erzählen, aber es bedarf einer besonderen Größe und Tapferkeit, in der Familie ein solches Schicksal erleben zu müssen und gleichzeitig im täglichen Leben eine Fülle von Aufgaben zu übernehmen, die einen dauernd in das grelle Rampenlicht der Öffentlichkeit stellen.

Über die Jahre habe ich nolens volens auch eine Menge Bankiers getroffen und z.T. auch besser kennen gelernt. Drei von ihnen sind mir in sehr guter Erinnerung geblieben.

Hermann Josef Abs

„A wie Abs, B wie Abs und S wie Abs", der Vorstandsvorsitzende und spätere Aufsichtsratsvorsitzende der Deutschen Bank, dessen Intellekt, überragendes Wissen und Charme legendär waren.

Alfred Herrhausen, einer von Abs' Nachfolgern, dessen steile Karriere durch seine Ermordung ein tragisches Ende fand und

David Rockefeller. Er war jahrelang der Leiter der Chase Manhattan Bank, seine unglaubliche Höflichkeit machte einen fast verlegen. Ich habe ihn bei vielen Gesellschaften und Empfängen gesehen, aber am besten bin ich mit ihm über Autos bekannt gewesen, denn er fuhr immer Mercedes. Und wenn der Kauf eines neuen Autos bevorstand, wurde ich immer zitiert, um mit ihm und seiner Frau im Ausstellungsraum in der Park Avenue in New York den Fahrzeugtyp und die Ausstattung, Farbe usw. zu besprechen.

Auch viele Mäzene habe ich kennen gelernt.

Stephen Kellen und seine Frau Annemarie habe ich viele Jahre sehr gut gekannt. Er ist im Frühjahr 2004 kurz vor seinem 90. Geburtstag gestorben. Beide stammten aus Deutschland und hatten die Möglichkeit, sich frühzeitig in USA niederzulassen und auch einen Teil ihres Vermögens und besonders ihrer Kunstschätze zu retten. Er leitete viele Jahre das sehr bekannte Investitions-Bankhaus Arnhold & Bleichröder – Annemarie war eine geborene Arnhold – das wohl auch mehrheitlich den beiden gehörte. Mit den Kunstschätzen in ihrer Wohnung in New York hätte man ein Museum füllen können. „Rote Pferde" von Franz Marc, wohl das letzte große Bild von ihm, das sich noch in Privathand befindet. Ein Portrait von Annemaries Mutter von Salvador Dali, und so weiter, und so weiter, ..…. Es war ein einmaliges Erlebnis, diese Wohnung zu kennen.

Die beiden hatten kein Ressentiment, was das heutige Deutschland betrifft, und haben über die

Jahre viele Millionen Dollar in Berlin gestiftet. Die Kenntnis der deutschen Sprache, in der wir meistens sprachen, blieb unverändert, einmal bekam ich allerdings von Annemarie einen Brief, der auf Englisch begann und auf Deutsch mit der Bemerkung endete, „ich muß wohl ein bisschen geschlafen haben, daß ich anfing, Ihnen auf Englisch zu schreiben".

Mrs. Vincent „Brooke" Astor

Ich habe sie durch die Botschafterfamilie Dunn kennen gelernt, von der verschiedentlich die Rede war. Sie ist ein hochintelligenter, warmherziger Mensch, immer bemüht etwas Gutes zu tun, was natürlich sehr viel leichter zu bewerkstelligen ist, wenn man wohlhabend ist.

Wie bekannt, ist wohlhabend aber nicht dasselbe wie freigiebig. In New York kursierte lange eine Geschichte von Vater Rockefeller, der einem Taxifahrer einmal 10 Cent Trinkgeld gab. Dieser murrte und sagte: „Wissen Sie, daß ihr Sohn mir immer einen Dollar gibt", darauf der Alte: „Wenn ich nicht mein ganzes Leben lang 10 Cent gegeben hätte, könnte mein Sohn nicht einen Dollar geben".

In New York ist Brooke Astor in der Gesellschaft so etwas wie die ungekrönte Königin. Ihre erste Ehe war nur soweit erfolgreich, als ihr einziges Kind daraus stammt. Ihre zweite Ehe war wohl ihre wirklich glückliche. Der Mann, Charles Marshall, adoptierte den Sohn aus der ersten Ehe, der dann Anthony Marshall hieß. Dieser heiratete, und nach einiger Zeit bekam seine Frau Zwillinge, die Anthony Marshall und Peter Marshall hießen, zum größten Vergnügen der ganzen Familie wurden die beiden immer *AM* und *PM* genannt, was in Englisch *Vormittag* und *Nachmittag* heißt.

Mr. Marshall ist früh – 1952 - gestorben und dann heiratete sie einen alten Freund, Vincent Astor, aus der großen amerikanischen Familie deutscher Abstammung. Ich habe ihn nicht mehr gekannt, aber er muß kein besonders liebenswerter Mensch gewesen sein. Sein Vater ist beim Untergang der Titanic ums Leben gekommen und hinterließ ihm ein sehr großes Vermögen, das er sorgsam verwaltete, eine prachtvolle Wohnung in New York, ein Landhaus am Hudson in Tappan Zee, New Jersey, und ein viele hundert Hektar großes Landgut in Rhinebeck, New York State, waren ihre Wohnsitze und erlaubten dem Ehepaar ein angemessenes Wohlleben. Übertriebenen Luxus kannten beide nicht.

Der Großteil des Vermögens war in eine Stiftung eingebracht. Er machte sie zur Generalbevollmächtigten der Stiftung und sagte „Ich hoffe, daß Du nach meinem Tod einen großen Spaß haben wirst, all das Geld zu verschenken". Die öffentliche Bibliothek, der Zoologische Garten, die Metropolitan Opera, alle in New York, und andere Institutionen sind mit manchmal großen Summen aus ihrem fast unerschöpflichen Füllhorn bedacht worden, alles in allem müssen es etwa 200 Mio. Dollar gewesen sei.

Beim Schreiben dieser Zeilen lebt Brooke noch. Von Zeit zu Zeit sieht man Bilder von ihr in den Zeitungen von Wohltätigkeitsveranstaltungen, aber weniger als früher. 2002 wurde sie einhundert Jahre alt. Als sie gefragt wurde, ob ihr an diesem Jubiläum etwas leid täte, kam prompt die Antwort „O ja, seit heute kann ich nicht mehr mit meinem Alter schwindeln".

Vor allem durch die mir zugeordnete Öffentlichkeitsarbeit der MBNA lernte ich auch Verleger und Journalisten der verschiedensten Schattierungen von Presse und Fernsehen kennen. Sie sind, immer von Ausnahmen abgesehen, nicht meine besten Freunde. Ich erlebte sie in Amerika seit vielen, vielen Jahren, was mich zu der Ansicht gebracht hat, daß moderner Journalismus nicht immer dem menschlichen Charakter zuträglich ist. Sie wollen der Öffentlichkeit weis machen, daß sie immer pro bono publico sind, niemals Vorurteile haben, nicht wissen, was ein Ressentiment ist, usw. Die Wirklichkeit ist fast genau das Gegenteil, voreingenommen, immer versuchend, jemand, den man nicht leiden kann, an den Pranger zu stellen oder ihm sonst zu schaden, ohne jemals zur Verantwortung gezogen zu werden, wenn eine Behauptung nicht stimmt, sind sie nicht die schönste Zierde unserer Zeit. In ihrer Überheblichkeit glauben sie, die Zeitgeschichte zu bestimmen und beeinflussen sie auch sicher – und das nicht immer zum Besten.

Wohl einer der bedeutendsten Sprecher im amerikanischen Fernsehen war **Walter Cronkite**. Ich kannte ihn vor vielen Jahren sehr gut. In unseren Unterhaltungen waren wir nicht immer derselben Ansicht, aber jeder hatte Achtung vor der Meinung des anderen. Seine Nachfolger können ihm in dieser Beziehung nicht das Wasser reichen.

Zwei andere Persönlichkeiten, an die ich mich gerne erinnere, sind **C.D. Jackson**, vor vielen Jahren Herausgeber von Life Magazine, und **William Randolph Hearst,** von dem gleichnamigen Zeitungskonzern.

Die beiden waren diametral verschieden. C.D. Jackson war expansiv und extrovertiert. Wenn er ins Ausland reiste, benahm er sich wie ein Herrscher oder Ministerpräsident und wollte daher auch nur mit solchen verkehren.

Von Zeit zu Zeit gab er Mittagessen im kleinen Kreis, während denen er dann über seine letzte Reise referierte. Er gab auch einen monatlichen Rundbrief heraus. Wenn man, wie ich, auf der Verteilerliste stand, war man bestens über die letzten Interna aus vielen Ländern der westlichen Welt informiert.

William Randolph Hearst war das Gegenteil, nett und freundlich, lebte fast zurückgezogen, hatte wenig Interesse am großen Rampenlicht, anders als sein berühmter Vater, der der Begründer des Zeitungsimperiums war. William Randolph Hearst — er ließ sich gerne mit Bill anreden — lebte meist in Kalifornien, hatte aber auch in New York ein Büro in der 7. Avenue. Wenn ich ihn dort aus irgendeinem Grund besuchte, wollte er immer über Autos quatschen. Als ich 1983 in Pension ging, gab die Firma einen ziemlich großen Abschiedsempfang für mich, zu dem er auch eingeladen wurde. Er schrieb mir einen freundlichen Brief, daß er nicht kommen könne, weil er außer Landes wäre und mir daher schriftlich alles Gute wünschen wolle mit dem Zusatz, daß er meinen Nachfolger nicht beneide, denn der müsse sehr große Füße haben, um meine Fußstapfen zu füllen. Wenn diese Bemerkung auch sicherlich übertrieben war, tat sie doch wohl.

Da die Verbindung zur deutschen Kolonie und zu den Diplomaten auch zu meinem Aufgabengebiet bei der Firma gehörte, habe ich über die etwa 25 Jahre meiner Tätigkeit in New York eine Menge ausländische und deutsche Diplomaten und Politiker kennen gelernt:

Die Kanzler **Brandt** und **Kohl**, die Ministerpräsidenten **Strauß** und **Späth** und viele, viele Minister, Botschafter und Generalskonsuln.

Ich kannte auch den österreichischen Generalsekretär der UNO, **Kurt Waldheim**, allerdings natürlich nur gesellschaftlich. Er fuhr privat ein Mercedes-Cabriolet, das mir etwas Kummer bereitete, weil seine Frau und Töchter immer etwas kaputt machten und es dann gerichtet haben wollten, ohne daß er es merkte. Über seine Vergangenheit usw. kann und will ich mich nicht äußern. Dazu waren und sind andere besser befugt.

Gesellschaftlich gesehen, war er ein unkomplizierter Mensch, der gar nicht versuchte, sich selber in den Vordergrund zu stellen. Bei einem recht großen Empfang saß er einmal eine relativ lange Zeit mit Gisela auf einem Sofa, in sehr angeregte Unterhaltung vertieft. Als diese zu Ende war, wollten andere neugierige Gäste wissen, über welche großen politischen Ereignisse sie gesprochen hätten. Gisela mußte herzlich lachen. Die Unterhaltung hatte sich nur um's Fischen gedreht und welche Haken und Köder für das Fangen von diesem oder jenem Fisch in Florida am besten wäre.

Zu den deutschen Botschaftern bei der UNO gehörte auch **Sigismund von Braun**, und alle drei Brüder dieses Namens habe ich gekannt: **Magnus von Braun**, der bei der Automobilindustrie in Detroit tätig war, und **Wernher von Braun**, der Raketenentwickler.

Mit ihm hatte ich oft zu tun. Er war irgendwie mit Herren der Firma bekannt geworden und wurde zuerst Mitglied des Aufsichtsrates der amerikanischen Firma und dann in den letzten Jahren vor seinem zu frühen Tod auch Aufsichtsratsmitglied der Daimler-Benz AG in Stuttgart. Es war ein reines Vergnügen, ihm zuzuhören, wenn er über seine Visionen von der Entdeckung von Geheimnissen des Weltalls erzählte. Visionen, die durch die Fortentwicklung von Trägerraketen heute zum Teil schon Wirklichkeit geworden sind.

Ein deutscher Botschafter bei der UNO, der bei mir einen bleibenden Eindruck hinterlassen hat, war **Alexander Böker**. Eine blendende Erscheinung, unglaublich gebildet, sich mühelos auf dem Parkett in den wichtigen Sprachen ausdrückend — er war nicht umsonst Rhodes Scholar gewesen — war er die Personifizierung eines Diplomaten der alten Schule, jemand, den es heute eigentlich nicht mehr gibt. Er hatte zuletzt auch noch die Größe, von seinem hohen Posten zurückzutreten, weil er der Ansicht war, daß er die Politik der Regierung, die ihn entsandt hatte, nicht mehr vertreten konnte.

Und zuletzt noch einen, **Rüdiger von Wechmar,** mein alter Freund, den wir alle nur „Dodel" nannten. Er konnte sich nicht von New York abnabeln. 1958 war er Pressereferent im Generalkonsulat, dann kam er wieder als Leiter des German Information Centers und zuletzt, wenn ich nicht noch eine Station vergessen habe, als Botschafter bei der UNO und einmal Präsident der Vollversammlung. Seine Liebe für New York war durch nichts zu unterdrücken. Er wurde auch manchmal diesbezüglich auf die Schippe genommen und es wurde behauptet, daß er als Staatssekretär in Bonn Dienstreisen zwischen zwei europäischen Hauptstädten immer mit einer Zwischenlandung in New York zu verbinden pflegte.

Viele andere bedeutende Menschen habe ich während meiner Tätigkeit, vor allem in New York, kennen gelernt. In Venedig kamen andere dazu, mei

Mit Kanzler Willy Brandt...

… und Ministerpräsident Strauss.

stens solche, die mit den schönen Künsten zu tun
hatten. An die allermeisten von ihnen habe ich gute
Erinnerungen, aber es würde jetzt zu weit führen,
alle zu erwähnen. In dem Kapitel „Von Autos und
Menschen" führe ich noch einige auf, die ich wegen
unserem gemeinsamen Interesse an Auto's kennen
lernte.

In der Firma DBAG, bei der ich fast mein gesam-
tes Arbeitsleben verbracht habe, lernte ich natürlich
zahlreiche Mitarbeiter und Führungspersönlichkei-
ten bis hinauf in den Vorstand und Aufsichtrat kennen. Fast alle waren Menschen, die ihre ganze Kraft
ausschließlich dazu einsetzten, das Wohl der Firma
Mercedes-Benz zu fördern, auch wenn sie untereinander verschiedener Ansichten waren und manchmal auch Ziele vorgaben, die im Nachhinein nicht
erstrebenswert waren.

Allen bin ich dankbar, sie gekannt zu haben.

Reisen, von denen ich erzählen will

Witze über das Reisen, besonders zu Fuß, gibt es schon lange. Von dem Wiener, der findet, daß es bis Stockerau geht, ab da aber langweilig wird, bis zu den Hamburger Ameisen von Ringelnatz, denen schon bei Altona die Füße weh taten.

Belgien in den zwanziger Jahren, England in den Dreißigern waren in der Jugend besondere Ereignisse, aber sonst gibt es aus dieser Zeit nichts von besonderem Interesse, denn andere Reisen machten meine Geschwister und ich nur nach Österreich und nach Deutschland. Interessantes aus fremden Ländern, die ich beim Militär, im Krieg und im Beruf erlebt habe, sind woanders beschrieben.

Die erste wirkliche Reise war wohl um 1960 eine zehntägige Segelschifftour durch die Karibik, von Miami bis Miami, Windjammer-Cruises genannt. Es waren drei Segelschiffe—wir waren auf dem kleinsten—und etwa fünfzig Personen.

Es begann, indem sich alles in Miami in einem Motel zum Konsum von Rumgetränken und zum Beschnuppern versammelte. Aus irgendeinem Grund durften die Schiffe Passagiere in Miami abladen, aber nicht aufnehmen, also wurde nur das Gepäck verladen, und die Schiffe tuckerten über Nacht ohne uns nach Bimini Island, das zu den britischen Bahamas gehört aber nur 80 km von der amerikanischen Küste entfernt ist. Wir wurden am nächsten Morgen mit Wasserflugzeugen dorthin befördert. An Bord bekamen wir sofort wieder ein Rumgetränk, das Rum Swiggel hieß. Ich glaube, daß von dem Zeug auf der Reise mehr konsumiert wurde, als Tee, Kaffee und Wasser zusammen.

Die Unterkunft war gut, aber etwas primitiv. Paare und einzelne Damen immer zu zweit in Kajüten und die einzelnen Männer in Kojen. Da die Kojen zwischen den Kajüten und dem Ausgang lagen, mußten die Damen immer „Achtung!" rufen, wenn sie hinaus wollten, damit alle Männer präsentabel waren.

Alles war sehr ungezwungen. Wir segelten oder tuckerten mit Motor, wenn kein Wind war, und fischten oder ankerten zum Baden an irgendeiner kleinen Insel oder legten uns faul in die Sonne. Auf den unbewohnten Inseln gab es eine Menge kleiner Krebse. Wir fingen einen Haufen von ihnen und taten sie in einen Kübel mit feuchtem Sand, in den sie sich gleich einbuddelten. Abends wurde auf dem Deck ein kleiner Kreis gezogen und etwa fünfzig Zentimeter weiter außen ein großer. Die Krebse bekamen mit Lippenstift Nummern auf den Rücken gemalt und wurden in die Mitte gesetzt, um von dort aus nach außen zu krabbeln. Wer zuerst außen ankam, hatte gewonnen. Wir wetteten auf die Nummern. Die kleinen Mistviecher machten aber nicht immer, was sie sollten und krochen manchmal einfach im Kreis herum oder genau vor dem äußeren Ring wieder zurück. Bei der nächsten Insel wurden sie wieder ausgesetzt und neue gefangen.

Wirklich an Land gegangen sind wir nur in Nassau, Bahamas, für eine Nacht und zwei Tage. Wir sollten auf unseren Schiffen schlafen, aber am Abend kam ein Sturm auf und wir konnten bei den hohen Wellen nicht vom Land wieder auf die Schiffe übersetzen und außerdem mußten die Schiffe aus dem Kanal, einer Meerenge zwischen den zwei Hauptinseln, in der Nacht weg, weil auch für sie die Wellen zu hoch waren. Das Finden von Hotelzimmern am späten Abend war schwierig und es gab Massenlager, wo immer das möglich war.

Wieder in Miami zurück, gab es noch etwas Aufregendes: Gisela hatte damals nur ein Besuchervisum für die USA und mußte alle sechs Monate ausreisen. Also versuchten wir, zehn Tage Bahamas als Ausreise zu verwenden. Der Immigrationsbeamte wollte aber davon nichts wissen. Dies wiederum ärgerte unsere neuen amerikanischen Freunde, die ihn so lange zur Sau machten, bis er nachgab.

Die Rückreise nach New York im Auto war deshalb kitzlig, weil unsere Bargeldvorräte weg waren und wir nur dort essen, schlafen oder tanken konnten, wo ich mit Kreditkarte bezahlen konnte.

Die nächste Reise führte dann ein paar Jahre später, Anfang der sechziger Jahre, zweimal zu den Cayman Islands, einer Inselgruppe bei Jamaika. Diese wurden ausgesucht, weil es ein Platz sein sollte, den man an einem Tag von New York aus erreichen konnte. Schließlich standen nur etwa zehn Arbeitstage zu Verfügung, denn wir wollten nicht zuviel vom Sommerurlaub in Europa abknapsen.

Von New York flog man, mit Umsteigen in Miami, nach Georgetown auf Grand Cayman, die anderen beiden Inseln, Little Cayman und Cayman Brack, waren damals überhaupt nicht bewohnt. (Nebenbei bemerkt, es gibt 33 Georgetowns auf der Welt.). Dort wurde ein kleiner Jeep — er stammte aus Australien — gemietet, der zwar vier Personen beförderte, von denen aber drei das Gepäck auf den Kotflügeln festhalten mußten. Eine Straße ganz um die Insel gab es damals noch nicht, jetzt soll es sie geben. Man konnte an den so genannten feinen Strand oder bis zum östlichen Ende der Insel, wo es einen feinen Club gab, oder von der Mitte der Insel nach Norden und Westen fahren, wo es einige Bungalows gab, die man mieten konnte. Wir haben das getan und hatten einen von vier existierenden Bungalows. Dann gab es noch einen Verwalterbungalow, in dem auch für alle Bewohner ein Aufenthaltsraum war, und in dem die Bar war. Es war Selbstbedienung auf Vertrauensbasis; man schrieb einfach auf einen Block, was man genommen hatte.

Der Verwalter war ein Österreicher, der in der ganzen Welt herumgekommen war und alle möglichen Sprachen sprach. Er lebte vom Frühstück an nach dem Grundsatz, daß sieben Tage in der Woche betrunken sein auch ein regelmäßiges Leben bedeutet. Er hieß Czerny und war ein entfernter Verwandter von dem Czerny, der mit seinen Etüden alle angehenden Musiker beglückt oder geärgert hatte.

Lebensmittel mußten in Georgetown im Supermarkt besorgt werden. Es gab aber im Verwaltungsgebäude eine Batterie von Tiefkühltruhen mit Eiern, Butter, Gemüse, Obst und all dem, was man einfrieren konnte. Dies lief, wie die Bar, auch nur mit Aufschreiben.

Der Tagesverlauf war: Insel erforschen, baden, schnorcheln, Muscheln suchen, fischen und dergleichen.

Zu dem Muscheln-und-so-weiter-sammeln gehört noch eine kleine Begebenheit: Es gab in den dortigen Gewässern auch alle möglichen kleinen Krebse, so daß man im Wasser viele, zum Teil sehr bunte, leere Krebsgehäuse fand. Diese sammelten wir auch und legten sie vor unseren Bungalow zum Austrocknen. Eines Abends hörten wir vor dem Haus Geräusche. Der Grund war fast nicht zu glauben: Einsiedler-krebse waren am Wirken. Wie bekannt, schützen sie ihre weichen Hinterteile, indem sie diese in einem Krebsgehäuse verstecken. Wenn sie dann wachsen, wird das Haus manchmal zu eng und dann müssen sie eben ein größeres suchen. Da war unsere Samm-lung für sie natürlich ein Glücksfall. Die Einsiedler-krebse benutzten unsere Sammlung ganz einfach als Angebote von leerstehenden Wohnungen, aus denen sie die notwendige Größenordnung nur aus-wählen mußten.

Das Fischen war natürlich wichtig, weil wir die gefangenen Fische auch selber futtern wollten. Besonders beliebt war Flundernfischen, aber mit dem Speer. Auf der Westseite der Insel war ein flacher Sandstrand und da gab es eine Menge von ihnen. Man schnorchelte in etwa zwei Meter tiefem

Wasser. Die Flundern verbuddelten sich im Sand, aber man konnte die Konturen und ein Auge sehen. Dann stieß man den langen Dreizackspeer wie eine Harpune etwas vor die Flunder nach unten. Diese sahen ihn kommen und wollten nach vorne abhauen und das war dann genau dorthin, wo der Speer den Fisch traf.

Der zweite Besuch ein Jahr später verlief ähnlich, und es gab noch ein lustiges Ereignis: Wir hatten einen Eingeborenen kennen gelernt, der sich Captain Cyril nannte. Captain deshalb, weil er im Krieg in der englischen Marine gedient hatte, ich glaube irgendwo als Küchengehilfe. Wir hatten ihn im Verdacht, daß er in seiner Gegend der Insel der Tröster aller allein lebenden oder verlassenen Frauen war, denn einige der herum laufenden Kinder sahen ihm sehr ähnlich. Eine Musik-Kapelle hatte er auch, die die typische Musik der Karibik spielte.

Einmal kam er und sagte, daß er ein sehr schönes Boot habe, und mit uns fischen gehen wolle. Wir waren natürlich Feuer und Flamme. Am nächsten Morgen kam er angestakst. Sein Boot war eine Nussschale, eine Nummer besser als ein ausgehöhlter Baumstamm. Angeln sollten wir zu Hause lassen. Dann suchte er einen Weg, um durch das Korallenriff zu kommen. Dort war dann das Wasser auch gleich viel tiefer, zwanzig bis dreißig Meter. Er hatte eine kleine Kiste dabei, die am Boden eine Glasscheibe hatte. Wenn man die auf das Wasser legte, konnte man den Meeresboden gut beobachten. Dann wurde der Anker geworfen, der bestand aus einem großen Felsbrocken, in den ein Loch gehauen worden war, damit man einen Strick hindurch ziehen konnte. Als er ankam, hatte er in seinem Boot auch eine Languste, die er so nebenbei gefangen hatte, um sie als Köder zu verwenden. Das ließen wir natürlich nicht zu und wir bekamen das Schwanzstück. Aus dem Rest und allen möglichen anderen Sachen wurde an einem ziemlich großen Haken ein Köder produziert und alles an einem Strick ins Wasser gelassen.

Den Strick bekam Gisela über den Finger gelegt, damit sie fühlen konnte, falls ein Fisch daran knabberte. Er beobachtete alles durch seine Kiste mit der Glasscheibe. Auf einmal zog es ganz doll, Giselas Finger blutete, weil er von der Leine geschnitten wurde, und er rief: „Schnell ziehen, ein großer Grouper, vierzig bis fünfzig Pfund!" Das konnte Gisela natürlich nicht, aber er bekam das Riesenvieh tatsächlich ins Boot. Dabei ist das Boot zuerst beinahe gekentert und danach fast untergegangen, weil es so tief im Wasser lag. Glücklich wieder am Ufer angekommen, wurde der Fisch sofort von ihm filetiert, er bekam die eine Hälfte und wir die andere. Wir haben tagelang davon gegessen. Das Allerbeste war die Leber, die als erstes gebraten und dann wieder abgekühlt wurde, überhaupt nicht fischig, sondern wie die allerfeinste kalte Leber schmeckte.

Sonst war nur noch zu bemerken, daß es dort den besten Rum gab, den man sich vorstellen kann, der dazu auch noch spottbillig war. Wir hatten eine Menge davon gekauft und waren auch bereit, ihn zu verzollen. In Miami auf dem Rückflug war aber die Zöllnerin über unsere Muscheln so aufgeregt, daß sie alle Gepäckstücke unbesehen durchließ und somit auch den Rum.

Im Januar 1969 rief mich ein Bekannter bei der KLM an, der dort die PR-Abteilung leitete und lud mich zu einem Freiflug ein. Ich mußte nur am Ende des Monats an einem bestimmten Tag in Amsterdam sein, um dann von dort nach Frankfurt zu fliegen. Diese PR-Freiflüge waren eine beliebte Möglichkeit, um umsonst nach Europa zu kommen. Über die Jahre habe ich sie vier- oder fünfmal mit KLM oder auch mit der Lufthansa gemacht. Aber dieser Flug passte mir überhaupt nicht, bis ich auf die Idee kam, zu fragen, wo der Flieger denn überhaupt weiter hinflog. „Mit acht oder neun Stopps nach Tokio", war die Antwort, „und wenn ich wollte, könnte ich auch bis dahin mitfliegen." Da sah alles schon anders aus, auch wenn es leider nur für mich allein galt.

Aber auch das hatte etwas Gutes: Gisela wollte nicht drei Wochen alleine zu Hause sein, fand eine Freundin, die Zeit hatte, fuhr mit dem Auto nach Süden und entdeckte Sanibel.

Also flog ich an einem Sonntag abend aus Amsterdam ab und kam am Dienstag früh in Tokio an. Dort wurde ich von unserer Generalvertretung tagelang bestens betreut, mit Fahrten nach Kioto und Nara, das tausend Jahre lang die eigentliche Hauptstadt Japans gewesen war, bis diese ungefähr um 1860 nach Tokio verlegt wurde. Auf dem Rückwege machte ich dann Stops in Manila und Bangkok, wo ich immer von den Generalvertretungen betreut wurde, und in Delhi bei Freunden in der Botschaft. Der letzte Stop war Karachi, wo ich auch noch Freunde hatte und den Fortschritt in der von mir 1956 eingesetzten Vertretung sehen konnte. Es würde zu weit führen, alles noch einmal zu beschreiben, aber es waren drei Wochen mit vielen interessanten Einzelheiten und unglaublich mannigfaltigen, neuen Eindrücken und Erfahrungen. Besonders Bangkok hat mir — bis auf den permanenten Verkehrsstau in der Stadt — sehr gut gefallen, und dann in Indien die Besichtigung der vielen Mogul-Denkmäler zwischen Delhi und Agra und ein ausgiebiger Besuch in Agra selber.

Während der Berufszeit gab es ja nur wenige Gelegenheiten für große Reisen. Der Haupturlaub sollte immer in Europa verbracht werden, hauptsächlich der Familien wegen. Also blieb nur die Zeit für eine Woche oder zehn Tage in Februar oder März, wegen der Wärme im Süden der USA, und der war nach der Entdeckung von Sanibel immer dort.

Eine Ausnahme waren Reisen zu Händlertagungen. Diese hatten - abgesehen von der Arbeit - zwei gute Seiten: Da die Händler ja bei guter Stimmung sein sollen, versucht man, sie an interessante und möglichst warme Plätze zu bringen. Da die Frauen der Händler auch kommen sollten, wurden auch Damenprogramme vorbereitet, also müssen auch die Frauen der teilnehmenden Angestellten eingeladen werden. So bekommt man auf Firmenkosten einen schönen Aufenthalt, der nicht als Urlaub gilt.

Besonders beliebt waren in den USA New Orleans,

Las Vegas und Hawaii, wo wir den ersten von unseren fünf oder sechs Besuchen, den letzten im Herbst 2000, machten. In der Karibik waren es Nassau, Bahamas oder Bermuda. Zwei Europareisen nach Berlin und Stuttgart waren auch dabei.

Nach der Pensionierung war zwar die Zeit kein Problem, aber es gab so vieles zu tun. Nach 1984 mußte zunächst Sanibel fertig hergerichtet werden, das heißt Haus und Garten. Außerdem war im Frühjahr, im April 1984, meine Mutter gestorben und da mußte ja auch Venedig umgebaut werden.

Auf Fidschi.

Aber 1987 war es dann endlich soweit: eine Weltreise war geplant. Nach dem Sommerurlaub in Europa ging es über Dubai, Kuala Lumpur nach Melbourne, Australien, wo wir zwei gemütliche Wochen mit Mechthild und Hans Hartmut (v.) Brockhusen (1919) verbrachten, einem jahrelangen Kollegen und liebem Freund. Von dort ging es nach Fidschi, wo wir auf dem internationalen Flughafen in Nandi in den frühen Morgenstunden mit Gisela's Schwester Mütze (Irmgard v. Sydow, geb. v. Witzleben, 1921 – 2002) zusammentrafen, die über die USA gekommen war. Nach einem Aufenthalt dort flogen wir mit Zwischenstop über Hawaii nach Sanibel.

Der Aufenthalt in Fidschi war der erste von drei Besuchen, immer mit Mütze zusammen, wobei wir bei den späteren Besuchen, 1989 und 1992, von Hawaii anreisten. Mit Fidschi hatte es eine besondere Bewandtnis. Mein Schwager Ali (Albrecht v.) Witzleben (1928 – 1995) hatte in Kanada einen Mr. Gilmour kennen gelernt, der zuerst mit einem Mr. Monk zusammen die Insel Wakaya gekauft hatte, später gehörte sie ihm alleine. Diese sollte zu einem Luxusressort entwickelt werden, heute soll sie das auch geworden sein, einschließlich eines Clubs und Bungalows, die gemietet werden können, und so weiter. Aber jetzt soll das Ganze auch sauteuer sein.

Ali hatte einige Grundstücke verkauft und benutzte die angefallene Provision, um selber ein Grundstück zu kaufen und ein echtes Fidschi-Haus — man nennt es eine Bure — bauen zu lassen, ganz aus örtlichem Material, und in dieser wohnten wir.

Zuerst aber zu Fidschi selber: Als wir 1987 ankamen, hatte es gerade eine kleine Revolution gegeben. Als Fidschi nämlich irgendwann, 1800 oder so, Teil des englischen Reiches wurde, stellte der erste Gouverneur fest, daß es niemanden zum Arbeiten gab. Die eingeborene Bevölkerung, die inzwischen zwar keine Menschenfresser mehr waren, war dazu aber zu vornehm, behäbig oder einfach zu faul. Also wurden Schiffsladungen von indischen Kulis importiert und deren Nachkommen waren in jeder Beziehung emsig und bildeten nun die Mehrheit der Bevölkerung. Als nach einer Wahl ein Inder Ministerpräsident werden sollte, der die Gesetzgebung, nach der nur die Urbevölkerung Landbesitzer sein dürfen, ändern wollte, gab es Krach und Revolution, aber natürlich unblutig.

Wakaya ist eine uralte Insel, die schon lange Zeit bewohnt war, aber wohl nur zeitweise, weil die Insel zu karg ist. Wasser gibt es nur vom Regen, Bodenschätze keine, doch auch keine wilden Tiere. Landwirtschaft zu betreiben ist fast unmöglich. Die Eingeborenen müssen aber doch immer wieder hingekommen sein, denn es gibt einen hohen Felsen, der Captain's Leap heißt. Der Überlieferung nach hat es einen Krieg zwischen zwei Stämmen gegeben und die Häuptlinge des besiegten Stammes haben sich dort hinabgestürzt, um nicht in die Sklaverei verschleppt oder gar aufgegessen zu werden.

In Deutschland ist Wakaya auch im ersten Weltkrieg bekannt geworden. Felix Graf Luckner (1881 – 1966), der „Pirat" des Kaisers, ist nach seiner ersten Gefangennahme mit einem kleinen Schiff geflohen und dann in einer Bucht von Wakaya gestrandet.

In unserer Zeit gab es einen Verwalter, Mr. Robert Miller, mit Frau und zwei Kindern, die jetzt schon erwachsen sein müssen. Alle sonstigen Einwohner waren meist Australier, die dort Häuser hatten, oder Gäste wie wir, oder solche, die Bungalows im Club gemietet hatten. Alle anderen auf der Insel waren Angestellte der Gesellschaft, die irgendeine Aufgabe hatten.

Durch Zufall hatten wir auch eine Familie Schmidt aus Neuseeland kennen gelernt und alle drei Male wieder gesehen. Von denen wird noch im Zusammenhang mit einer anderen Reise berichtet werden. Sie sind Freunde geblieben. Die beiden Schmidt's, Michael und Cheryl, und ihre beiden Söhne, die heute ganz erwachsen sind, segelten damals allein monatelang mit einem großem Segelboot durch den Pazifik. Er hatte alle notwendigen Einrichtungen auf dem Boot, um auch ohne Mannschaft segeln zu können. Das Boot hatte auch Telex und alle möglichen Radioanlagen, damit er vom Boot aus seiner Berufstätigkeit nachgehen konnte. Heute hat das Boot sicher Computer, Fax und Internet. Die Frau war von Beruf Lehrerin und hatte die Erlaubnis, die Söhne auf dem Boot zu unterrichten.

Strom gab es auf der Insel natürlich nicht, beziehungsweise nur mit Hilfe von Dieselaggregaten. Lebensmittel mußten aus der Hauptstadt Suwa eingeflogen werden. Dazu gab es ein Flugzeug der Gesellschaft, das den ganzen Tag Gäste ein- und ausflog, sowie Lebensmittel und alles, was benötigt wurde, brachte.

Nur nicht Fisch, den fingen wir selber. Auch Fleisch nicht, denn das wurde erjagt. Über die Jahre waren den Eingeborenen Hausschweine und Ziegen weggelaufen und waren ganz verwildert. Außerdem haben sie sich natürlich auch gewaltig vermehrt. Ein früherer Besitzer der Insel hatte auch eine Art Damwild ausgesetzt und die vermehrten sich auch. Der Verwalter, Rob Miller, war der einzige, der Waffen hatte, und so ging er wohl einmal im Monat auf die Jagd, einmal für den eigenen Bedarf und dann zur Verteilung an die Angestellten.

Und wir, wir haben gebadet, gefischt, geschnorchelt, im Jeep die Insel erforscht oder sind im Boot zur Nachbarinsel gefahren, was etwa drei Stunden ein Weg war. Muscheln haben wir auch gesammelt, besonders die recht seltene Nautilusmuschel war sehr begehrt. Abends war fast immer Grillfest und so weiter. Es war immer etwas los.

Beim Ankommen auf der Insel war es üblich, den männlichen Eingeborenen ein Gastgeschenk mitzubringen. Dies war immer dasselbe: Kava, das Lieblingsgetränk der Männer. Eine Wurzel wurde gemahlen und mit Wasser zu einer Brühe gemacht, die aus halbierten Kokosnussschalen getrunken wurde, einen ganz eigenartigen Geschmack und eine leicht narkotische Wirkung hatte.

Überall gab es natürlich auch massenhaft Kokosnüsse. Früher waren sie auch einmal geerntet worden, das Fleisch der Kokosnüsse wurde getrocknet und dann unter dem Namen Copra verkauft.

Schlecht wiederzugeben sind die wunderschönen Aussichten, die es auf der Insel gab. Besonders in Erinnerung geblieben ist mir ein Haus, das Amerikanern gehörte und Lavetua hieß. Die Aussicht von Wohnzimmer und Veranda war einfach atemberaubend.

Es ist alles eine schöne Erinnerung. Auf dem Rückweg machten wir immer einen Aufenthalt in Hawaii.

Sechsmal sind wir dort gewesen. Das erste Mal anlässlich einer Händlertagung, also noch zur Zeit meiner Berufstätigkeit. Zunächst in Honolulu, der Hauptstadt auf der Insel Oahu, mit einem anschließenden Kurzurlaub auf der großen Insel Hawaii, von der die ganze Inselgruppe ihren Namen hat. Dann 1987, 1989 und 1992 auf der Rückreise von Fidschi. Etwa 1997 noch einmal und dann zuletzt im Jahr 2000 auf dem Wege nach Neuseeland. Fünf Mal waren wir immer auf der großen Insel, nur 1997 haben wir auch einen Abstecher von wenigen Tagen nach Kauai gemacht.

Die große Insel hat uns am besten gefallen, immerhin noch so klein, daß man sie mit Leichtigkeit an einem Tag umfahren kann, bietet sie einem jede erdenkliche Art von klimatischen Bedingungen und damit auch jede erdenkliche Art von Vegetation. Über die Jahrhunderte sind ungezählte Lavafelder entstanden, die Teilen der Insel das Gepräge einer

Bei einer Händlertagung in Hawai.

gespenstischen Landschaft der Verwüstung vermitteln, aber durch die Hand des Menschen und viel, viel Wasser wurden in diese fast mondähnlichen Verhältnisse Oasen von immergrünen menschlichen Ansiedlungen gebracht. Zwei Vulkanmassive bestimmen, nicht nur optisch, die Vielfalt dessen, was man dort erleben kann.

Mauna Kea, der seit Hunderten von Jahren ruhende Vulkan im Nord-Osten, hat einen Krater in ewigem Eis und Schnee mit einer bedeutenden Sternwarte; und auf der Südseite Mauna Loa, dessen höchste Erhebung auf der Westseite ebenfalls vulkanisch ruht, während die Südostflanke seit mehr als zehn Jahren durch immer wieder ausbrechende Lava-Ausbrüche ganze Dörfer zerstört und viele Hektar neues Land auf der Südseite geschaffen hat. Einen Lavastrom aus nächster Nähe zu erleben, ist ein unvergessliches Erlebnis.

Wenn man von Kona nach Süden fährt, kommen zuerst Kaffee- und dann große Maccadamia-Nuss-Plantagen und dann überall Obst in verschiedensten Sorten: Papaya, Passionsfrucht, Lillicoi genannt, Guave, Brotfrucht, Bananen, Avocado und so weiter.

Weiter südlich ist es regenarm und daher alles vertrocknet. Bis zur Südspitze, im übrigen der südlichste Punkt der USA, und dann weiter nach Osten über ungezählte Lavafelder bis zu dem aktiven Vulkangebiet. Weiter nach Osten fangen wieder bewohnte Gebiete an, wobei die Küste selber nicht entwickelt ist. Dann kommt der wohl größte Ort der Insel, Hilo, der einen großen Hafen, einen Flugplatz und Militäreinrichtungen aufweist, und wenn man dann nach Nordosten weiterfährt, kommt man an den Südosthang von Mauna Kea, in fast tropische Vegetationen, es regnet jeden Tag und es wird Zuckerrohr in großen Plantagen angebaut.

Noch weiter nach Norden oder Nordwesten kommt man in Graslandschaften mit Vieh- und Pferdezucht. Es war dort auch eine der größten bewirtschafteten Ranchs der USA, viele tausend Hektar, Parker's Ranch hieß sie. Zuletzt geht es dann wieder nach Süden, an die Kona-Küste. Gleichzeitig war man am Westhang von Mauna Kea. Abgesehen von ungezählten Lavafeldern völlig vertrocknet, weil es dort nie redet. Dann war man also einmal herum.

Wenn all dies, auch die Klimaunterschiede, schon bei einer eintägigen Inselrundfahrt erfahren werden konnte, kann man sich vorstellen, daß es so viel zu sehen und zu besichtigen gab, daß uns selbst beim letzten Besuch nie langweilig wurde. Abgesehen vom ersten Besuch war Mütze fünfmal dabei, Huberta (1944), Mütze's Tochter und deren Mann Carlo (Carl Wilhelm, 1944) Lohmann zweimal.

Nun muß ich aber zunächst von einer anderen Reise erzählen, und zwar von der Reise in den Sudan. Diese Reise ist auch schon über zehn Jahre her. Unser guter Freund, Dr. Werner Daum, war dort Botschafter. Er und seine Frau Gisela gehören im übrigen auch zu denen, die mich seit Jahren gelöchert haben, im Schweiße meines Angesichts alle diese Geschichten niederzuschreiben.

So eine Reise bedarf für normale Reisende längerer Vorbereitung: Man muß ein Visum besorgen und sich gegen alle möglichen Krankheiten impfen lassen. Werner in einem arabischen Land zu besuchen, hat einen großen Vorteil, er spricht nämlich perfektes Arabisch. Wenn er den Präsidenten von Sudan traf, hat dieser sich immer entschuldigt, weil der deutsche Botschafter besseres Arabisch spräche als er selbst.

Dann ging es los von Frankfurt über Kairo nach Khartum. Dort das übliche Durcheinander mit Beamten, die mit den Besuchern, und besonders deren Devisen, so viele Umstände machen, daß man glauben könnte, sie hätten Angst, daß die Besucher dableiben wollten. Bei der Abreise ist es natürlich noch schlimmer, Gepäck wird in jedem Fall so oder so durchschnüffelt. Der anwesende Botschafter glättete die Wogen und beschleunigte alles, weil er eben Arabisch konnte. Dabei ist es immer wieder passiert, daß die Sudanesen ungläubig schauten, weil sie nicht verstehen konnten, warum ein Europäer so gut Arabisch spricht.

Die Reise war ein voller Erfolg. Wir wandelten auf den Spuren der Geschichte. 1885 wurde beim Aufstand des Mahdi der englische Gouverneur Gordon umgebracht, ein Ereignis, das ich eigentlich nur aus den entsprechenden Büchern von Karl May kannte. Nun konnten wir auch nach der anderen Seite des Nils kommen, nach Omdurman, wo 1898 Lord Kitchener die Aufständischen besiegte und alles wieder in den Griff bekam. Dieses Schlachtfeld ist heute weitgehend bebaut, aber man kann dort auch heute noch Ungewöhnliches erleben, wie zum Beispiel einen großen Kamelmarkt oder ein Tanzfest von Derwischen.

Ich hatte immer gelernt, daß in Khartum der blaue und der weiße Nil sich vereinigen, das tun sie auch, aber das Wasser in beiden Armen ist braun. Verschiedene der Nil-Katarakte haben wir auch gesehen, mit sehr wenig Wasser waren sie aber nur Rinnsale. Besonders interessant und lehrreich waren die Fahrten ins Land zu den Ruinen vergangener Zivilisationen. Es gibt z.B. in Meroe Pyramiden, die mehr als tausend Jahre jünger sind als die ägyptischen. Sie sind natürlich auch ausgeplündert worden, aber das hat auch etwas Gutes, denn so kann man einige der Schätze in Museen wieder finden.

Die Menschen in Khartum geben der Stadt ein sehr farbenfreudiges Gepräge. Am meisten fielen die von weiter südlich kommenden Nubier auf, sehr dunkelhäutig und sehr groß und unglaublich gut gewachsen. Die Reise war nur kurz, aber sie hat sich doch sehr gelohnt.

Damit bleibt nur noch eine Reise von uns beiden übrig, nämlich im Jahre 2000 nach Neuseeland. Unsere Freunde Schmidt, die wir dreimal in Fidschi gesehen hatten, leben zwar in Neuseeland, sind aber Amerikaner, die noch Verwandte in Florida haben. Einmal haben sie uns in Venedig besucht und mehrere Male in Florida. So war die Frage, wann wir denn nach Neuseeland kämen, eigentlich ganz berechtigt. Und Ende Oktober 2000 war es soweit.

Wir flogen nach Los Angeles, trafen am Flugplatz Mütze, Huberta und Carlo, die aus Frankfurt gekommen waren. Nach zehn Tagen in einem gemieteten Haus in Hawaii an unserer Kona-Küste flog Tine zurück und wir flogen von Honolulu mit einem Stopp in Tonga nach Auckland, Neuseeland.

Dort war natürlich alles durcheinander, denn die Autos fahren alle auf der linken Seite und im November wird es gerade Sommer. Wir haben unendlich viel gesehen und unternommen, nicht nur in ihrem Wohnort Workworth, sondern auch in ihrem Landhaus, in Auckland selber und dann noch in einem Hotel am Rande eines Vulkans, dessen Name mir entfallen ist. Das Herumkommen wurde erleichtert, weil Jim ein Hobbyflieger ist, der auch alte Flugzeuge besitzt. In einigen sind wir auch mit ihm geflogen.

Ähnlich wie die Sekoya-Bäume in Kalifornien gibt es in Neuseeland auch einen solchen Mammutbaum, der bis zu hundert Meter hoch wird und am Fuß einen Durchmesser von fünf bis sechs Metern hat. Man hat errechnet, daß sie über zweitausend Jahre alt werden. Sie sehen unheimlich imposant aus, zudem liefern sie eine Menge Holz, wenn sie gefällt werden müssen. Wir haben ein ganzes Museum besichtigt, das sich mit ihrer Geschichte beschäftigt. Es würde zu weit führen, alles im Einzelnen beschreiben zu wollen, was wir erlebt haben, aber die zwei Wochen waren ein voller Erfolg. Auf dem Rückweg flogen Mütze, Huberta und Carlo nach Argentinien und wir nach Los Angeles, wo wir noch drei Tage blieben, um mit Helga und Klaus

Petersen, die wir beim Italienisch-Unterricht in Florida kennen gelernt hatten und mit denen wir ab dann sehr eng freundschaftlich verbunden waren, den Geburtstag ihrer Tochter Martina zu feiern, die damals dort arbeitete.

Beim Aufschreiben dieser Erinnerungen sind mir die beschriebenen Reisen, alle Ereignisse und alle Menschen, die ich getroffen habe, noch einmal an meinem geistigen Auge vorbeigezogen. Das war schön und traurig zugleich. Dabei habe ich mir immer wieder die vielen Fotos angeschaut, die wir damals gemacht und in Jahresalben eingeklebt haben. Sie haben meine Erinnerungen und die Erzählungen davon beflügelt.

Venedig

Daß unsere Familie seit langem mit Venedig verbunden ist, hat nichts damit zu tun, daß sie ursprünglich aus Cividale stammt, das gar nicht weit nördlich von Venedig gelegen ist. Der Grund ist ein ganz anderer: Nach den napoleonischen Kriegen mußte Europa neu geordnet oder, besser gesagt, neu verteilt werden. Dazu wurde der Wiener Kongress einberufen. Im Gegensatz zu heute, wo nur die Gewinner diese Verteilungen vornehmen, waren damals auch die Verlierer mit von der Partie und die Franzosen mischten fleißig mit. Daß sie Napoleon viele Jahre begeistert gefolgt waren, zählte dabei nicht mehr.

Bei dieser Neuverteilung kam ein großer Teil von Norditalien zu Österreich, dabei war auch Venedig, das ja bis zur Besetzung durch Napoleon 1797 eine eigene Patrizier-Republik gewesen war. Und bei dieser Verteilung blieb es, bis 1866 das Königreich Italien entstand. Ein sehr bekannter italienischer Schriftsteller, Alvise Zorzi, hat über diese Zeit vor wenigen Jahren ein schönes Buch geschrieben.

Meine Urgroßmutter Elisalex (Gräfin) Fiquelmont (1825 – 1878) war in Neapel geboren worden und heiratete 1841, wie damals üblich schon in sehr jungen Jahren, meinen Urgroßvater Edmund (Fürst) Clary (1813 – 1894). Man hatte ein großes Schloss in Böhmen, ein Palais in Wien, aber sie liebte Italien, vor allem des Wetter's wegen. Ihr Vater war der österreichische Gouverneur der Provinz Lombardo-Venetien in Mailand, und so war es nicht abwegig, im österreichischen Venedig ein Haus zu kaufen. Nach längerem Suchen – man mietete dazu vorher einen anderen Palazzo und die ganze Familie lebte in Venedig – wurde 1857 auf der Zatterre ein Palazzo gekauft, halb von meinem Urgroßvater Clary und halb von seinem Schwiegervater. Für den einen ein schöner Wohnsitz für seine Frau, für den anderen der Alterssitz für den Pensionär.

Davon, und auch von den letzten fünfzig Jahren unserer Familie in Venedig, will ich etwas erzählen:

Von den fünf Kindern meiner Urgroßeltern wurde nur die Jüngste, Maria Alba genannt, in Venedig geboren. Zur großen Trauer der Familie lebte sie nur drei Monate. 1878 starb meine Urgroßmutter, nur 53 Jahre alt. Sie wurde schon so sehr als Venezianerin betrachtet, daß für sie in der Pfarrkirche San Trovaso eine Kapelle gebaut wurde.
Da sie ein Einzelkind war, fiel nach ihrem Tod ihre Hälfte des Hauses, die sie von ihrem Vater geerbt hatte, an ihren Mann und damit war das Haus ganz

Palazzo Clary in Venedig.

294

in der Familie. Wie oft und wie lange sie dort — nach 1866 im italienischen Ausland — gewohnt hat, ist nicht überliefert, aber gegen Ende Ihres Lebens hat sie ganz dort gewohnt und ist auch dort gestorben. Seitdem war mein sie überlebender Urgroßvater nur noch selten dort, aber mein Großonkel Carlos bis zum 1. Weltkrieg oft.

Nach dem 1. Weltkrieg versuchten die Italiener, das Haus als österreichisches und damit feindliches Eigentum zu beschlagnahmen. Doch da die Familie nach 1918 nolens volens tschechoslowakische Staatsangehörige geworden war, und damit zur Entente gehörte, konnte es gerettet werden. Solche Enteignungsversuche sind später immer wieder gang und gäbe gewesen. Bei der in der Nähe von Venedig lebenden Familie der Fürsten Collalto haben die Italiener auch 1918 versucht, ihren Besitz zu beschlagnahmen, bis man die Behörden darauf aufmerksam machte, daß man eine Familie schlecht als Ausländer bezeichnen könne, die schon im Jahre 996 Grafen von Treviso und seit 1306 Patrizier von Venedig gewesen waren.

1920 starb der ältere Bruder meines Großvaters und mein Vater wurde der Erbe der böhmischen Besitzungen und auch von Venedig. Damals waren sehr schwierige wirtschaftliche Verhältnisse und so konnten meine Eltern nur sehr behutsam mit den nötigen Umbauten und Erneuerungen beginnen. Alle Bemühungen wären beinahe umsonst gewesen, als 1923 ein verheerender Brand einen großen Teil des Hauses zerstörte, besonders den vorderen und schönsten. Den verlorenen Hausrat konnte man ersetzen, nicht dagegen schöne Möbel aus dem

18. Jahrhundert und alte Bilder. Ein kleines Madonnenbild von Giovanni Bellini war der schwerste Verlust.

1926 war die Restaurierung fertig. Dieses Datum kann man heute noch feststellen, denn es ist in Küchenhandtücher eingewebt, die erhalten sind. Von da an verbrachten die Eltern jedes Jahr den größten Teil der Monate Mai, Juni im Haus. Sie wohnten im zweiten Stock und ihre Gäste im dritten. Der erste Stock war schon lange vermietet. Wir Kinder waren nie dabei und hatten oft den Verdacht, daß die Eltern dort Ferien von uns machen wollten.

Dann kam der 2. Weltkrieg. Mein Vater hatte seinen sehr guten italienischen Anwalt, er hieß Zonino, dafür gewinnen können, jetzt auch die Verwaltung zu übernehmen. Dieser vermietete einen Teil des Hauses an gute Bekannte der Eltern, einmal, damit das Haus bewohnt blieb, und dann, um die laufenden Unkosten zu bezahlen. Wenn das nicht reichte, streckte er, was gebraucht wurde, einfach selber vor. Eine Zeit lang wohnte auch der deutsche Konsul im Haus, aber ich weiß nicht, wie das zustande kam. Das war natürlich sehr gut für die Sicherheit, aber schlecht für den Eindruck, weil in dieser Zeit immer eine Hakenkreuzfahne aus dem Fenster hing.

1945 dann wurde das Haus als deutsches Eigentum beschlagnahmt und kam unter Sequester. Sein Schicksal war unbestimmt. Als Wohnort für die Familie stand es jedenfalls nicht zur Verfügung.

Schon 1946 konnte Zonino aber das französische Konsulat als Mieter gewinnen, das damals seinen Sitz von Triest nach Venedig verlegte. Die Wohnung der Eltern wurde die Wohnung des Konsuls, und in den Flügeln im ersten und zweiten Stock auf einer Seite waren die Büros. Im ersten Stock tagte die italienisch-französische Gesellschaft.

Ein Konsulat als Mieter zu haben, ist ein zweischneidiges Schwert. Auf der Plusseite hat man eine gesicherte Einkunft, eine besondere Bewachung und, wenn man Glück hat, eine nette Konsulsfamilie. Auf der Minusseite ist fünf Tage in der Woche das Getrappel der Besucher, der sonstige Lärm und die ewigen Ausnahmen, die Konsulate verlangen. Und vielleicht ein unfreundlicher Konsul mit einer langweiligen Frau. Mit den Jahren hat es beide Versionen gegeben.

Ebenso unfreundlich waren die Tage, wenn das Konsulat geschlossen war. Immer dann kamen die Hilfesuchenden in Scharen und läuteten Tag und Nacht an allen Klingeln in der Hoffnung, eingelassen zu werden.

Und dann der Nationalfeiertag, der 14. Juli, zur Erinnerung an die Erstürmung der Bastille während der französischen Revolution. Da wurde ein großes Fest gegeben für viele hundert Menschen, Beamte aller Schattierungen, von allen städtischen Amtsstellen, die venezianische Gesellschaft und die unglaublich vielen Franzosen, die in Venedig lebten. Sie kamen in hellen Scharen, um zu essen und zu trinken, miteinander zu quatschen und auf alle Fälle im Garten jeden grünen Halm zu zertrampeln.

Außerdem wurde vom Personal untersucht, wie lange sich der Personenaufzug als Lastenheber eignet, was immer mit einem kaputten Aufzug endete.

Vor dem Hause ist eine Anlegestelle für Boote des öffentlichen Transportes. Im Häuschen davor sitzt ein Fahrkartenverkäufer, der natürlich alle Menschen kennt, die dort wohnen. Einmal erkundigte sich der Fahrkartenverkäufer und wollte wissen, wieso mein Vater ein Fest anlässlich der französischen Revolution veranstalte, wo doch die Revolutionäre den Adligen alles weggenommen und sie auch noch umgebracht hätten. Er war beruhigt, zu erfahren, daß der Veranstalter das Konsulat war und nicht mein Vater.

Letztlich entschied die Person des Konsuls über den Hausfrieden und da hat es große Unterschiede gegeben. Bis etwa 1965 schickte das Ministerium des Auswärtigen in Paris junge, Erfolg versprechende Diplomaten nach Venedig, um sich dort weiter zu bilden. Die meisten taten das sehr erfolgreich und brachten es später irgendwo in der Welt zu Botschaftern. Später wurde das Konsulat eine Ablagestelle für verdiente Bürokraten oder nicht mehr ganz junge Diplomaten, bei denen man nicht wusste, was man sonst mit ihnen anfangen sollte.

Von den früheren ist mir einer sehr gut in Erinnerung geblieben: Er kam 1951 mit Frau und drei Söhnen, eine Tochter wurde später im Haus geboren und sie blieben sechs oder sieben Jahre. Beide waren gescheit und unterhaltend, lernten sofort Italienisch, und da die Konsulin noch den Vorteil hatte, ganz ungewöhnlich schön zu sein, war sie sofort der Liebling der venezianischen Gesellschaft. Die beiden befreundeten sich gleich mit meinen Eltern und schon 1951 auch mit mir, wir waren ja etwa gleichaltrig. Der Konsul machte sich das fundierte Wissen meines Vaters über Venedig zu Nutze, so daß seine Einladungen, mit Tischordnung und so weiter, immer perfekt waren. Später haben wir uns nicht nur in Venedig, wo die beiden eine Wohnung behielten, sondern auch in New York und Washington wieder gesehen. Seine Frau ist leider inzwischen gestorben, aber er kommt immer noch jedes Jahr nach Venedig, so daß wir zwei Alten uns wieder sehen.

Von der späteren Sorte Konsul, über die wir ja den Mantel der Vergessenheit breiten könnten, ist mir auch einer sehr angenehm im Gedächtnis geblieben. Es war der letzte, bevor das Konsulat schon vor Jahren aufgelöst wurde. Er war ein älterer Berufsdiplomat und hatte es bis zum Botschafter in einem der baltischen Staaten gebracht. Warum er vom Botschafter zum Konsul heruntergestuft wurde, weiß ich nicht, aber es ist auch für die nachfolgende Geschichte belanglos.

Die Wohnung des Konsuls war teilmöbliert vermietet, mit Möbeln, die unserer Familie gehörten. Ich fand, daß einige davon nicht sehr gut erhalten worden waren, und sagte das dem Konsul. Der war mit diesem Befund gleich einverstanden und wollte von mir einen Brief bekommen, um mit Hilfe desselben in Paris Mittel für die Restaurierung anzufordern. Da mein Französisch für das Schreiben eines solchen Briefes nicht ausreicht, entwarf der Konsul einen Brief, den ich ihm schreiben sollte. Ich tippte dann den Brief auf meinem Briefbogen, der Konsul schickte unser gemeinsames Elaborat nach Paris und siehe da, es wurden die erforderlichen Mittel bewilligt.

Einmal besuchte General de Gaulle als Präsident Venedig und kam damals auch in die Wohnung des Konsuls im Haus. Mein Vater stand zur Begrüßung auch am Eingang. Der arme Konsul war ob des hohen Besuches so durcheinander, daß ihm der Name meines Vaters nicht einfiel. In seiner Nervosität stotterte er: „Herr Präsident, dieser Herr neben mir ist der Hausbesitzer." Was natürlich bei einem Staatsbesuch eine völlig unübliche Vorstellung war.

In den 90-er Jahren beschloß man dann in Paris, das Konsulat in Venedig zu schließen, und die Mietverträge wurden einvernehmlich beendet.

Meine Eltern waren 1945 nach einer abenteuerlichen Flucht aus Böhmen bei den lieben Verwandten Löwenstein in Bronnbach im Taubertal untergekommen. Nach Venedig reisen, was Vater natürlich gerne wollte, stand damals nicht zur Diskussion. Glücklicherweise hatte dort aber der gute Anwalt Zonino die Verwaltung behalten. Die Stadt war von englischen Truppen besetzt, die im ersten Stock des Palazzos eine Sergeantenkantine einrichteten. Zu tun hatten diese nicht viel und so legten sie Bretter auf die Brücken, um vom Festland über den mit Autos befahrbaren Hafen ihre Jeeps direkt zum Haus fahren und auf der ganzen Zattere, der Uferstraße vor dem Haus, herumfahren zu können. Die große Eingangspforte wurde ausgebaut, damit die Fahrzeuge in der Eingangshalle parken konnten.

Ihre sonstige freie Zeit verbrachten sie damit, alles zu stehlen, was nicht niet- und nagelfest war. Dies ist eine Eigenschaft, die alle Besatzungssoldaten aller Länder seit Menschengedenken perfektioniert haben. Das noch vorhandene Hauspersonal, vor allem die Portiersfrau, machte ihnen aber einen Strich durch die Rechnung und versteckte alle möglichen Sachen. Ansonsten machten sie sich auch dadurch unbeliebt, daß sie Möbelstücke im Kamin verheizten.

Die Vorbereitungen für den Umzug meiner Eltern nach Venedig zogen sich lange hin und bedurften der Hilfe einer ganzen Legion von Schutzengeln und ihrer irdischen Gehilfen. 1948 im Herbst war es endlich so weit. Deutsche konnten damals nicht in Italien einwandern. Also mußten die Eltern und meine Schwester als Staatenlose dorthin auswandern. So wurde die deutsche Staatsangehörigkeit aufgegeben. Doch nur wenige Jahre später war es dringend notwendig, sie wieder zu bekommen. Das gelang auch, gehört aber nicht hierher.

Als sie in Venedig ankamen, war im Haus nichts frei, also wohnten sie eine Zeit lang in der Pension Calcina in der Nähe des Palazzos. Die irdischen Gehilfen der Schutzengel waren aber auch in Venedig am Wirken. Freunde der Eltern hatten im nahe gelegenen Palazzo Polinac am Canale Grande ein ganzes Stockwerk gemietet, kamen aber im Winter nicht hin, und boten es den Eltern an. So verbrachten sie den ersten Winter dort, und viele liebe Menschen haben mitgeholfen, es ihnen wohnlich zu machen, und natürlich waren sie oft eingeladen. Von Zeit zu Zeit lieferte der Kohlenhändler Holz und Kohle zum Heizen und niemand wusste, wer das bezahlte.

Im Frühjahr 1949 griffen die Schutzengel wieder ein und veranlassten einen Mieter im dritten Stock unseres Palazzos, auszuziehen. Nach einigen Instandsetzungen zogen die Eltern in eine sehr schöne große Wohnung ein, in der sie den Rest ihres Lebens verbrachten.

Dreißig Jahre lang haben sie dort hunderte von Besuchern aus aller Herren Länder empfangen. Immer um fünf Uhr nachmittags zum Tee. Der Tee war manchmal, wie wir meinten, immer, zu dünn und die Biskotten auch manchmal etwas alt, denn die meisten Besucher aßen sie nicht und so kamen sie wieder und wieder auf den Tisch.

Die Besucher waren Verwandte, Fremde, Bekannte, Unbekannte, Menschen aus der alten Heimat, Diplomaten, Politiker, Historiker, Genealogen, Literaten, Künstler, Persönlichkeiten des öffentlichen Lebens, der internationalen Gesellschaft, Mitglieder königlicher Häuser, bestehender und gewesener, und nicht zuletzt viele, viele Venezianer. Alle kamen der sprudelnden und geistreichen Unterhaltung wegen - und auch wegen der Geschichten, die mein Vater in Hülle und Fülle erzählen konnte. Die Gästebücher, deren Einträge meine Mutter sorgsam überwachte, und die meistens ganz normale Bürokladden waren, sind eine Erinnerung an die Vielfältigkeit der Besucher.

Ansonsten verbrachten die Beiden viel Zeit mit Schreiben von unglaublich lustigen Briefen, die die Freude der ganzen Familie wurden. Mein Vater war ein großer Genealoge und verbrachte viel Zeit mit entsprechenden Arbeiten, manche aus Liebhaberei, manche auf Bestellung. Einmal hatte eine Familie ihn gebeten, ihre Vergangenheit zu erforschen und wollte nachher von den herausgefundenen Ergebnissen gar nichts wissen. Meine Mutter machte, wie schon im Kapitel „Sprachen" erwähnt, Übersetzungen für die Biennale: Englisch, Französisch und Deutsch ins Italienische und umgekehrt. Wenn sie sonst Zeit hatte, legte sie gerne Patiencen und machte englische Kreuzworträtsel.

Während wir noch in Teplitz lebten, hatten Freunde in England Zeitungen für die Eltern abonniert. Meine Mutter schnitt die Kreuzworträtsel aus und sammelte sie in Bündeln. Da die Zeitungen schneller kamen, als die Rätsel gelöst werden konnten, wuchsen die Bündel zu Bergen und waren überall zu finden, wo meine Mutter hinkam. Also auch in Venedig, wo einige der Bündel den Krieg überlebten. Nach 1948 gab es dann wieder solche Zeitungen, die nach Venedig geschickt wurden und auch diese Rätsel wurden gesammelt. Meine Mutter war aber sehr ordentlich und machte immer die alten zuerst. Einmal habe ich sie, wohl Ende der 50-er Jahre dabei erwischt, wie sie noch an 1936 arbeitete.

Dienstmädchen gab es auch. Zuerst Venezianerinnen, für die es auch ein Zimmer in der Wohnung gab. Da sie auch als Köchinnen fungierten, konnten sie auch alle Einkäufe bestens erledigen. Ein etwas einseitig-venezianisches Essen war allerdings die Folge.

Eines der Dienstmädchen zeichnete sich durch eine misstrauische Haltung gegenüber allen Behörden und einer sehr praktischen Fantasie aus. Eines

Tages erschien einmal ein Mann, der sagte, er käme von der städtischen Wasserversorgung. Mein Vater versteckte sich hinter seinem angeblich schlechten Italienisch und meine Mutter wurde vorgeschickt. Während sie in der Halle mit dem Mann über etwas völlig Belangloses sprach, kam das Dienstmädchen mit angezogenem Mantel aus der Küche und sagte im Vorbeigehen: „Also auf Wiedersehen, ich komme dann übermorgen wieder." Kaum war der Mann gegangen, stand sie wieder in der Küche. Mutter war natürlich neugierig, was das merkwürdige Benehmen ausgelöst hatte. Das Mädchen formte die nach oben gestreckten fünf Finger der rechten Hand zu einem Bündel und gab folgende Antwort: „Der Mann hat gesagt, daß er vom Wasserwerk kommt. Woher weiß ich, daß das stimmt ? Er könnte ja von der Steuerbehörde gewesen sein und da wollte ich, daß er glaubt, daß ich nur alle paar Tage bei Ihnen arbeite."

Später gab es auch eine Reihe von jungen Portugiesinnen, die eine portugiesische Cousine besorgte. Sie waren immer nett und freundlich, aber es dauerte eine Weile, bis man mit ihnen sprechen konnte. Auf der Minusseite war auch, daß den kulinarischen Genüssen noch engere Grenzen gesetzt wurden, und daß es dauernd Liebeskummer gab. In den letzten Jahren waren es dann nur noch Zugehfrauen, die jeden Tag, aber nur stundenweise erschienen.

Katzen sorgten bei den Eltern auch für Belustigung und Aufregung. Die erste war eine venezianische Feld-, Wald- und Wiesenausgabe, wie sie früher zu Hunderten über die Dächer schlichen und in den

Nächten die unglaublichsten Konzerte verursachten, dann eine siamesische, Minnimi genannt.

Letztere war eine ganz eigenwillige Persönlichkeit. In Mauerlöchern unterhalb der Außenfenster nisteten im Sommer Mauersegler. Wenn sie Junge hatten und die Brut piepste, hörte die Katze das auch und probierte stundenlang, an die Piepmätze heranzukommen. Einmal ist sie dabei fast aus dem Fenster gefallen.

Ihr Korb stand in der Halle neben dem Ofen. Eines Abends im Winter kam sie in den Salon und maunzte ganz schlimm. Meine Mutter ging schauen und fand, daß das Feuer im Ofen ausgegangen war.

Ein anderes Mal hatte Mutter ihr eine Gummiwärmflasche in den Korb gelegt und war schlafen gegangen. Da erschien Minnimi auf einmal und machte ein noch schlimmeres Geschrei. Der Befund war, daß sie in dem Bestreben, ihr Bett für die Nacht zu richten, mit den Krallen ein Loch in die Wärmflasche gemacht hatte und ein ganz nasses Bett hatte.

Von der ersten Katze gibt es aber eine Geschichte, die bei den Bekannten in Venedig viel Gelächter verursachte. Sie wurde plötzlich immer krank und kränker. Meine Mutter rief den Tierarzt an und erzählte ihm die Symptome. Der Arzt meinte, daß es ein Geschwür wäre und es wohl notwendig sein würde, sie von ihrem Leiden durch eine Spritze zu erlösen. Meine Mutter hatte an diesem Nachmittag aber um fünf Uhr einen Damentee und um sieben Uhr eine Einladung zum Cocktail, wo auch mein Vater hingehen würde. Praktisch wie sie war, vereinbarte sie mit dem Tierarzt einen Termin vor dem Tee. Seine Praxis lag sowieso auf dem Weg. Die Katze wurde in eine Decke gewickelt und in eine große, schöne Einkaufstasche gesetzt. Der Doktor fand seinen Verdacht bestätigt und wenige Minuten später wanderte die Katzenseele unter Hinterlassung ihrer irdischen Hülle in den Katzenhimmel - oder wo auch immer Katzenseelen hinkommen.

Meine Mutter bezahlte und wollte gehen, als der Arzt sie darauf hinwies, daß sie die irdische Katzenhülle mitnehmen müsse. Auch nach einer Unterhaltung über die Entsorgung von Katzen in Venedig — ein Wurf in den Kanal — blieb es dabei: Meine Mutter mußte die tote Katze mitnehmen. Sie wurde in Zeitungspapier gewickelt, in die schöne Tasche gelegt und dann mit dem Deckchen zugedeckt, und meine Mutter schob ab zu ihrem Damentee in einem feinen Hotel, wo die Gastgeberin eine große Wohnung gemietet hatte. Ein Dienstmädchen verstaute Mantel und Einkaufstasche in der Garderobe.

Nach dem Tee wurde beides wieder in Empfang genommen und meine Mutter wanderte zur Cocktailparty. Dort waren wieder ein Dienstmädchen und eine Garderobe, also wieder der gleiche Vorgang. Wohl gegen neun Uhr gingen die Eltern zu Fuß nach Hause, meine Mutter wieder die Tasche schleppend. Auf dem Wege wollte mein Vater natürlich wissen, was mit der Katze wäre, und war höchst überrascht, zu erfahren, daß seine Frau schon seit Stunden eine tote Katze durch halb Venedig geschleppt und auf zwei Partys mitgenommen hatte.

Es war schon dunkel, und als sie in einer engen Gasse auf einer kleinen Brücke einen verwinkelten Kanal überquerten, ging mein Vater voraus, um Schmiere zu stehen, und die Katze wurde endlich auf gute, alte venezianische Art entsorgt.

Venedig ist, wie jeder weiß, eine einmalige Stadt mit ungezählten schönen Kirchen und Palazzi und Sehenswürdigkeiten. Über die Stadt selber will ich nicht schreiben, daß tun viele besser Berufene seit Jahrhunderten.

In meiner Zeit habe ich aber doch einige lustige Ereignisse, Häuser und Menschen betreffend, erleben können. Die Stadt lebt von ihrer Geschichte und daher vom Tourismus und ist auf die Tausenden von Fremden angewiesen, die Tag für Tag durch die Stadt latschen. Vor fünfzig Jahren war die Stadt jedoch mehr als heute, ein Tummelplatz der mondänen Welt.

Darin war 1951 ein besonderes Jahr mit einem besonderen gesellschaftlichen Ereignis. Ich muß vorausschicken, daß die Italiener beim Erzählen von Geschichten gern Ausschmückungen aller Art hinzufügen. Solche dichterische Freiheit wird mit dem Satz kommentiert: „E non e vero, e ben trovato" (Und wenn es nicht wahr ist, ist es zumindest gut erzählt). Jeder, der diese Geschichte liest, sollte sich deshalb hüten, einen anderen Venedigkenner danach zu fragen, denn die Antwort wird unweigerlich sein: „Alles Lug und Trug ! Die Geschichte war ganz anders !"

Es gibt in Venedig einen Palazzo Labia, dessen Besonderheit darin liegt, daß ein Teil der Wände

des großen Saales mit Fresken von Tiepollo aus-
gemalt ist. Sie zeigen die Geschichte von Antonius
und Kleopatra, wie damals üblich, im Stil des 18.
Jahrhunderts gemalt. Die Besonderheit des Haus-
besitzers Labia soll gewesen sein, am Ende eines
Gelages alles Silber und Porzellan und so weiter aus
dem Fenster in den Kanal werfen zu lassen und den
Vorgang mit den Worten zu kommentieren: „Che
l'abia o non l'abia sono Labia lo stesso !" (Ob ich es
habe oder nicht habe, ich bin trotzdem ein Labia !)

Daß alles in Netzen aufgefangen und von den
Dienstboten wieder in das Haus geschleppt wurde,
wird bei dieser Geschichte selbstverständlich
unterschlagen.

Die Familie starb dann wohl aus oder zog weg und
das Haus hielt lange Zeit einen Dornröschenschlaf,
zumindest, was weitere Geschichten betraf. Außerdem war es mit der Zeit recht heruntergekommen,
was, nebenbei, bei venezianischen Palästen gang
und gäbe ist, zumindest, was das Äußere betrifft.

Irgendwann zwischen den beiden Weltkriegen
erschien in Rom ein Südamerikaner namens Lab-
bia, also mit zwei b. Seine Vorfahren waren aus
Italien ausgewandert und hatten es in Argentinien zu großem Wohlstand gebracht. Nun wollte
er zurückkommen und in Venedig leben. Darauf
wurde ihm der Vorschlag gemacht, – angeblich von
Mussolini selbst – er solle den Palazzo Labia kaufen
und ein b seines Namens fallen lassen. Dann werde
der König von Italien gebeten werden, ihn zum
Grafen ad personam zu machen. Gesagt, getan,
er kaufte den Palazzo. Er bestellte Experten zur

Instandsetzung, zur Einrichtung und so weiter. Die sagten unter anderem, das Haus brauche dringend schöne Möbel, die aber aus dem 18. Jahrhundert sein müssten.

Also wurden die Experten beauftragt, solche Möbel zu kaufen, was ihnen auch gleich gelang. Ein naher italienischer Verwandter von uns, Andy di Robilant (1899 – 1977) hatte von seiner Mutter drei Palazzi in Venedig geerbt. Da er immer Geld brauchte – meine Mutter nannte ihn den charmantesten Verschwender, den es in Venedig gab – mußte er dauernd etwas verkaufen, Häuser, Wohnungen, Möbel und was sonst noch verscherbelt werden konnte. Die letzte Wohnung aus den drei Palazzi kaufte dann schließlich seine Schwester, die in Portugal lebte, damit sie wenigstens eine Bleibe in Venedig hätte.

Der Enkel von Andy Robilant, auch Andrea di Robilant geheißen, ist ein Journalist in Rom und hat ein höchst unterhaltendes Buch geschrieben, über einen Teil seiner Vorfahren im 18. Jahrhundert. Es ist auf Englisch geschrieben und der Titel lautet *A Venetian Affair*. In Deutsch kann man es auch bekommen, da heißt es *Maskenspiele*.

So wechselten also die schönen Robilant-Möbel zwar den Besitzer, blieben aber in Venedig und verpackt auf dem Dachboden des Hauses Labia stehen. Was genau passierte, weiß ich nicht, aber der neu gebackene Graf Labia ist entweder gestorben oder er hat seine Meinung geändert, jedenfalls sollte der neu hergerichtete Palazzo Labia bald wieder verkauft werden.

Ende der vierziger Jahre kaufte ihn ein in Paris lebender Spanier, der sehr wohlhabend war, Don Carlos de Bestegui (1895 – 1970), man sagte, um hundert Millionen Lire – damals ca. 672.000 DM (ca. € 355.560) — und daß er weitere hundert Millionen für die Beendigung der Instandsetzung aufgewendet habe. Was Inflation bedeutet, kann man sehr drastisch daran erkennen, daß hundert Millionen Lire bei Einführung des Euro 2002 nur noch etwa 50.000 Euro waren.

1951 waren die Umbauten fertig und der neue Besitzer gab im September ein „kleines Fest für ein paar Freunde". Es wurde das Gesellschaftsereignis des Jahres. Hunderte von Menschen aus allen möglichen Ländern kamen nach Venedig in der Hoffnung, den Hausherrn irgendwie kennen zu lernen und eingeladen zu werden. Alle Gäste sollten in Kostümen des 18. Jahrhunderts, mit Perücke und allem Drum und Dran, erscheinen und nach Möglichkeit bekannte Persönlichkeiten des 18. Jahrhunderts darstellen. Es war ein unbeschreiblicher Rummel.

Ich konnte meinen Urlaub so legen, daß ich um die besagte Zeit auch da war. Meine Mutter reservierte zwar schon eine Perücke, aber erst mußte ich noch dem Gastgeber vorgestellt werden. Mein Vater hatte einen Freund, der am Lido ein Badehaus gemietet hatte, das Vater und ich mitbenutzen durften. Glücklicherweise hatte Bestegui ganz in der Nähe auch eins. So wurde ihm dort aufgelauert. Kaum erspähten wir ihn, spazierten wir am Strand herum, wie wenn wir gar nichts im Sinne hätten. Die Vorstellung erfolgte und die ersehnte Einladung folgte auch. Natürlich wurde so das *kleine Fest* immer größer und die Einladungen waren daher nummeriert, meine hatte die Nummer 1.235. Am Schluß sollen es über 2.000 geladene Gäste gewesen sein.

Freunde meiner Eltern stellten eine Gruppe zusammen, die den Hof von Katharina der Großen von Russland darstellen sollte. Sie hatten alle von Pariser Theatern Kostüme ausgeborgt, suchten aber noch einen Statisten, und durch mich wurde auch dieses Problem gelöst. Zwei Tage vorher wurde das Ganze, allerdings in Zivil, geprobt.

Der Ball, wie das Ereignis genannt wurde, fing dann um elf Uhr abends an. Trotzdem alles an Essen und Trinken geboten wurde, was man sich vorstellen kann, veranstalteten eine große Zahl der Gäste vorher noch eigene Dîners. Das Dîner meiner Gruppe wurde vorher auch in einem Palazzo abgehalten und die ganze Gruppe saß an einem Riesentisch bereits im Kostüm. Die Tischordnung wurde danach bestimmt, wer wen darstellte; ich saß ganz unten.

Gegen 23.00 Uhr fuhren wir dann alle in einem großen, offenen Boot zum Fest. Dort hatte die Stadt große Tribünen am Kanal aufgestellt, damit die Bevölkerung bei der Ankunft der Gäste zuschauen konnte, und auf dem großen Platz hinter dem Palazzo gab es ein Volksfest im Stil des 18. Jahrhunderts.

Alle Gruppen präsentierten sich vor einer Art Jury, deren Kostüme einer der Tiepollofresken im Palast nachgebildet waren. Die Damen waren allerdings nicht *oben ohne*, wie das bei besagten Malereien üblich war.

Es war ein rundes Fest. Ich kam um acht Uhr morgens zurück, immer noch im Kostüm, zum sichtlichen Vergnügen der Touristen, die schon unterwegs waren und sich wohl dachten, daß die Venezianer spinnen, aber gerade in Venedig ja doch eigentlich auch erwarten, morgens um acht einem Herren in Perücke und Pumphosen auf der Gasse zu begegnen.

Don Carlos de Bestegui ist schon vor vielen Jahren gestorben. Nach seinem Tod war das Haus noch einmal ein Ereignis, weil es verkauft und der Inhalt versteigert wurde. Den Palazzo mit seinen Fresken gibt es noch. Es ist heute die venezianische Zentrale des italienischen Fernsehens RAI und ich glaube nicht, daß seine Geschichte eine Fortsetzung haben wird.

1951 war auch in anderer Beziehung ein besonderes Jahr. Im August/September war auch Winston Churchill mit seiner Frau in Venedig. Er war damals nicht Ministerpräsident, sondern Führer der Opposition und machte einfach Urlaub. Zum genannten Ball ging er nicht, aber wo immer sonst er auftauchte, war er natürlich Mittelpunkt des Geschehens, auch am Lido, den er jeden Tag besuchte, aber ohne seine Frau Clementine. Sie mochte den Strand nicht, vergnügte sich in Venedig und ging dort nachmittags zu meiner Mutter Tee trinken.
Am Lido habe ich Churchill dann eines Tages erlebt. Er saß in einem Gummiring im Wasser, hatte einen großen Sombrero auf dem Kopf, eine Riesenzigarre

im Mund und las eine Zeitung. Ein Leibwächter stand hinter ihm im Wasser und hielt einen großen Sonnenschirm über seinen Schützling. Zu Mittag ging er mit meinem Vater zum Essen, nur die beiden. Sie kannten sich schon aus der Zeit vor dem ersten Weltkrieg und Churchill wollte mit meinem Vater über Politik und Geschichte quatschen. Zum Essen kam zuerst eine Flasche Champagner, die Churchill fast alleine leerte, weil Vater mittags nicht gerne Alkohol trank und schon gar nicht Sekt. Zu essen gab es kalten Hummer mit köstlichen Soßen und Salat. Nach dem Eis zum Dessert kamen Espresso und Kognak. Nach dieser Strapaze wankte Vater nach Hause und ins Bett. Churchill hingegen, der ja ein leidenschaftlicher Maler war, fuhr nach Torcello oder auf irgendeine andere Insel, um ein Bild zu malen.

Als die Eltern 1948 nach Venedig zogen, arbeitete ich schon in Deutschland und wurde brieflich über alle Ereignisse informiert, besonders, weil ich die Stadt und das Haus ja gar nicht kannte. Dies führte zu verschiedenen Fehlschlüssen, zum Beispiel die Erzählung, daß die Engländer ihre Jeeps ins Haus gefahren hatten, veranlasste mich, einem amerikanischem Bekannten, der Venedig besuchte und bei meinen Eltern vorbeischauen wollte, zu sagen, er könne mit seinem Auto bis vor unser Haus fahren. An seinen Kommentar nach der Rückkehr will ich nicht mehr zurückdenken.

1950 war es dann endlich soweit und ich konnte zur Hochzeit meiner Schwester hinfahren. Das Reisen war aber für Deutsche nicht einfach. Pässe gab es noch nicht, sondern nur Reisedokumente der Besatzungsbehörden. Zusätzlich brauchte man zwei Visen, eins für die Reise nach Italien und eins für den Transit durch Österreich. Und dann das Geld! Man durfte keines ausführen, aber man mußte dreißig DM mitnehmen und diese auch wieder zurückbringen. Damit konnte man damals eine Eisenbahnfahrkarte nach irgendwo in Westdeutschland kaufen. Auf diese Weise wurde verhindert, daß ins Ausland reisende Deutsche an der Grenze ankamen und keine Mittel hatten, um weiter zu kommen.

Die Finanzierung der Anreise erfolgte dadurch, daß jemand in Italien, also mein Vater, eine Banknote in einen Briefumschlag steckte, der an mich adressiert war, allerdings per Adresse Bahnhofsvorstand am Brenner, an die Grenze zu Italien also. Bei meiner Ankunft am Brenner ging ich zum Zimmer des Vorstandes und holte durch Vorweisung meines Ausweises den Umschlag ab. Ich fand im Couvert eine sehr große Banknote über zehntausend Lire. Da ich keine Ahnung von den Preisen hatte, wusste ich nicht, was ich mit dieser großen Summe machen sollte. Vielleicht Südtirol für Österreich zurückkaufen?

Der erste Kauf, was immer es war, belehrte mich eines Besseren. Die italienischen Banknoten waren damals wirklich unförmig groß, aber nur wenig wert, und deshalb mußte man immer eine Menge davon herumschleppen. Ein amerikanischer Witzbold meinte einmal, daß beim Wechseln italienischer Banknoten nicht nach Zahlen sondern nach Quadratmetern gerechnet wird.

Zur Hochzeit meiner Schwester sollten die Herren graue Flanellanzüge tragen, etwas, das normale

Flüchtlinge wie ich nicht hatten. So wurde meine Fotokamera verscherbelt, ein Freund kaufte im Großhandel den Stoff und ein Flüchtlingsschneider machte mir einen schönen Anzug.

Meine Schwester wurde vom Haus von unseren alten Gondolieri in ihren alten Uniformen in unserer alten Familiengondel zur Kirche gerudert. Diese gab es noch, weil mein Vater sie fünfzehn Jahre vorher den Gondolieri geschenkt hatte.

Von da an bin ich, mit wenigen Ausnahmen, jedes Jahr mindestens einmal in Venedig bei den Eltern gewesen. Nach 1964 kam ich mit Gisela immer im Auto, um auch die Eltern zu ihren vielen Bekannten aufs Land fahren zu können, und da gab es von Zeit zu Zeit auch komische Vorfälle.

Einmal fuhren wir in die Gegend von Vicenza zu Freunden, Graf und Gräfin Lazzara, die in Venedig einen Palazzo hatten, aber einen Teil des Sommers in einer wunderschönen Landvilla, Rocca Pisani, verbrachten. Vater saß vorne, Mutter und Gisela hinten. An einer bestimmten Stelle sagte meine Mutter, die den Weg genau kannte, daß ich nun abfahren müsse. Darauf mein Vater: „Das kann nicht sein, das ist zu früh. Ich habe auf den Tachometer geschaut und wir sind nie schneller als 100 km/h gefahren, also können wir noch nicht dort sein!" Meine Mutter hatte natürlich Recht. Das Auto war die USA-Ausführung dieses Typs und daher war der Tachometer in Meilen kalibriert. Also waren wir dauernd 160 km gefahren.

Beim Mittagessen bei den Lazzara gab es immer dieselbe Vorspeise. Sie war sehr gut und hieß Mussaka. Da sie angeblich ein Geheimrezept der Hausfrau war, wollte Gisela von meiner Mutter wissen, ob sie es wohl herausgeben würde. Meine Mutter meinte, das würde sie wahrscheinlich nicht tun, aber man könnte ja fragen. Die Antwort war: „Im Allgemeinen tue ich es nicht, aber dir gebe ich es." Gesagt, getan. Als wir später in Amerika waren, konsultierte Gisela ihre Kochbücher und es war wörtlich aus dem Larousse Gastronomique, dem größten Kochbuch der Welt, abgeschrieben.

Auf der Rückfahrt, wir fuhren wieder 160 km/h, sagte mein Vater, der damals schon beinahe 80 Jahre alt war: „Du, da will uns einer überholen, kannst du nicht etwas schneller fahren?" Als ich bei 200 km/h war, ließ der andere nach und Vater war es zufrieden.

Ein anderes Mal fuhren wir nach Latisana, etwas nord-östlich von Venedig gelegen. Meine Schwester, die dort wohnte, war bei uns in Venedig gewesen und wir brachten sie nach Hause zurück und wollten dort mit ihrer Familie Mittag essen. Bei der Fahrt muß man den Fluss Piave überqueren. Im ersten Weltkrieg bekamen die Italiener nach dem Übertritt auf die Seite der Westmächte militärische Hilfe von England und Frankreich, und so kam der Vormarsch der Österreicher gegen ihre ehemaligen Verbündeten an der Piave zum Stehen. Seit dieser Zeit wird der Fluss von den Italienern auch *Fiume della Patria* genannt, also *Der vaterländische Fluss*. Meine Schwester, die sehr stolz auf ihre angeheiratete Staatsangehörigkeit war, saß mit Gisela und

Mutter hinten. Bei der Fahrt über die Brücke gab sie dann ein jubelndes „Fiume della Patria !" von sich. Unser kaisertreuer österreichischer Vater, der selbst noch an der italienischen Front im 1. Weltkrieg gekämpft hatte, machte darauf seinem Unwillen laut und vernehmlich Luft.

Über die Jahre habe ich zuerst mit den Eltern und später bei den zahlreichen Besuchen von Gisela und mir eine Unzahl von interessanten Menschen, Venezianern und solchen aus aller Herren Länder kennen gelernt.

Ungezählte königliche Hoheiten sind bei den Eltern zu Besuch gewesen. Solche aus noch regierenden Familien und viele andere, die quasi pensioniert waren. Mein Vater behandelte als alter Monarchist alle mit der gebotenen Ehrerbietung, solange sie sich so benahmen, wie es königliche Hoheiten tun sollen. Wenn sie sich allerdings daneben benahmen, erregten sie seinen Unwillen. Vor vielen Jahren hat ihn einmal in Portugal einer aus der pensionierten Gattung so geärgert, daß er in einem Brief an mich erbost kommentierte: „Königliche Hoheiten sind nur zu ertragen, wenn sie auf ihrem Throne sitzen und ihrem Gewerbe nachgehen."

Von den venezianischen Bekannten wird mir eine immer in Erinnerung bleiben, nämlich Gräfin Cecilia Guistiniani, eine Nachbarin, die ich über fünfzig Jahre gekannt habe. Ceci, wie sie genannt wurde, war eine geborene Gräfin Tacoli und lebte in Rom, bis sie nach Venedig heiratete und ab dann in einem mit Kunstschätzen gefüllten Palazzo lebte. Ihr Mann Alvise war ein unglaublich gelehrter, aber sehr komplizierter Mensch. Kinder hatten sie keine. Ob sie dies belastet hat, weiß ich nicht, jedenfalls ließ sie es sich nicht anmerken.

Sie war eine großartige Persönlichkeit, die in vier Sprachen in vollen Zügen am Leben teilnahm. Da sie zu allem feste Ansichten hatte, die oft mit denen ihrer Umgebung nicht übereinstimmten, führte das nicht selten zu den schönsten Flache-Hand-in's-Kompott-Bemerkungen.

Ein ganz besonderes Verdienst hat sie sich viele Jahre lang jeden Sonntag erworben. In Venedig haben Köchinnen am Sonntag frei und so geht man mittags in ein Restaurant. Unseres heißt auch heute noch Montin und ist ganz nahe von Kirche und Haus. Ceci übernahm die Organisation und alle, die kommen wollten, mußten sich bei ihr anmelden.

Sie bestellte beim Restaurant einen oder mehrere Tische, wenn es ging im Garten, niemals einen großen Tisch, weil das schlecht für Tischordnung und Unterhaltung ist, und bestimmte auch, wer wo neben wem zu sitzen habe. Wobei sie sehr gut zwischen Alter, Intelligenz und sprachlichen Fähigkeiten differenzieren konnte. Jeder bestellte sein Essen von der Speisekarte und zu trinken gab es roten und weißen Wein und Mineralwasser. Nach dem Kaffee kam die Rechnung zu ihr und das Trinkgeld wurde dazu gerechnet und die Summe einfach durch die Zahl der Anwesenden geteilt. Wie viel jeder gegessen hatte, spielte keine Rolle. Sie verkündete dann den anteiligen Betrag immer auf Englisch mit den Worten: „It is ... (so and so much) ... per beast !" Warum wir alle als Viecher bezeichnet wurden, weiß niemand.

Die Mittagessen waren ein Gesellschaftsereignis und es passierte nicht selten, daß Bekannte, die zufällig in Venedig waren, anriefen und baten, teilnehmen zu dürfen. Nach dem Tod meiner Mutter, also ab 1984, gab es dann täglich ein weiteres Treffen. Um sechs Uhr abends gingen Gisela und ich — und wer immer bei uns zu Besuch war — zu ihr auf die Veranda, um sie, da ihr Mann schon viele Jahre vorher gestorben war, zu unterhalten und dabei Wein und Whisky zu trinken. Auch dies sprach sich herum und es erschienen nach und nach alle möglichen Nachbarn und Bekannte um dieselbe Zeit. Unsere Hunde durften auch mit und bekamen köstliche Kekse, sie nannte dies die Fütterung der Ausgehungerten.

Ceci ist schon vor Jahren gestorben. Das Haus gehört jetzt ihrer Adoptivtochter, die ich auch seit über fünfzig Jahren kenne. Sie heißt auch Cecilia und ist selbst schon Großmutter, wird aber immer noch *die kleine Ceci* genannt, wie man sie früher von *der großen Ceci* unterschieden hat.

Irgendwann war es dann auch bei uns nötig, mit den Kindern meiner 1991 verstorbenen Schwester eine Erbauseinandersetzung über die Räume des Hauses durchzuführen, die den Nachlaß meiner Eltern bildeten. Diese hatten in den 70-er Jahren drei Wohnungen verkaufen müssen, als einmal ganz große und teure Arbeiten im Haus anstanden, das ihnen bis dahin alleine gehört hatte.

So ist Venedig seit über fünfzig Jahren ein schöner Teil meines Lebens geworden. Nach dem Tod der Eltern haben wir die Wohnung umgebaut und in den letzten Jahren ein recht gastfreundliches Haus geführt. Unsere Dinées waren, dank Giselas Kochkünsten, ein Stadtgespräch.

Wir waren immer ab etwa Mitte Mai bis Anfang Oktober dort, unterbrochen von ca. 4 Wochen im besonders heißen August, die wir in Deutschland bei unseren Kindern oder bei anderen Verwandten verbrachten.

Wir liebten Venedig.

Ich liebe das Haus und die Stadt und die Atmosphäre in der Stadt. Auch wenn keine jungen Venezianer da bleiben, sondern beruflich nach Mailand und der Bequemlichkeit halber auf's Land verziehen, gibt es Anregungen genug durch die vielen Ausländer, die für mehr oder weniger lange Zeit zuziehen. Wir selbst hatten beinahe immer Gäste bei uns, denen wir die Sehenswürdigkeiten der Stadt zeigen konnten, wodurch es niemals langweilig wurde.

Über lange Zeit haben Gisela und ich die von uns bewohnten Räume soweit modernisiert, wie es dem heutigen Standard an Elektrik, Heizung und Badezimmern entspricht. Wir haben alle Bücher, viele davon mit Widmung der Autoren, die an den verschiedensten Ecken der Wohnung angewachsen waren, ungefähr thematisch in einer Bibliothekswand geordnet. Briefe und Notizen meiner Eltern, die mein Vater, um kein Papier ungenutzt weg zu werfen, oft auf der Rückseite von Zeitungsbanderolen niederlegte, sind zumindest Jahrgangsweise zusammengefasst und warten auf weitere Ordnung. Bilder mußten neu gerahmt werden, Möbel neu bezogen, aber alle diese Arbeiten machten Spaß, weil wir mit schönen Dingen beschäftigt waren und zu deren Erhaltung beitragen konnten.

Wir liebten unser Halbjahr in Venedig, ebenso wie unser Halbjahr in Florida.

Vor unserem Haus in Sanibel, Florida.

Aber dann kam leider der schreckliche 26. Juni 2001, als ich die Nachricht erhielt, daß das Herz meiner lieben Gisela während eines kurzen Aufenthaltes in Abano, wo sie zusammen mit einer Freundin eine Badekur gebrauchen wollte, für immer stehen geblieben war. Ich war verzweifelt, und seitdem

Eines der letzten Bilder von Gisela.

schmerzt mich der Blick auf die Euganeeischen Berge, wo Abano liegt, und der von Venedig aus bei manchem Wetter wunderschön ist, so sehr, daß ich Tränen in die Augen bekomme.

Gisela's Asche wurde in Hamburg im Grab Ihrer Eltern beigesetzt. Viele Verwandte und Freunde gaben ihr die letzte Ehre. Aber die 46 Jahre, die wir zusammen verbracht hatten, waren für mich ein so glücklicher Zeitraum, daß alle gut gemeinten Trosteworte meine tiefe Trauer nicht wirklich mindern konnten.

Mein Leben ist seitdem anders geworden. Am äußeren Ablauf, dem Wechsel zwischen Europa und USA, hat sich zwar nichts geändert, aber Neues zu erfahren und zu erleben macht alleine nicht den gleichen Spaß wie früher zusammen.

So habe ich mich mit meiner Vergangenheit beschäftigt und all das aufgeschrieben, was jetzt vor den Lesern liegt. Es würde mich freuen, wenn viele Menschen sich dafür interessieren würden. Ich selbst kann nur wiederholen, daß ich für die Erfahrungen meines Lebens in tiefem Maße dankbar bin.

Die Krankheit, die man vor kurzem bei mir festgestellt hat, ist wahrscheinlich ernsthaft. Aber meine

Schutzengel haben mich schon so oft beschützt, daß ich ganz zuversichtlich bin, sie werden mir auch jetzt beistehen. Und wenn mein Leben endet, wovor ich mich nicht fürchte, dann werden sie mich, wie es im Gebet heißt, zu jenen geleiten, die ich lieb hatte – und die, die ich liebe, erwarte ich dann.

- Ende -

Cum Deo

Predigt bei der Beerdigung

Mein Vater starb am 1. März 2007 in einem Hospiz in Bonita Springs in Florida, in das er 5 Tage vorher verlegt worden war. Sein Zustand hatte sich dramatisch verschlechtert und die erforderliche Pflege war zu Hause nicht mehr zu leisten. Er hatte schon vorher bestimmt, daß er im Falle seines Todes kremiert werden wollte, um die Urne neben derjenigen seiner Frau Gisela im Hamburger Grab auf dem Groß-Flottbecker Friedhof beisetzen zu können.

Die Kremation erfolgte alsbald, aber die Formalien der Überführung der Urne nach Deutschland waren zeitaufwändig. So konnte die Beisetzung erst am 22. März 2007 erfolgen.

Nach einem Requiem in der Kirche St. Paulus Augustinus erfolgte die Aussegnung in der Friedhofskapelle. Aus der Heiligen Schrift wurde als Evangelium aus *Lukas 24, 1 – 12*, gelesen:

Am ersten Tag der Woche gingen die Frauen mit den wohlriechenden Salben, die sie zubereitet hatten, in aller Frühe zum Grab. Da sahen sie, daß der Stein vom Grab weggewälzt war; sie gingen hinein, aber den Leichnam Jesu, des Herrn, fanden sie nicht. Während sie ratlos dastanden, traten zwei Männer in leuchtenden Gewändern zu ihnen. Die Frauen erschraken und blickten zu Boden. Die Männer aber sagten zu ihnen: Was sucht ihr den Lebenden bei den Toten? Er ist nicht hier, sondern er ist auferstanden. Erinnert euch an das, was er euch gesagt hat, als er noch in Galiläa war: Der Menschensohn muß den Sündern ausgeliefert und gekreuzigt werden und am dritten Tag auferstehen. Da erinnerten sie sich an seine Worte. Und sie kehrten vom Grab in die Stadt zurück und berichteten alles den Elf und den anderen Jüngern. Es waren Maria Magdalene, Johanna und Maria, die Mutter des Jakobus; auch die übrigen Frauen, die bei ihnen waren, erzählten es den Aposteln. Doch die Apostel hielten das alles für Geschwätz und glaubten ihnen nicht. Petrus aber stand auf und lief zum Grab. Er beugte sich vor, sah aber nur die Leinenbinden dort liegen. Dann ging er nach Hause, voll Verwunderung über das, was geschehen war.

Anschließend hielt der Zelebrant, Kaplan Dr. Christian Wirtz, die nachfolgende Predigt, die das Leben meines Vaters in einen größeren Zusammenhang stellt. Cum Deo, mit Gott, hat mein Vater trotz aller Widrigkeiten seines Lebens gelebt, und so ist er auch gestorben:

Liebe Familie Clary, liebe Trauergemeinde!

Jesus ist tot. Das ist die Situation im Evangelium, das wir soeben gehört haben. Die Frauen sind gekommen, um seinen Leichnam zu salben. Das ist das Beste, was man noch tun kann.

In einer Welt, die oft nicht gut ist, steht der Mensch nicht selten vor der Herausforderung, das Beste daraus zu machen.

Marcus Clary hat in seinem Leben immer wieder vor dieser Herausforderung gestanden. Denn die Bedingungen des Lebens waren oft nicht gut.

In einem Alter, in dem das Leben normalerweise erst richtig beginnt, trat der große Lebensverhinderer seiner Generation auf den Plan: der Krieg.
In seinen Erinnerungen schreibt Marcus Clary: „Am 1. September 1939 begann der Zweite Weltkrieg. Es war mein zwanzigster Geburtstag."

Damit hat er die falsche Weiche exakt benannt, die es ihm schwierig machte, ein Leben in geraden Bahnen zu führen, so wie man es sich wünscht. Wer am Tag des Kriegsbeginns zwanzig wird, dessen Leben ist durcheinandergebracht, gestört und beschädigt, kaum daß es richtig begonnen hat.

Aber Marcus Clary war bereit, das Beste daraus zu machen.

Als sein Bruder fiel, war er bereit, dessen Verlobte zur Frau zu nehmen. Dieser Verbindung verdanken drei Kinder ihr Leben, von denen eine Tochter dem Vater schon vorausgegangen ist ins andere Leben. Drei Menschenleben: das ist doch ein Grund zur Dankbarkeit. Und es bleibt ein Grund zur Dankbarkeit, auch wenn die Ehe nicht gelang.

Die Wirklichkeit ist kompliziert und vielschichtig. Gut und Böse, Leben und Tod, Ordnung und Chaos sind oft untrennbar miteinander verquickt. Niemals auf dieser Welt ist nur Leben da und Freude. Nichts bleibt ohne Trübung.

Aber auch nirgends ist nur Tod und Unheil. Denn nichts bleibt ganz ohne Gnade und ohne Gott.
Und wir Christen glauben, daß gerade auf dem Boden des Unheils Heil wachsen kann. Wir glauben

an einen Gott, der immer wieder einen Neuanfang ermöglicht. Gott, so möchte ich sagen, ist ein Meister der zweitbesten Lösung.

Nahezu alles, was er an den Menschen tut, ist zweitbeste Lösung: er führt uns heraus aus dem Unheil in ein neues Heil, wo es doch, nüchtern betrachtet, besser wäre, es gäbe das Unheil gar nicht erst.

Aber Gott ist so sehr Meister der zweitbesten Lösung, daß die Liturgie der Osternacht gar von einer *felix culpa* sprechen kann: von einer „glücklichen Schuld", von glücklichem Unheil und glücklichem Tod. Denn, so fragt das große Osterlob jene „glückliche" Finsternis: „Welch schönen Erlöser hast du gefunden?"

Oft hat Gott sich im Leben von Marcus Clary als Meister der zweitbesten Lösung erwiesen. Der Krieg brachte Unheil, den totalen Zusammenbruch, den Verlust von Besitz und Heimat. Aber Gott führte ihn heraus aus Krieg und Gefangenschaft.

Und er konnte noch mehr. Was erst Flucht schien vor unglücklichen Lebensumständen, erwies sich bald als Beginn eines neuen Lebens in der Ferne. Was in Pakistan begann, das entfaltete in Amerika seine schönste Blüte. Eine neue Ehe, deren Umstände sicher wiederum nicht ideal waren und die ihn seiner Familie zeitweilig entfremdete, erwies sich als Anfang eines neuen Lebens, aus dem auch die Familie und sogar die Kirche irgendwann das Beste machen konnten.

Und was schließlich als mühsame Arbeit für eine damals in Amerika unbekannte deutsche Automarke begann, brachte schönste Früchte im deutsch-amerikanischen Austausch hervor.

Heute nun stehen wir vor dem scheinbar letzten Sieg dieser Welt: vor dem Tod. Es ist der größte und scheinbar gründlichste Sieg des Unheils. Daraus, so scheint es, läßt sich nichts machen. Die Wirklichkeit des Todes entzieht sich jedem Zugriff. Ein großer, schwerer Stein liegt davor. Niemand kann ihn bewegen. Die Frauen im Evangelium, die gekommen sind, mit duftenden Salben den Gestank des Todes zuzudecken, sie kommen eigentlich gar nicht heran an den Tod, denn der riesige Stein liegt davor.

Aber als sie näher hinzutreten, stellen sie fest: der Stein ist weg. Das sieht zunächst so aus, als hätte Gott dem Menschen ein wenig geholfen in seinem Bemühen, das Beste aus allem zu machen, sogar aus dem Tod.

Aber in Wahrheit ist es viel mehr. In Wahrheit ist es der Beginn einer ganz neuen Wirklichkeit und eines ganz neuen Lebens. „Was sucht ihr den Lebenden bei den Toten?", fragt der Engel die Frauen? – Hier ist nichts Schlimmes mehr, aus dem ihr das Beste machen müsstet ! Alles ist ganz neu. Er lebt !

Was als endgültiger Sieg des Todes erschien, ist nun der endgültige Sieg des Lebens ! Das Geheimnis, das sich damals dort in Jerusalem ereignet hat, ist nicht leicht zu benennen. Es ist zu groß, zu unbegreiflich, zu neu. Ratlosigkeit macht sich bei den Frauen breit. Die Botschaft ist so neu und unerhört, daß sie ihren Platz im Bewußtsein und im Glauben der Menschen erst gewinnen muß. Immer wieder neu. Zuerst ist nur Sprachlosigkeit.

Marcus Clary hat nicht viel gesprochen über das Finstere in seinem Leben, über die schlimmen Ereignisse des Krieges, aber auch nicht über die Neuanfänge und noch weniger über Gott. Vieles geht erst jetzt aus seinen Erinnerungen hervor.

Aber wir wissen, daß er das Sterben nicht gefürchtet hat. Und die Festigkeit, mit der er den Tod annahm, war Zeugnis für das, was das Leben ihn gelehrt hat: daß viele Steine, die Gott in seinem Leben beseitigt hat, nicht bloß die Möglichkeit boten, das menschlich Beste aus dem Unheil zu machen, sondern daß sie letztlich mehr waren – daß sie der Anfang des großen Wunders der Neuschöpfung waren.

Liebe Familie Clary, liebe Trauergemeinde, wir stehen heute wie die Frauen vor dem Grab und müssen uns dieses große Geheimnis sagen lassen: daß wir Marcus Clary an der falschen Stelle suchen, wenn wir ihn bei den Toten suchen. Gott, der solche Wunder tut, möge unseren Geist und unsere Seele auferwecken, damit wir sie fassen können.

In Gottes Leben legen wir das Leben von Marcus Clary, das ganze Leben. Denn Gott hat es uns versprochen: „Seht, ich mache alles neu." Amen.

Nachwort

Ich bin sehr froh, die Erinnerungen meines Vaters in dieser Form vorlegen zu können. Es hat lange gebraucht, bis er den Wunsch von uns Kindern und vielen anderen Freunden aufgenommen hat, überhaupt etwas aufzuschreiben. Bis dahin hatte er nur einen historischen Rückblick über Mercedes-Benz in Nord-Amerika im Auftrag seines ehemaligen Arbeitgebers geschrieben, dem das Kapitel „Von Autos und Menschen" – gekürzt und angepasst – entnommen wurde. Der Daimler Chrysler AG danke ich für die Abdruckgenehmigung.

Als er dann, nach dem Tod meiner Stiefmutter, mit dem Schreiben begann, war es schwierig, eine geeignete Schreibtechnik zu finden. Mein Vater schrieb nicht am Computer, die Schreibmaschine war ihm zu mühsam, und er hatte niemanden, dem er in den Block hätte diktieren können.

Schließlich schrieb er alles handschriftlich auf. Seine Handschrift war jedoch derart kompliziert zu lesen, daß dies nur wenige beherrschten. So wurde ihm ein Hand-Diktiergerät besorgt, und er diktierte seine eigenen Manuskripte. Die Bänder wurden dann nach Berlin geschickt, wo die Stief-Enkelin meines Vaters, Elisabeth Würtz, sie im Computer erfasste. Ich danke ihr dafür von ganzem Herzen.

Aber eine Diskette ging verloren. Der 2. Teil des einen und der 1. Teil eines anderen Kapitels fehlten. Als ich im Januar 2007 bei meinem Vater war, habe ich die fehlenden Texte erfasst, denn ich bin einer derjenigen, die seine Schrift lesen konnten. Ich habe mit ihm auch die schon geschriebenen Kapitel abgerundet, die manchmal noch kein Ende gefunden hatten, weil ein Ende für ihn bis kurz davor noch nicht absehbar war.

Bei dieser Tätigkeit habe ich die schon geschriebenen Kapitel zum ersten Mal gelesen, und ich bin tief beeindruckt von dem, was ich dort erfahren habe. Wegen der unglücklichen Ehe meiner Eltern haben wir Kinder unseren Vater nur selten gesehen. Seit er im Ausland war, sahen wir ihn einen knappen Tag im Jahr, später, nach der Schulzeit, manchmal seltener.

Wenn wir Kinder unseren Vater dennoch befragt haben, nach seiner Jugend, nach Krieg und Gefangenschaft, wurde er einsilbig und ablehnend, bis wir es schließlich ließen. Trotz Details aus anderen Quellen, vor allem von Seiten meiner Großeltern, habe ich das meiste erst jetzt aus seinen Texten erfahren.

Ich blicke bewundernd auf meinen Vater zurück. Er hat sein schwieriges Leben mit großem Anstand und immer neuem Mut gemeistert und das Beste daraus gemacht. Ich bin ihm dafür unendlich dankbar. Er war ein liebender und in jeder Situation ganz und gar loyaler Vater, und seinen Enkeln ein verständnisvoller Großvater. Trotz aller Widrigkeiten blieb er sein Leben lang seinem Glauben und seiner Religion treu, und unserer böhmischen Heimat war er in tiefer, aber enttäuschter Liebe verbunden.

Im Gespräch mit meinem Vater über seine Erinnerungen habe ich ihm deutlich machen können, daß seine Schilderungen oft Menschen und Orte oder auch Dinge betreffen, die ihm selbst und auch seinen Kindern und engen Freunden bekannt und vertraut sind, daß er aber bei einem größeren Leserkreis nicht voraussetzen könne, daß alle wissen, von wem oder von was er gerade schreibt. Er stimmte mir zu und bat mich, nach Fertigstellung der Texte notwendige Bemerkungen vorzuschlagen und mit ihm abzustimmen. Da die Texte aber erst nach seinem Tode vollständig vorlagen, habe ich diese Bemerkungen nach eigenem Gutdünken zusammenstellen müssen. Meine Recherchen waren nicht in allen Fällen erfolgreich, sodaß nicht jeder Name genauer erklärt werden kann. Für Fehler entschuldige ich mich und bitte vorab um Nachsicht.

Das Gleiche gilt für die Bilder. Zusammen trafen wir eine Vorauswahl, die er kommentierte. Ich habe versucht, daraus die Bildunterschriften in seinen Worten abzuleiten.

Im Zuge der Aufbereitung der Texte habe ich viel Hilfe erfahren, für die ich zu danken habe: meinem Freund Moritz Graf Strachwitz für Ratschläge und Kritik, Herrn Herbert Ring für die verständnisvolle Überprüfung der Aufzeichnungen nach Rechtschreibung und Zeichensetzung, meiner Tochter Resy und allen aus der ganzen Familie, die immer Interesse gezeigt und Einfluß genommen haben, um die Erinnerungen meines Vaters in ansprechender Form einer größeren Öffentlichkeit vorzulegen.

Was mein Vater erlebt hat, haben andere sicherlich ähnlich, oft auch schlimmer, erfahren müssen. Für diejenigen, die nur die jüngeren Zeiten erlebt haben, kann die Schilderung seines Lebens Grund genug sein, die Vergangenheit besser zu verstehen, für die Gegenwart zu danken und die Zukunft mutig anzupacken.

Hieronymus Fürst von Clary und Aldringen

© Die Urheberrechte liegen bei den Erben des Autors.